日本補教界名師解題祕笈全公開

數學

瞬解 60

森圭示・著　陳識中・譯

本書相關問答

非常感謝各位購買本書，如在閱讀本書的過程中遇到難以理解的疑問或有任何反饋，請不吝向敝出版社提出，相關聯絡方式如下。

勘誤公告：
https://reurl.cc/e3N6ej

聯絡我們：
service@mail.tohan.com.tw

書面郵寄：
105台北市松山區南京東路四段130號2樓之1
台灣東販股份有限公司　書籍編輯課收

前言

各位讀者們幸會。我是本書的作者，敝姓森。大家在聽到「瞬解」這個詞時，腦中第一個想法是什麼呢？我曾實際對自己班上的學生問過這問題。得到的回答五花八門，像是「真的什麼都能馬上算出來嗎？」、「如果真能快速解題就好了！」、「好可疑……」。

但很遺憾，「瞬解」並非真的能瞬間算出每道考試題目，而是讓你能夠瞬間解答每年各高中[1]入學考的常見試題中某些特定的常見題型。那麼其他的題目怎麼辦？

其實我在 Twitter 上談論「瞬解」的時候，曾有網友這麼私訊嘲諷道：「沒想到這種跟時代背道而馳的書居然也能被出版」。這位網友之所以這麼說，我想是因為近年的入學考試，考驗思考能力的試題比例正逐漸上升。然而，正因為如此我們更需要學習「瞬解」。學會本書介紹的 60 種瞬解方法，將有以下兩種好處。

| 好處 1 | 學會「瞬解」可助你在短時間內解開考試常見題，讓你有更多時間去處理考驗思考能力和表達能力的題目。 |

| 好處 2 | 在學習「瞬解」的過程中必然會同時練到思考能力。 |

「瞬解」並非單純教你解題的捷徑。因為要使用本書收錄的瞬解方法，各位必須先有能力用自己的力量導出這個瞬解技巧（參照 p.6：瞬解的使用心得）。本書對所有的瞬解技巧都提供了盡可能周詳的推導過程。請務必用心閱讀解說文字，按部就班地一個一個學習下去。

另外，在各瞬解技巧最後面的「考古題挑戰！」的解答、解說部分，也分別提供了使用和不使用瞬解技巧的解題方式。兩種解題方式都會用非常重要。唯有兩種解題方式都會用，才算掌握「真正的實力」。當你在真正意義上將「瞬解」化為自己的東西時，就會發現連那些乍看不能使用瞬解的題目也都難不倒自己。

如果學會「瞬解」能多幫助一個學生考上自己的第一志願，就是我最大的榮幸。

Z 會進學教室 數學科講師

森 圭示

---

1 日本沒有全國統一的入學考試，為各間學校或縣市自行出題並舉辦入學考。

Contents

立體圖形部分

本書的特色

特色 1 百分百讓你掌握「應用能力」和「得分能力」的充實內容！

想要考上志願校必須具備「應用能力」和「得分能力」。只要確實學會本書的內容，就能養成考上學校所需的真正實力。

特色 2 詳細解說學校不教的「解題訣竅」！

由具備超群合格實績的現役專業升學補習班講師為你鉅細靡遺地解說「祕傳解題法」。讓你在面對相同試題時，能用不一樣的解法大幅縮短解題時間。另外，也能幫你防範單純的粗心錯誤。

特色 3 每種瞬解技巧都介紹多種解法！讓你確實理解！

每項瞬解技巧都介紹多種解法。此外也會詳細地講解不使用瞬解的解法。運用多種解法幫助考生確實理解試題的內涵。

特色 4 嚴選常見題型！助你獲得攻克入學考的實力！

從海量的考古題中精心挑選出最適合現役考生的內容。讓考生在逐一理解書中收錄之考古題的過程中，自然而不費力地得到足以應對考試的實力。

瞬解的使用心得

心得 1 只可使用能自己導出來的瞬解技巧

單純背下瞬解方法不算真正的實力。瞬解只對符合特定條件的題目有效，如果沒有辦法憑自己的力量導出來，一旦題目的條件稍微改變，就會完全不知道該怎麼解題。應該專注學習推導方法，再自然而然地學會瞬解技巧。請限制自己只可使用能自己導出來的瞬解技巧。（這也有助幫你判斷要考上目標學校需要哪個瞬解技巧）

心得 2 重視過程而非結果

我常常看到學生在考完試對答案時，只看最終解答而完全不讀解題說明的學生。本書將「考古題挑戰！」的答案和解說收錄在最後，並同時提供了「使用瞬解法的解答」和「不使用瞬解法的解答」。在對答案時，請務必詳細閱讀不使用瞬解法的解答。因為在文字敘述題中只要解題過程不對，就算答案是正確的也幾乎不會給分。（面對此類試題時，瞬解法只能用來驗算）

心得 3 常作筆記

腦袋理解跟實際會算是兩碼子事。請準備一本筆記本，把推導瞬解方法的過程和解題過程都確實記在筆記上，這也能培養數學敘述能力。

本書的使用方式

請依下面[1]～[5]的次序閱讀。只要按此流程閱讀本書，即可完全攻克考試常見題型。

1 瞬解法的要點

應試時需要用到的瞬解法摘要！首先請閱讀摘要。

3 瞬解法有效的原因

使用瞬解方法時，一定要確實理解「此瞬解法有效的原因」。請確實閱讀並理解此部分，養成攻克考試所需的真正實力。

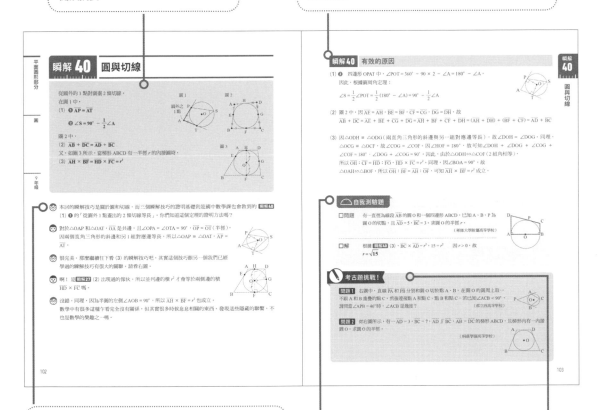

2 瞬解法的解說

以老師和學生對話的形式簡單易懂地解說瞬解法的重點。請把自己當成對話中的學生，一起思考吧。

4 自我測驗題

請用這裡的真實考古題檢查自己是否已完全理解該瞬解技巧的用法。若答錯答案或解法有錯，請在核對欄打個勾，不時回來練習，直到能確實解答為止。

5 考古題挑戰！

檢查你是否已懂得應用此瞬解技巧的考古題。在本書最後的解答和解說中，同時提供了使用瞬解法的解答和不使用瞬解法的解答。請務必確定自己兩種解題法都會使用。

完美重點整理

在入學考考出優勢！

本章重點收錄了對複習和大考有用的重要單元。在閱讀本書的過程和大考前請多加善用。
另外也準備了用於檢查理解程度的例題和注意要點（check！）。

敘述題和數式題的計算

1 敘述題和數式題 （7 年級）

(1) 濃度 a % 的食鹽水的食鹽含量：食鹽的量 = 食鹽水的量 $\times \dfrac{a}{100}$

(2) 速度 3 公式：距離 = 速度 × 時間，時間 = $\dfrac{距離}{速度}$，速度 = $\dfrac{距離}{時間}$

(3) ～增加 a % → ～ $\times \left(1 + \dfrac{a}{100}\right)$　　～減少 a % → ～ $\times \left(1 - \dfrac{a}{100}\right)$

例題 請用數式表達下列的數量。

(1) 200g 濃度 a % 的食鹽水的食鹽含量

(2) 以分速 60m 行走 x 分鐘的總行走距離

(3) 原價 a 元的商品折扣 20% 後的價格

解

(1) $200 \times \dfrac{a}{100} = \mathbf{2a}$（g）

(2) $60 \times x = \mathbf{60x}$（m）

(3) $a \times \left(1 - \dfrac{20}{100}\right) = a \times \dfrac{4}{5} = \dfrac{4}{5}a$（元）

2 分配律的應用 （7 年級）

(1) $a(\,b\,+c\,) = ab + ac$　　※ $-(a-b)$ 可想成 $-1(\,a\,-b\,) = -a + b$。

(2) 用約分消除分母時，暫時先不計算（ ）內的部分**直接使用分配律**。

例題 請計算下列問題。

(1) $2(3x - 2) - (3x - 3)$

(2) $12\left(\dfrac{x-1}{4} - \dfrac{2x-1}{3}\right)$

解

(1) $6x - 4 - 3x + 3 = \mathbf{3x - 1}$

(2) $\cancel{12}^{3} \times \dfrac{(x-1)}{\cancel{4}_{1}} - \cancel{12}^{4} \times \dfrac{(2x-1)}{\cancel{3}_{1}}$　← 為避免符號寫錯，記得分子加（ ）！

$= 3(x - 1) - 4(2x - 1) = 3x - 3 - 8x + 4 = \mathbf{-5x + 1}$

3 單項式的乘除 （8 年級）

(1) 乘法要係數（文字前的數字）乘係數，文字乘文字。

(2) 乘除混合的計算要把「÷」改成「×」變成單一分數後計算。

例題 請計算下列問題。

(1) $2a \times (-3b)$

(2) $ab^2 \div (-3ab) \times 6a$

解

(1) $2 \times (-3) \times a \times b = \mathbf{-6ab}$

(2) $ab^2 \times \left(-\dfrac{1}{3ab}\right) \times 6a = -\dfrac{\cancel{a}^{1} \times \cancel{b}^{1} \times b \times \cancel{6}^{2} \times a}{\cancel{3}_{1} \times \cancel{a}_{1} \times \cancel{b}_{1}} = \mathbf{-2ab}$

4 分數多項式的加減 (7、8年級)

分子為多項式的分數加減法，要按以下順序計算。

步驟❶ 把分子的多項式放入（ ），通分後結合成**單一分數**的形式。

步驟❷ 去掉（ ）計算分子部分，可約分時最後再約分。

例題 請計算下列問題。

$$\frac{2x+y}{4} - \frac{2x-3y}{3}$$

解 $\dfrac{3(2x+y)-4(2x-3y)}{12}$ ◀步驟❶

$= \dfrac{6x+3y-8x+12y}{12}$ ◀步驟❷

$= \dfrac{-2x+15y}{12}$ ◀分子為多項式時，前面的「−」項要連「−」一起放在分子中

 check! 請注意不要跟方程式搞混，不要試圖消除分母！

5 等式的變形 (8年級)

等式的變形（求代數的問題）要按以下步驟來解。

步驟❶ 遇有分數的式子，將等號兩邊同乘以分母的最小公倍數以**去分母**。

步驟❷ 可利用主項變換（等號的左邊和右邊調換）時，先做**主項變換**。

步驟❸ 按照**解方程式的要領**，等號左邊只留下要求解的文字。

例題 求 $c = \dfrac{a+3b}{2}$ 中 b 的解。

解 $2c = a+3b$ ◀步驟❶（兩邊同乘 2）

$a+3b = 2c$ ◀步驟❷（主項變換）

$3b = 2c-a$ ◀步驟❸（把 a 移項到右邊）

$b = \dfrac{2c-a}{3}$ ◀步驟❸（兩邊同除以 3）

6 代數式的值 (7、8年級)

(1) 代入**負數**時，有**指數**的部分一定**要加上**（ ）再代入。

(2) 當欲求值的代數式可以簡化時，**先將式子簡化後再代入**。

例題 求下列數式的值。

(1) 當 $a=3$，$b=-2$ 時，求 $ab-b^2$ 的值。

(2) 當 $x=2$，$y=-1$ 時，求 $3(x-y)-(x-6y)$ 的值。

解

(1) $3 \times (-2) - (-2)^2 = -6 - 4 = \mathbf{-10}$

(2) $3(x-y) - (x-6y) = 3x - 3y - x + 6y$

$= 2x + 3y$ ◀注意不要忘了把 x、y 的值代入！

$= 2 \times 2 + 3 \times (-1) = 4 - 3 = \mathbf{1}$

展開與因式分解

1 多項式 × 多項式的展開

（1）

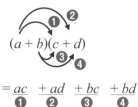

$$= \underset{\text{❶}}{ac} + \underset{\text{❷}}{ad} + \underset{\text{❸}}{bc} + \underset{\text{❹}}{bd}$$

原因 $(a + b)(c + d)$

$= ac + ad + bc + bd$

把上式想成右邊的長方形面積就可以理解了。

（2）**利用乘法公式**

公式❶ $(\boxed{x} + a)(\boxed{x} + b) = \boxed{x}^2 + (a + b)\boxed{x} + ab$

$\llcorner$ 同項 $\lrcorner$

公式❷ $(\boxed{x} + \boxed{a})^2 = \boxed{x}^2 + 2\boxed{a}\,\boxed{x} + \boxed{a}^2$　◀ 又叫和的平方公式

公式❸ $(\boxed{x} - \boxed{a})^2 = \boxed{x}^2 - 2\boxed{a}\,\boxed{x} + \boxed{a}^2$　◀ 又叫差的平方公式

$\llcorner$ 同項 $\lrcorner$

公式❹ $(\boxed{x} + \boxed{a})(\boxed{x} - \boxed{a}) = \boxed{x}^2 - \boxed{a}^2$　◀ 又叫和差化積公式

$\llcorner$ 同項 $\lrcorner$

（3）**利用主項變換**

例題 請展開下列式子。

（1）$(2x - 5)(x + 3)$

（2）❶ $(x - 2)(x + 6)$

　　❷ $(x + 4)^2$

　　❸ $(x - 3)^2$

　　❹ $(x + 2)(x - 2)$

（3）$(x - y + 5)(x - y - 5)$

解

（1）$2x \times x + 2x \times 3 - 5 \times x - 5 \times 3$

$= 2x^2 + 6x - 5x - 15 = \mathbf{2x^2 + x - 15}$

（2）❶ $x^2 + (-2 + 6)x + (-2) \times 6 = x^2 + \mathbf{4x - 12}$

　　❷ $x^2 + 2 \times 4 \times x + 4^2 = x^2 + \mathbf{8x + 16}$

　　❸ $x^2 - 2 \times 3 \times x + 3^2 = x^2 - \mathbf{6x + 9}$

　　❹ $x^2 - 2^2 = x^2 - \mathbf{4}$

（3）將 $x - y$ 換成 A，則

原式 $= (A + 5)(A - 5)$　⎤ 利用公式❹

　　　$= A^2 - 5^2$　　　　⎤ 將代換的文字換回

　　　$= (x - y)^2 - 25$　⎤ 利用公式❸

　　　$= x^2 - 2 \times y \times x + y^2 - 25$

　　　$= \mathbf{x^2 - 2xy + y^2 - 25}$

check! 乘法公式❶～❸展開後的式子為 3 項式（有 3 個項的多項式），公式❹則會變成 2 項式！

2 質因數分解

當一個自然數（整數）可表示為多個自然數的積時，則這些自然數就叫原始數的因數。而把一個**自然數**
分解成質數因數的積就叫質因數分解。

例題 請對 24 做質因數分解。

解
$$
\begin{array}{r}
2\,\overline{)\,24} \\
2\,\overline{)\,12} \\
2\,\overline{)\,6} \\
3
\end{array}
$$

$24 = 2^3 \times 3$

3 因式分解

因式分解也可說是展開的相反作業。所以可使用以下方法。

(1) 提出**共同的因數**。（利用分配律） $mx + my = m(x + y)$

(2) 反過來使用乘法公式。

❶ 利用 $x^2 + \underset{\text{和}}{(a + b)}\,x + \underset{\text{積}}{ab} = (x + a)(x + b)$ ← 找出積為 ab 的兩數 a、b 中和為 $a + b$ 的組合

❷ 利用 $x^2 + 2ax + a^2 = (x + a)^2$

❸ 利用 $x^2 - 2ax + a^2 = (x - a)^2$

← 多項式的 3 個項中第 1 項和第 3 項為平方時，大多時候可利用！

❹ 利用 $x^2 - a^2 = (x + a)(x - a)$ ← 平方差可利用和差化積公式

(3) 利用主項變換

例題 請對下列式子做因式分解。

(1) $2x^5y^2 - 8x^4y^3$

(2) ❶ $x^2 - 4x - 12$
　　❷ $x^2 + 16x + 64$
　　❸ $x^2 - 14x + 49$
　　❹ $x^2 - 36$

(3) $(x - y)^2 - 16$

解

(1) 提出共同因數 $2x^4y^2$，$\mathbf{2x^4y^2(x - 4y)}$

(2) ❶ 積為 -12，和為 -4 的兩數是
　　　　-6 和 $+2$，故，$\mathbf{(x - 6)(x + 2)}$
　　❷ $x^2 + 2 \times 8 \times x + 8^2 = \mathbf{(x + 8)^2}$
　　❸ $x^2 - 2 \times 7 \times x + 7^2 = \mathbf{(x - 7)^2}$
　　❹ $x^2 - 6^2 = \mathbf{(x + 6)(x - 6)}$

(3) 將 $x - y$ 換成 A，則
　　原式 $= A^2 - 16$
　　　　$= A^2 - 4^2$
　　　　$= (A + 4)(A - 4)$
　　　　$= \mathbf{(x - y + 4)(x - y - 4)}$

平方根

① 平方根 (9 年級)

(1) 平方後等於 $a(a>0)$ 的數，就叫做 **a 的平方根**，有 $\sqrt{a}$ 和 $-\sqrt{a}$ 。

(2) 含平方根的數的大小，**可平方後再比較**。

例題 請回答下列問題。

(1) 7 的平方根是什麼？

(2) 請用不等式描述 4 和 $\sqrt{13}$ 的大小關係。

解

(1) $\sqrt{7}$, $-\sqrt{7}$

(2) $4^2 = 16$, $\left(\sqrt{13}\right)^2 = 13$ ，故 **$4 > \sqrt{13}$**

 因為不存在平方後為負數的數，所以負數沒有平方根，而 0 的平方根只有 0 自己。另外，可不用根號（$\sqrt{\ }$）來表示的平方根就不要使用根號。（例：$-\sqrt{9}$ 是 9 的平方根中的負數，直接寫成 -3 即可）

② 平方根的乘除 (9 年級)

(1) $\sqrt{a} \times \sqrt{b} = \sqrt{ab}$ （a，b 為正數。以下亦同）

(2) $\sqrt{a} \div \sqrt{b} = \sqrt{a} \times \dfrac{1}{\sqrt{b}} = \dfrac{\sqrt{a}}{\sqrt{b}} = \sqrt{\dfrac{a}{b}}$

(3) $\sqrt{a^2 b} = a\sqrt{b}$ ，可如此修改的數請修改後再計算。

(4) 分母有根號時，通常要先**將分母有理化**，去掉根號後再回答。

$\dfrac{1}{\sqrt{a}}$ 的有理化： $\dfrac{1}{\sqrt{a}} = \dfrac{\sqrt{a}}{\sqrt{a} \times \sqrt{a}} = \dfrac{\sqrt{a}}{a}$ ← 分母和分子同乘以與分母相同的根數

※發展 $\dfrac{1}{\sqrt{a} + \sqrt{b}}$ 的有理化： $\dfrac{1}{\sqrt{a} + \sqrt{b}} = \dfrac{\sqrt{a} - \sqrt{b}}{\left(\sqrt{a} + \sqrt{b}\right)\left(\sqrt{a} - \sqrt{b}\right)} = \dfrac{\sqrt{a} - \sqrt{b}}{a - b}$

(5) 利用 $\sqrt{a} \times \sqrt{a} = a$ 。

例題 請計算下列問題。

(1) $\sqrt{3} \times \sqrt{5}$

(2) $\sqrt{27} \div \sqrt{3}$

(3) $\sqrt{12} \times \sqrt{18}$

(4) $3 \div \sqrt{5}$

(5) $\sqrt{21} \times \sqrt{14}$

解

(1) $\sqrt{3 \times 5} = \sqrt{15}$

(2) $\sqrt{\dfrac{27}{3}} = \sqrt{9} = 3$

(3) $\sqrt{2^2 \times 3} \times \sqrt{3^2 \times 2} = 2\sqrt{3} \times 3\sqrt{2} = \mathbf{6\sqrt{6}}$

(4) $3 \times \dfrac{1}{\sqrt{5}} = \dfrac{3}{\sqrt{5}} = \dfrac{3 \times \sqrt{5}}{\sqrt{5} \times \sqrt{5}} = \dfrac{\mathbf{3\sqrt{5}}}{\mathbf{5}}$

(5) $\sqrt{3} \times \boxed{\sqrt{7} \times \sqrt{7}} \times \sqrt{2} = \boxed{7} \times \sqrt{3} \times \sqrt{2} = \mathbf{7\sqrt{6}}$

3 平方根的加減 (9 年級)

(1) 對於根號中的數相同的式子，可利用整理同類項（文字部分相同的項）的要領，整理成一個數。

❶ 加法：$m\sqrt{a} + n\sqrt{a} = (m+n)\sqrt{a}$

❷ 減法：$m\sqrt{a} - n\sqrt{a} = (m-n)\sqrt{a}$

(2) 可改成 $\sqrt{a^2 b} = a\sqrt{b}$ 的部分，請修改後再計算。

例題 請計算下列問題。

(1) ❶ $3\sqrt{2} + 5\sqrt{2}$

　　❷ $2\sqrt{5} - 3\sqrt{5}$

(2) $\sqrt{18} - \sqrt{8}$

解

(1) ❶ $(3+5)\sqrt{2} = \mathbf{8\sqrt{2}}$

　　❷ $(2-3)\sqrt{5} = \mathbf{-\sqrt{5}}$

(2) $\sqrt{3^2 \times 2} - \sqrt{2^2 \times 2} = 3\sqrt{2} - 2\sqrt{2} = \mathbf{\sqrt{2}}$

check! 改成 $a\sqrt{b}$ 的形式時，通常會對 $\sqrt{}$ 中的數做質因數分解，但當 $\sqrt{}$ 中的數為 50 以下時，把可被 $2^2 = 4$ 整除的數想成 $2\sqrt{}$，可被 3^2 整除的想成 $3\sqrt{}$，可被 4^2 整除的數想成 $4\sqrt{}$ 來算會更快。以 $\sqrt{32}$ 為例，因為 32 除以 4^2=16 等於 2，所以就是 $4\sqrt{2}$。

4 各種平方根的計算 (9 年級)

(1) 利用分配律 $a(b + c) = ab + ac$

(2) 利用 $(a + b)(c + d) = ac + ad + bc + bd$ 　｝也要記得利用 $\sqrt{a} \times \sqrt{a} = a$

(3) 利用乘法公式。

例題 請計算下列問題。

(1) $\sqrt{10}\left(\sqrt{30} - \sqrt{50}\right)$

(2) $\left(\sqrt{6} - \sqrt{3}\right)\left(\sqrt{2} + \sqrt{3}\right)$

(3) $\left(\sqrt{5} - \sqrt{15}\right)^2$

解

(1) $\sqrt{10}\left(\sqrt{10} \times \sqrt{3} - \sqrt{10} \times \sqrt{5}\right)$

$= \boxed{\sqrt{10} \times \sqrt{10}} \times \sqrt{3} - \boxed{\sqrt{10} \times \sqrt{10}} \times \sqrt{5}$

$= \boxed{10}\sqrt{3} - \boxed{10}\sqrt{5}$

(2) $\sqrt{6} \times \sqrt{2} + \sqrt{6} \times \sqrt{3} - \sqrt{3} \times \sqrt{2} - \sqrt{3} \times \sqrt{3}$

$= \sqrt{12} + \sqrt{18} - \sqrt{6} - 3$

$= \mathbf{2\sqrt{3} + 3\sqrt{2} - \sqrt{6} - 3}$

(3) $\left(\sqrt{5}\right)^2 - 2 \times \sqrt{15} \times \sqrt{5} + \left(\sqrt{15}\right)^2$

$= 5 - 2 \times \sqrt{3} \times \boxed{\sqrt{5} \times \sqrt{5}} + 15$

$= 20 - 2 \times \boxed{5} \times \sqrt{3} = \mathbf{20 - 10\sqrt{3}}$

方程式

1 1次方程式 (7年級)

(1) 1 次方程式可按以下步驟求解。

步驟❶ 將含有文字的項移到等號左邊，純數項**移項（改變符號後移動）**到等號右邊。

步驟❷ 整理等號的左邊和右邊，**變為 $ax = b$（a、b 為常數）的形式**。

步驟❸ 兩邊**同除以 x 的係數 a**，求解。

(2) 含小數的 1 次方程式可先將等號兩邊同乘以 10 的指數倍化為整數再求解，含有分數的 1 次方程式則可先將等號兩邊同乘以分母的最小公倍數去分母後再解。

例題 求下列方程式的解。

(1) $2x - 3 = 5x + 6$

(2) $x - \dfrac{x-3}{4} = 6$

解

(1)
$$2x - 3 = 5x + 6 \quad \text{步驟❶}$$
$$2x - 5x = 6 + 3 \quad \text{步驟❷}$$
$$-3x = 9 \quad \text{步驟❸}$$
$$x = -3$$

(2) 將分子放入（ ）後兩邊同乘以 4 倍。

$$4\times\boxed{x} - \dfrac{4\times(x-3)}{4} = \boxed{4\times 6}$$

← 在算式中標上所乘的倍數可以防止誤算！

$$4x - (x - 3) = 24$$
$$4x - x + 3 = 24$$
$$3x = 21 \qquad x = 7$$

2 2元1次聯立方程式 (8年級)

有兩個未知數的聯立方程式要先消去（用加減法或代入法）一個文字後再解。

加減法：使兩個文字中欲消去者的係數絕對值相等，然後兩個方程式的等號左邊加（減）左邊、右邊加（減）右邊，消去其中一個文字。

代入法：將其中一個方程式代入另一個方程式，消去其中一個文字。

例題 請運用加減法或代入法求下列聯立方程式的解。

$$\begin{cases} 3x + y = 1 & \cdots① \\ x - y = -5 & \cdots② \end{cases}$$

解

加減法 由① + ②得 $4x = -4$，故 $x = -1$

再將 x 代入①，$-3 + y = 1$，故 $y = 4$

代入法 由①，將 $y = -3x + 1$ 代入②，

$$x - (-3x + 1) = -5 \qquad 4x = -4 \qquad x = -1$$

將 x 代入①，$-3 + y = 1$，故 $y = 4$

3 2次方程式　　　　　　　　　　　　　　　　　　　　　（9年級）

2次方程式的解法有下面 **4** 種。

（1）利用因式分解　　　　　　　　　　**（2）利用平方根思考**

（3）利用配方法　　　　　　　　　　　**（4）利用求解公式**

[**（3）配方法的步驟**]

❶ x^2 的係數不為 1 時，
等號兩邊同除以 x^2 的係數，
整理成 $x^2 + px + q = 0$ 的形式。

❷ 將常數項移項到等號右邊。

❸ 等號兩邊同加上二分之一 x 係數的平方。

❹ 將等號左邊改成（ ）^{2} 的形式作因式分解，
計算等號右邊。

❺ 利用（2）的平方根思考法求解。

[如何導出（4）的求解公式]

$$ax^2 + bx + c = 0$$

等號兩邊同除以 x^2 的係數 a

$$x^2 + \frac{b}{a}x + \frac{c}{a} = 0$$

常數項移項到等號右邊

$$x^2 + \frac{b}{a}x = -\frac{c}{a}$$

兩邊同加上二分之一 x 係數的平方

$$x^2 + \frac{b}{a}x + \left(\frac{b}{2a}\right)^2 = -\frac{c}{a} + \left(\frac{b}{2a}\right)^2$$

將等號左邊化為（ ）^{2} 的形式，計算右邊

$$\left(x + \frac{b}{2a}\right)^2 = \frac{b^2 - 4ac}{4a^2}$$

利用平方根思考法

$$x + \frac{b}{2a} = \pm\sqrt{\frac{b^2 - 4ac}{4a^2}}$$

$$x = -\frac{b}{2a} \pm \frac{\sqrt{b^2 - 4ac}}{2a}$$

$$x = \frac{-b \pm \sqrt{b^2 - 4ac}}{2a}$$

例題 求下列 2 次方程式的解。

（1）$x^2 - 4x - 21 = 0$

（2）$(x - 2)^2 = 5$

（3）$x^2 - 6x + 3 = 0$（請用配方法計算）

（4）$2x^2 - 3x - 4 = 0$（請用求解公式計算）

解

（1）對等號左邊做因式分解，
可得 $(x - 7)(x + 3) = 0$，故 $x = \mathbf{7}$，$\mathbf{-3}$

（2）$(x - 2)^2 = 5$
$x - 2 = \pm\sqrt{5}$，故 $x = \mathbf{2 \pm \sqrt{5}}$

（3）　$x^2 - 6x + 3 = 0$
　　　　$x^2 - 6x = -3$
　$x^2 - 6x + 3^2 = -3 + 3^2$
　　　$(x - 3)^2 = 6$
　　　　$x - 3 = \pm\sqrt{6}$
　　　　　$x = \mathbf{3 \pm \sqrt{6}}$

（4）$2x^2 - 3x - 4 = 0$

$$x = \frac{-(-3) \pm \sqrt{(-3)^2 - 4 \times 2 \times (-4)}}{2 \times 2}$$

$$x = \frac{3 \pm \sqrt{9 + 32}}{4} \qquad x = \mathbf{\frac{3 \pm \sqrt{41}}{4}}$$

比例與1次函數

1 正比與反比

(1) 當兩變數 x 和 y 之間存在 $y = ax$（a 是不為 0 的常數）的關係時，我們就說「**y 與 x 成正比**」，a 為比例常數。

(2) 當兩變數 x 和 y 之間存在 $y = \dfrac{a}{x}$（a 是不為 0 的常數）的關係時，

我們就說「**y 與 x 成反比**」，a 為比例常數。

(3) 正比與反比的圖形
正比的圖形：**通過原點的直線**（$a > 0$ 時往右上斜，$a < 0$ 時往右下斜）。
反比的圖形：對稱於原點的**雙曲線**。

例題 請回答下列問題。

(1) y 與 x 成正比，當 $x = 2$ 時 $y = 6$。請寫出 y 和 x 的關係式。

(2) y 與 x 成反比，當 $x = 3$ 時 $y = 2$。請寫出 y 和 x 的關係式。

(3) 如右圖所示，直線 $l : y = 2x$ 跟雙曲線 m 的圖形相交於 A、B 兩點。當 A 的 x 坐標為 2 時，求 m 的關係式。

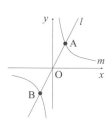

解

(1) 將 $x = 2$，$y = 6$ 代入 $y = ax$，得 $6 = 2a$，$a = 3$。故 $y = 3x$

(2) 將 $x = 3$，$y = 2$ 代入 $y = \dfrac{a}{x}$，得 $2 = \dfrac{a}{3}$，$a = 6$。故 $y = \dfrac{6}{x}$

(3) 先求點 A 的 y 坐標，將 $x = 2$ 代入 $y = 2x$，可得 $y = 4$，可知 A(2, 4)。
因點 A 為雙曲線 m 上之一點，將 A(2, 4) 代入 $y = \dfrac{a}{x}$，得 $4 = \dfrac{a}{2}$，$a = 8$。故 $y = \dfrac{8}{x}$

---

2 1次函數

y 為 x 的函數，且其關係式可寫成 $y = ax + b$（a、b 為常數，$a \neq 0$），y 可用 x 的 1 次式表達時，我們就說「**y 是 x 的 1 次函數**」。

在 1 次函數中，兩點 A(x_1，y_1)，B(x_2，y_2) 的變化比例為

$\dfrac{y \text{ 的增加量}}{x \text{ 的增加量}} = \dfrac{y_2 - y_1}{x_2 - x_1}$，且此值固定不變，與**斜率 a 的值相等**[※]。

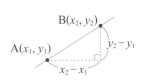

※ $\dfrac{y \text{ 的增加量}}{x \text{ 的增加量}} = $ 變化率（斜率 a 的值），故 y 的增加量 = 斜率 a 的值 × x 的增加量

例題 已知 $y = 3x + 2$，請問 x 增加 -4 時，y 增加多少？

解 根據 y 的增加量 = 變化率 × x 的增加量，可得，$3 \times (-4) = -12$

3 直線方程式 (8 年級)

(1) **求直線方程式（1 次函數式）的方法**
  ❶ 已知直線上之兩點的情況
  分別將兩點坐標代入 $y = ax + b$，求 a、b 的聯立方程式的解。
  ❷ 已知斜率或 y 截距，以及直線上之一點的情況
  將該點坐標代入 $y = (斜率)x + b$ 或 $y = ax + (y 截距)$，確定 a 或 b 的值。

(2) 對於兩直線 $y = ax + b$ 和 $y = a'x + b'$，
  ❶ 兩直線平行時：$a = a'$（兩直線的斜率相等）。
  ❷ 兩直線的交點坐標：等於兩直線的**聯立方程式的解 (x, y)**。

(3) **求直線方程式與 x 軸、y 軸之交點的方法**
  與 x 軸交點的 x 坐標：將 $y = 0$ 代入　　與 y 軸交點的 y 坐標：將 $x = 0$ 代入

例題 請回答下列問題。

(1) ❶ 求通過兩點 $(1, 1)$、$(4, 7)$ 的直線方程式。

  ❷ 求斜率為 3，且通過點 $(2, 1)$ 的直線方程式。

(2) ❶ 求與直線 $y = x - 3$ 平行，且通過點 $(4, 7)$ 的直線方程式。

  ❷ 求直線 $y = \dfrac{1}{2}x - 2$ 和 $y = \dfrac{2}{3}x - 3$ 的交點坐標。

(3) 求直線 $y = 2x - 4$ 與 x 軸的交點坐標。

解

(1) ❶ 將兩點分別代入 $y = ax + b$ 得到
  $1 = a + b$，$7 = 4a + b$，
  可算出 $a = 2$、$b = -1$。故 $\boldsymbol{y = 2x - 1}$

  ❷ 將 $(2, 1)$ 代入 $y = 3x + b$，可得
  $1 = 6 + b$。因 $b = -5$，故 $\boldsymbol{y = 3x - 5}$

(2) ❶ 將 $(4, 7)$ 代入 $y = x + b$，可得
  $7 = 4 + b$。因 $b = 3$，故 $\boldsymbol{y = x + 3}$

  ❷ 將兩直線聯立，$\dfrac{1}{2}x - 2 = \dfrac{2}{3}x - 3$ 等號
  兩邊同乘以 6，可得 $3x - 12 = 4x - 18$，
  可算出 $x = 6$、$y = 1$，故答案為 $\boldsymbol{(6, 1)}$

(3) 將 $y = 0$ 代入 $y = 2x - 4$，可得 $0 = 2x - 4$。因 $x = 2$，故答案為 $\boldsymbol{(2, 0)}$

check! 用聯立方程式求直線的交點坐標時，若給定的兩條直線方程式為 $y = (方程式)$ 的形式，請不要用加減法，改用代入法求解！如此一來，就像例題 (2) ❷，即便是用斜率和 y 截距去算，只要去分母即可用整數的方程式來計算。
另外，在 (3) 中求與 x 軸之交點的 x 坐標時之所以代入 $y = 0$，是因為直線與 x 軸交點的 y 坐標必定為 0。因為 x 軸就是方程式為 $y = 0$ 的直線，所以也可以跟 $y = 0$ 聯立的方式來思考。因為 x 軸上的點全部都是 $y = 0$，所以 x 軸的方程式就是 $y = 0$。入學考試也常常考這題。

函數與平面圖形

1 與平方成正比的函數

(1) 當兩變數 x 和 y 之間存在 $y = ax^2$（a 是不為 0 的常數）的關係時，我們就說「**y 與 x^2 成正比**」，a 稱為**比例常數**。

(2) 與平方成正比的函數圖形
此函數圖形是一條**對稱於 y 軸**的**拋物線**。當 $a > 0$ 時此拋物線的開口向上，最小值為 0。而當 $a < 0$ 時拋物線的開口向下，最大值為 0。另外，當 a 的絕對值愈大，則拋物線的開口愈小。

(3) 拋物線與直線的交點
拋物線 $y = ax^2$ 與直線 $y = bx + c$ 之交點的 x 坐標，即是用代入法將兩式聯立後的 2 次方程式 $ax^2 = bx + c$ 的解。當**拋物線與直線相交於兩點**時，此方程式有**兩個解**；相切（交於一點）時則有一**個解**。

例題 請回答下列問題。

(1) y 與 x^2 成正比，且 $x = -2$ 時 $y = 8$。請用 x 來表達 y。

(2) 已知 $y = -x^2$，請問當 $-2 \leqq x \leqq 1$ 時，y 的範圍為何？

(3) 函數 $y = \dfrac{1}{3}x^2$ 與直線 $y = x + 6$ 交於兩點 A、B（A 的 x 坐標為正值），求 A、B 的坐標。

解

(1) 將 $x = -2$、$y = 8$ 代入 $y = ax^2$，可得 $8 = 4a$，$a = 2$。故 $y = 2x^2$

(2) 由右圖可知 y 的最大值為 0，最小值為 -4，故 $-4 \leqq y \leqq 0$

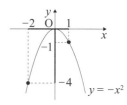

(3) 將 $\dfrac{1}{3}x^2 = x + 6$ 的等號兩邊同乘以 3，
可得 $x^2 = 3x + 18$，$x^2 - 3x - 18 = 0$
整理得 $(x - 6)(x + 3) = 0$，$x = 6$，-3
故 A(6, 12)，B(-3, 3)

2 四種基本的作圖法

［角平分線］　　　　［垂直平分線］　　　　［垂線的畫法①］　　　　［垂線的畫法②］

例題 請畫出直線 l
上與 A、B 兩點距
離相等的點 P。

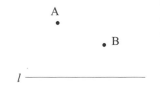

解 P 為線段 AB 的
垂直平分線和直線 l
的交點。

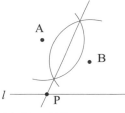

check! 角平分線就是與夾成該角的兩邊距離相等的點的集合。在作圖問題中，只要遇到「與兩邊距離相等～」的題目，就是在告訴你「用角平分線來算！」。而垂直平分線則是與連成線段的兩點距離相等的點的集合。請要確實分清楚，角平分線是與「兩邊」距離相等的點的集合，而垂直平分線是與「兩點」距離相等的點的集合。

3 扇形 (7 年級)

右圖的扇形中，
（以下將圓周率表示為 π ）

(1) 扇形 OAB 的面積 $S = \pi r^2 \times \dfrac{x}{360}$

(2) 弧 AB 的長 $l = 2\pi r \times \dfrac{x}{360}$

(3) 結合 (1) 和 (2)，可導出 $S = \dfrac{1}{2} lr$

※ (3) 成立的 原因

(2) 的等號兩邊同乘以 $\dfrac{1}{2} r$ 倍

$$\dfrac{1}{2} lr = \pi r^2 \times \dfrac{x}{360}$$

代入 (1)，$S = \dfrac{1}{2} lr$

例題 請回答下列問題。

(1) 求半徑 3cm，圓心角 45° 的扇形面積。

(2) 求直徑 8cm，圓心角 120° 的扇形弧長。

(3) 如右圖所示，半徑 10cm
的圓 O 的圓周上有兩點
A、B，弧 AB 較短方的弧
長為 8π cm。求斜線部分
面積。

解

(1) $\pi \times 3^2 \times \dfrac{45}{360} = \dfrac{9}{8}\pi$（cm²）

(2) $2\pi \times 4 \times \dfrac{120}{360} = \dfrac{8}{3}\pi$（cm）

(3) 圓 O 的圓周為
$$10 \times 2 \times \pi = 20\pi（cm）$$
故弧 AB 較長方的弧長為
$$20\pi - 8\pi = 12\pi（cm）$$
由上，可知斜線部分的面積為
$$\dfrac{1}{2} \times 12\pi \times 10 = 60\pi（cm²）$$

平面圖形的相似和角度

1 三角形的全等與相似

[三角形的全等條件]

❶ 3組邊等長

❷ 2組邊與其夾角相等

❸ 1組邊與兩側的角相等

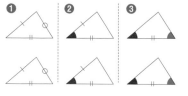

[直角三角形的全等條件]

❶ 斜邊與一組銳角相等

❷ 斜邊與另一組邊等長

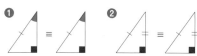

[三角形的相似條件]

❶ 3組邊的比例全部相等

❷ 2組邊的比例與其夾角相等

❸ 2組角相等（2組對應角相等）

　※由於相似的證明常常使用❸，
　　故解題時可先檢查❸是否成立。

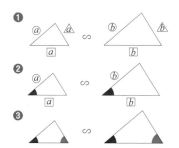

[證明常用到的元素]

❶ 假設（題目給定的條件）

❷ 對頂角

❸ 共邊或共角

❹ 平行線的內錯角、平行線的同位角　← 寫的時候別忘了 "平行線的" 這幾個字！

❺ 若 $\angle A + \angle B = \angle A + \angle C$，則 $\angle B = \angle C$

例題 如下圖所示，以平行四邊形 ABCD 的對角線交點為 O，通過 O 之直線與邊 $\overline{AB}$、$\overline{CD}$ 的交點為 E、F。請證明 $\overline{OE} = \overline{OF}$。

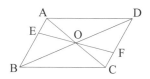

解 對於 △AOE 和 △COF，

$\angle AOE = \angle COF$（對頂角）　…①

$\overline{AO} = \overline{CO}$（平行四邊形的性質）　…②

$\angle OAE = \angle OCF$（平行線的內錯角）　…③

由①、②、③可知此兩三角形的一組邊及其兩側角的相等，故

△AOE ≡ △COF

因此 $\overline{OE} = \overline{OF}$。

2 角度

（1）**多邊形**

❶ n 邊形的內角和 $= 180° \times (n - 2)$

❷ n 邊形的外角和永遠 $= 360°$

原因 因為一個內角 + 一個外角 $= 180°$，故 n 邊形內角和外角的總和 $= 180n$

所以若外角和等於 x，則 $180(n - 2) + x = 180n$　　$x = 360$

（2）**圓周角定理**

對於同一個弧，其圓周角的大小永遠不變（圖1），等於該弧圓心角的一半（圖2、圖3）。

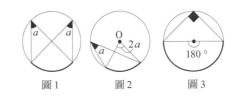

圖1　　圖2　　圖3

例題 請回答下列問題。

（1）求正十二邊形的一個內角大小。

（2）求右圖中 $\angle x$ 的大小。

解

（1）因外角和 $= 360°$，故可知一個外角的大小為 $360 \div 12 = 30°$。因此一個內角的大小就是 $180 - 30 = \mathbf{150°}$

（2）與 $\angle x$ 同一弧的圓心角角度為 $220°$，故 $\angle x = 220 \div 2 = \mathbf{110°}$

3 平行線與典型的相似

右邊圖1、圖2中，因兩角相等，故 $\triangle ADE \backsim \triangle ABC$。當存在平行線時，可考慮利用這兩種相似。

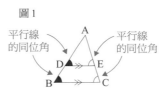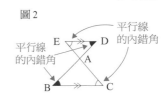

例題 求右圖中 $\overline{AB}$ 的長度。

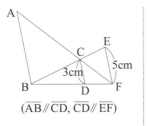

$(\overline{AB}/\!/\overline{CD}, \overline{CD}/\!/\overline{EF})$

解 假設 $\overline{AB} = x$ cm，由圖1、2可知，$x : 5 = 3 : 2$ 故 $x = \dfrac{\mathbf{15}}{\mathbf{2}}$（cm）

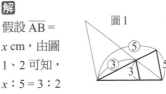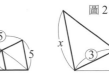

立體圖形與畢氏定理

1 立體圖形的體積和表面積

（7年級）

（1）角柱、圓柱

底面為兩個全等或平行的平面圖形的柱狀立體，其名稱由底面的形狀決定。

例
三角柱　　圓柱

角柱、圓柱的體積 = 底面積 × 高

（2）角錐、圓錐

由底面和不在底面上之一點連成的線段形成的立體，名稱由底面的形狀決定。

例
三角錐　　圓錐

角錐、圓錐的體積 = $\dfrac{1}{3}$ × 底面積 × 高

（3）球的體積、表面積

半徑 r 的球形體積 = $\dfrac{4\pi r^3}{3}$　　半徑 r 的球形表面積 = $4\pi r^2$

例題 請回答下列問題。

（1）求底面的圓半徑為 3cm，高 5cm 的圓柱體積。

（2）求底面的圓半徑為 3cm，高 4cm 的圓錐體積。

（3）求半徑 6cm 的半球體積。

解

（1）$\pi \times 3^2 \times 5 = $ **45π（cm³）**

（2）$\dfrac{1}{3} \times \pi \times 3^2 \times 4 = $ **12π（cm³）**

（3）$\dfrac{4 \times \pi \times 6^3}{3} \times \dfrac{1}{2} = $ **144π（cm³）**

2 正多面體

（7年級）

所有面皆為全等的正多邊形，且由所有頂點相接面數相等的多邊形組成的多面體叫做**正多面體**。正多面體一共有 **5 種**。

正四面體　　　　正六面體　　　　正八面體　　　　正十二面體　　　　正二十面體

例題 問正十二面體有幾條邊？

解 5（邊）× 12（面）= 60（條），因邊是兩個面的交界，故 60 ÷ 2 = **30（條）**

③ 畢氏定理　　　　　　　　　　　　　　　　　　　　　　　　　（9 年級）

(1) 畢氏定理

右圖的直角三角形中，

$a^2 + b^2 = c^2$

因此，已知直角三角形任意兩邊的長度時，第三邊的長度為

$c = \sqrt{a^2 + b^2}$,　$a = \sqrt{c^2 - b^2}$,　$b = \sqrt{c^2 - a^2}$

斜邊 c

原因

右圖中邊長為 c 的正方形面積為：

$(a + b)^2 - \dfrac{1}{2}ab \times 4 = c^2$

整理後即可得到 $a^2 + b^2 = c^2$

(2) 三角尺的邊長比

❶ 30°，60°，90° 的三角形（圖 1）
　→ $1 : 2 : \sqrt{3}$

❷ 45°，45°，90° 的三角形（圖 2）
　→ $1 : 1 : \sqrt{2}$

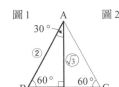

(3) 線段長

❶ 右圖中，

因 $\overline{BC} = x_2 - x_1$,

$\overline{AC} = y_2 - y_1$,

故 $\overline{AB} = \sqrt{(x_2 - x_1)^2 + (y_2 - y_1)^2}$

❷ 右圖中，

因 $\overline{BD}^2 = a^2 + b^2$,

故長方體的對角線 $\overline{AB}$ 的長度可用 $\sqrt{a^2 + b^2 + c^2}$ 求出。

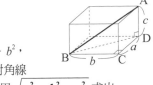

例題 請回答下列問題。

(1) 求右圖中 x 的值。

(2) 當 ③ 的 (2) 圖 1 中的 $\overline{AD} = 4$ 時，求 $\overline{BD}$ 的長。

(3) 求三邊長分別為 2、4、6 的長方體的對角線長。

解

(1) $x = \sqrt{13^2 - 12^2} = \sqrt{25} = \mathbf{5}$

※ 符合 $a^2 + b^2 = c^2$ 的自然數組 (a, b, c) 稱為畢達哥拉斯數。請記住代表性的畢達哥拉斯數！
　【例】$(3,4,5)$ 或 $(5,12,13)$ 等

(2) 由 $4 : \overline{BD} = \sqrt{3} : 1$，可得

$$\overline{BD} = \frac{4}{\sqrt{3}} = \frac{4\sqrt{3}}{3}$$

(3) $\sqrt{2^2 + 4^2 + 6^2} = \sqrt{56} = \mathbf{2\sqrt{14}}$

瞬解 **1** 食鹽水的敘述題

(1) 當混合 x 克濃度 a % 的食鹽水和 y 克 b % 的食鹽水，得到濃度 c % 的食鹽水時，下列的 ❶、
❷ 成立。(❷ 的 $a < c < b$)

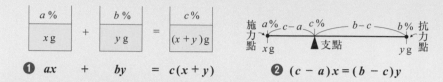

❶ $ax + by = c(x+y)$ ❷ $(c-a)x = (b-c)y$

(2) 將 x 克濃度 a % 的食鹽水倒入容器 A，將 y 克濃度 b % 的食鹽水倒入容器 B，然後從兩容器
各取出 z 克的食鹽水，將 A 取出的食鹽水倒入 B，將 B 取出的食鹽水倒入 A 後，若最終兩
容器中的食鹽水濃度相等，

則 $z = \dfrac{xy}{x+y}$ 。

👓 值得紀念的第一個瞬解技巧是有關食鹽水的敘述題。我們直接來看看例題。
將 x 公克濃度 5% 的食鹽水和 300 公克濃度 10% 的食鹽水混合後，得到了濃度 8% 的食鹽水，求 x 的值。首先讓我們用燒杯圖整理下題目。

🙂 畫成圖後應該是這樣吧。

5% xg	+	10% 300 g	=	8% $(x+300)$g

👓 很好。那麼，請試著根據各燒杯中的食鹽含量建立方程式。

🙂 因為食鹽量＝食鹽水的量 × $\dfrac{濃度}{100}$ ，所以是 $\dfrac{5}{100}x + 300 \times \dfrac{10}{100} = \dfrac{8}{100}(x+300)$

👓 OK！然後再把兩邊同乘以 100，解 $5x + 3000 = 8(x+300)$
這裡讓我們仔細觀察一下這個方程式。一如 瞬解 **1** (1) ❶ 所見，從結果來說只要把食鹽水濃度的
「%」值跟食鹽水的量相乘就能得到這個方程式。
這個瞬解技巧可以避免在等號兩邊同乘以 100 時算錯，結果沒算出正確答案的情況。特別是食鹽加
水這種問題很常有學生粗心算錯。加入食鹽時，只要想成「加入濃度 100% 的食鹽水」，把 100 代入
b；而加入水時，只要想成「加入濃度 0% 的食鹽水」，把 0 代入 b 的值即可。

🙂 (1) 的 ❶ 我看懂了，但 ❷ 的式子是怎麼跑出來的呢？

❷ 是一種利用了槓桿原理，俗稱天平法的方法。

在槓桿中（支點到施力點的距離）×（作用於施力點的力）和（支點到抗力點的距離）×（作用於抗力點的力）相等，故 ❷ 的關係成立。

前面我們看完了 瞬解 1 (1) 成立的理由，那麼 (2) 又為什麼成立呢？瞬解技巧必須要先能自己推導出背後的原理才可以在考試用使用。那麼馬上就一起來看看為什麼吧！

瞬解 1 有效的原因

(2) 所謂的食鹽水濃度就是食鹽含量和食鹽水總量的比例，而濃度相等，代表兩個容器中的食鹽量和食鹽水量的比相等。因此，

$\left(\dfrac{ax}{100} - \dfrac{az}{100} + \dfrac{bz}{100} \right) : x = \left(\dfrac{by}{100} - \dfrac{bz}{100} + \dfrac{az}{100} \right) : y$，然後用內項積＝外項積整理等式，再將等號兩邊同乘以 100，就會得到 $bxy - bxz + axz = axy - ayz + byz$。

解此式中的 z，即可得到

$$z = \frac{axy - bxy}{ax - bx + ay - by} = \frac{xy(a-b)}{x(a-b) + y(a-b)} = \frac{xy\cancel{(a-b)}}{\cancel{(a-b)}(x+y)} = \frac{xy}{x+y}$$

自我測驗題

□問題　有 10% 的食鹽水 200 克。若要用水稀釋調出濃度 4% 的食鹽水，請問須再加入幾克的清水。

（法政女子高等學校）

□解　　右圖中根據 瞬解 1 (1) ❶，可得
$10 \times 200 + 0 \times x = 4(200 + x)$　　$x = \mathbf{300}\,(\mathbf{g})$

10%		水 0%		4%
200 g	+	x g	=	$(200+x)$g

□其他解　右圖中根據 瞬解 1 (1) ❷，可得
$4x = 6 \times 200$　　$x = \mathbf{300}\,(\mathbf{g})$

0%　4　4%　　6　　10%

xg　　　　　200g

考古題挑戰！

問題　容器 A 有 9% 的食鹽水 400 克，容器 B 內有 4% 的食鹽水 240 克。從容器 A、B 各取出 x 克的食鹽水，將容器 A 取出的食鹽水倒入容器 B，從容器 B 取出的食鹽水倒入容器 A，充分混合後，最終兩個容器內的食鹽水濃度相同。求 x 的值。

（成蹊高等學校）

瞬解 **2** 解與係數的關係

假設 2 次方程式 $ax^2 + bx + c = 0$ 的兩個解為 p、q，

兩解之和 $\quad p + q = -\dfrac{b}{a}$

兩解之積 $\quad pq = \dfrac{c}{a}$

成立，這叫做解與係數的關係。

😎 在 2 次方程式的問題中，當題目給出方程式的兩解時，國中數學課通常會教兩種不同的解題法。例如當 2 次方程式 $x^2 + mx - n = 0$ 的兩個解分別是 $x = -6$ 和 2 時，應該怎麼求常數 m、n 的值呢？

😃 我記得好像是要把兩個解代入……。

😎 沒錯。對於已給定解的題目，其中一種解法是把給定的解代入原方程式。那麼，請你按這個方法計算看看。

🙂 代入 $x = -6$，得到 $36 - 6m - n = 0$ …①
代入 $x = 2$，得到 $4 + 2m - n = 0$ …②
將①和②聯立，得到 $m = 4$，$n = 12$

😎 正確。那麼再來想想看另一種解法。
假設 2 次方程式 $x^2 + bx + c = 0$ 的兩個解為 p、q，代表此方程式也可以寫成 $(x - p)(x - q) = 0$ 對吧。
那麼當兩個解分別是 $x = -6$ 和 2 時要怎麼表示呢？

🙂 $(x + 6)(x - 2) = 0$。

😎 在這個解法中，接下來要展開等號左邊，跟題目給定的方程式比較一下。

🙂 展開後是 $x^2 + 4x - 12 = 0$，比較 $x^2 + mx - n = 0$，可知 $m = 4$、$n = 12$。

😎 那麼最後來用瞬解法算算看吧。根據兩解之和 $= -6 + 2 = -\dfrac{m}{1}$，可算出 $m = 4$；兩解之積

$= -6 \times 2 = -\dfrac{n}{1}$，可算出 $n = 12$，輕鬆得到解答。

所以以後遇到 2 次方程式且已給定兩解的題目，就可以試著利用解與係數的關係來想。

瞬解 2　有效的原因

若 2 次方程式 $ax^2 + bx + c = 0$ …①

的兩解為 p、q，則原式也可表示成 $a(x - p)(x - q) = 0$，

可得 $a(x - p)(x - q) = a(x^2 - px - qx + pq) = ax^2 - a(p + q)x + apq = 0$ …②

比較①和②的 x 的係數，可得 $b = -a(p + q)$。兩邊同除以 $-a\,(a \neq 0)$，整理後可知

$p + q = -\dfrac{b}{a}$。再比較①和②的常數項，可得 $c = apq$，兩邊同除以 $a\,(a \neq 0)$，

可知 $pq = \dfrac{c}{a}$

自我測驗題

□**問題1**　已知 x 的 2 次方程式 $x^2 + ax + b = 0$ 的兩解為 -1 和 5，求 a、b 的值。　（日大第三高等學校）

□**解**　　因兩解之和 $= -1 + 5 = -a$，故 $\boldsymbol{a = -4}$

因兩解之積 $= -1 \times 5 = b$，故 $\boldsymbol{b = -5}$

□**問題2**　已知 x 的 2 次方程式 $x^2 + ax + b = 0$ 的解為 1、2，求 x 的 2 次方程式

$x^2 + bx + a = 0$ 的解。　（專修大附屬高等學校）

□**解**　　因兩解之和 $= 1 + 2 = -a$，故 $a = -3$。因兩解之積 $= 1 \times 2 = b$，故 $b = 2$。將 a、b 代入

$x^2 + bx + a = 0$，得 $x^2 + 2x - 3 = 0$，做因式分解得 $(x + 3)(x - 1) = 0$　　$\boldsymbol{x = -3，1}$

□**問題3**　已知 2 次方程式 $2x^2 - 4x + 1 = 0$ 的兩解為 a、$b\,(a < b)$ 時，$ab(a + b)$ 的值為 ☐ 。

（國學院久我山高等學校）

□**解**　　因 $a + b = -\dfrac{-4}{2} = 2$、$ab = \dfrac{1}{2}$，故 $ab(a + b) = \dfrac{1}{2} \times 2 = \boldsymbol{1}$

　考古題挑戰！

問題　已知 x 的 2 次方程式 $x^2 + ax + b = 0$ 的解為 2、3，求 2 次方程式 $x^2 + bx - a = 0$ 的解。

（明治學院高等學校）

瞬解 **3** 正比的量

(1) 若 y 與 x 成正比，且當 $x = x_1$ 時 $y = y_1$，當 $x = x_2$ 時 $y = y_2$，則

$$y_1 : x_1 = y_2 : x_2 \,(x_1 : y_1 = x_2 : y_2)$$

成立。

(2) 若 y 與 x^2 成正比，且當 $x = x_1$ 時 $y = y_1$，當 $x = x_2$ 時 $y = y_2$，則

$$y_1 : x_1{}^2 = y_2 : x_2{}^2 \,(x_1{}^2 : y_1 = x_2{}^2 : y_2)$$

成立。

好，開頭直接來一題。

當 y 與 x 成正比，且 $x = 3$ 時 $y = 5$。請問 $y = -8$ 時 x 是多少？

因為 y 與 x 成正比，所以假設 $y = ax$，將 $x = 3$、$y = 5$ 代入，可知 $5 = 3a$，

$a = \dfrac{5}{3}$，故 $y = \dfrac{5}{3}x$。接著再代入 $y = -8$，得到 $-8 = \dfrac{5}{3}x$，兩邊同乘以 3，得到

$-24 = 5x$，$x = -\dfrac{24}{5}$

答得很好！那麼這題若用 瞬解 **3** (1) 來解會是如何呢？因為 y 和 x 的比是固定不變的，

所以可知 $5 : 3 = (-8) : x$。又因為外項相乘 = 內項相乘，所以可知 $5x = -24$，算出

$x = -\dfrac{24}{5}$

原來不用算出比例常數也能直接得到答案啊！

沒錯。這個瞬解技巧的好處就在這兒。

很多人會在計算比例常數時計算失誤，導致答案也跟著錯。但用這個技巧就能防止計算失誤。

而且這個方法也能用於 9 年級才會學到的與平方成正比的函數。

例如假設 y 與 x^2 成正比，且當 $x = 2$ 時 $y = 8$。當題目問當 $x = -4$ 時 y 的值是多少時，由於 y 和 x^2 的
比例永遠不變，所以可由 $8 : 2^2 = y : (-4)^2$ 算出 $y = 32$，同樣不用算比例常數就能得到答案。

瞬解 **3**	有效的原因

(1) 因為 y 和 x 成正比，所以可表示成 $y = ax$（a 為比例常數），$a = \dfrac{y}{x}$

因此，由於 x 相對 y 的比例 $y : x$ 的比值 $\dfrac{y}{x}$ 永遠是 a，所以 $y_1 : x_1 = y_2 : x_2$

(2) 因為 y 和 x^2 成正比，所以可表示成 $y = ax^2$（a 為比例常數），$a = \dfrac{y}{x^2}$

因此，由於 x^2 相對 y 的比例 $y : x^2$ 的比值 $\dfrac{y}{x^2}$ 永遠是 a，所以 $y_1 : x_1^2 = y_2 : x_2^2$

自我測驗題

☐ **問題1** y 與 x 成正比，且 $x = 3$ 時 $y = -6$。求 $x = -5$ 時 y 的值。

（北海道）

☐ **解** 因 $(-6) : 3 = y : (-5)$，故 $3y = 30$ **$y = 10$**

☐ **問題2** y 與 x^2 成正比，且 $x = 1$ 時 $y = 2$。當 $x = 3$ 時，$y =$ ☐ 。

（沖繩縣）

☐ **解** 因 $2 : 1^2 = y : 3^2$，故 $y = 2 \times 9 =$ **18**

☐ **問題3** y 與 x^2 成正比，且 $x = -3$ 時 $y = 3$。當 $x = -6$ 時，y 的值為 ☐ 。

（北海道）

☐ **解** 因 $3 : (-3)^2 = y : (-6)^2$，故 $9y = 108$ **$y = 12$**

 考古題挑戰！

問題1 已知右表中的 y 與 x 成正比，求 ☐ 內的數。 （宮城縣）

x	$\cdots$	-4	$\cdots$	1	2	3	$\cdots$
y	$\cdots$	☐	$\cdots$	3	6	9	$\cdots$

問題2 已知右表中的 y 與 x^2 成正比。求 ☐ 內的數。 （福井縣）

x	0	1	2
y	0	3	☐

瞬解 **4** 反比的量

(1) 若 y 與 x 成反比，且 $x = x_1$ 時 $y = y_1$，$x = x_2$ 時 $y = y_2$，則
$x_1 \times y_1 = x_2 \times y_2$。（**比例常數為 1 組 x、y 的積**）

(2) 如右圖所示，畫出以雙曲線任意一點和
原點為頂點的長方形，則
長方形面積＝比例常數 a 的值
成立。

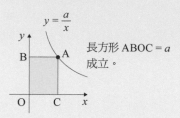

長方形 ABOC = a
成立。

首先來看看問題。假設 y 與 x 成反比，且 $x = \dfrac{2}{3}$ 時 $y = 6$。請問 $x = -\dfrac{3}{4}$ 時 y 的值是多少？

因為 y 和 x 成反比，所以將 $x = \dfrac{2}{3}$ 和 $y = 6$ 代入 $y = \dfrac{a}{x}$，得到 $6 = \dfrac{a}{\frac{2}{3}}$

奇怪？分數裡面又跑出分數了。

這種分數叫做繁分數。遇到繁分數時先把分號改成「÷」號來想會更好計算。

$\dfrac{a}{\frac{2}{3}}$ 就相當於 $a \div \dfrac{2}{3}$，也就是 $a \times \dfrac{3}{2} = \dfrac{3}{2}a$ 嗎？所以剛剛的式子就是 $6 = \dfrac{3}{2}a$，等號兩邊同乘以 2 得到

$12 = 3a$，得 $a = 4$。把 $x = -\dfrac{3}{4}$ 代入 $y = \dfrac{4}{x}$，得到 $y = \dfrac{4}{-\frac{3}{4}}$ ……咦——！怎麼又是繁分數……。

繼續往下算就是 $y = 4 \div \left(-\dfrac{3}{4}\right) = 4 \times \left(-\dfrac{4}{3}\right) = -\dfrac{16}{3}$。如果用 瞬解 **4** (1) 來算的話，則可以直接由

$\dfrac{2}{3} \times 6 = -\dfrac{3}{4} y$ 這個方程式求出 $y = -\dfrac{16}{3}$

沒有出現繁分數耶。那以後都用 瞬解 **4** (1) 來解吧！

老師，那 (2) 是什麼時候用的呢？

例如假設右圖中點 A 和 C，以及點 E 和 D 分別對稱於 y 軸，且線①的方程式為 $y = \dfrac{6}{x}$。此時，求四

邊形 ACDE 的面積——遇到這種問題時就可以派上用場。

根據 瞬解 **4** (2)可知四邊形 ABOE 的面積為 6，所以就是 6 × 2 = 12 對吧！

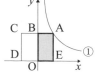

瞬解 **4**　有效的原因

(1) 因為 y 跟 x 成反比，故 $y = \dfrac{a}{x}$（a 是比例常數），兩邊同乘以 x，得到 $xy = a$

由此可知，比例常數 a 的值等於一組 x、y 的積，且同一函數中的比例常數固定不變，所以

$x_1 \times y_1 = x_2 \times y_2$

(2) 如右圖所示，在 $y = \dfrac{a}{x}$（a 為比例常數）的圖形上取一點 A(p, q)，
畫出長方形 ABOC。
此長方形的面積為 pq，且一組 x 坐標和 y 坐標的積 pq 永遠與比例常數 a
相等，所以可知長方形面積＝比例常數 a。

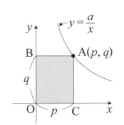

⌒ 自我測驗題

☐**問題1**　已知 y 與 x 成反比，且 $x = \dfrac{1}{5}$ 時 $y = 3$。求 $x = 6$ 時 y 的值。（東京工業大學附屬科學技術高等學校）

☐**解**　因 $\dfrac{1}{5} \times 3 = 6y$，得 $30y = 3$　　故 $y = \dfrac{1}{10}$

☐**問題2**　已知右表中的 y 與 x 成反比，求 ☐ 內的數。　　　　（青森縣）

☐**解**　因 $0.5y = 2 \times 7$，得 $5y = 140$　　$y = \mathbf{28}$

x	0.5	2	3.5
y	☐	7	4

✎ 考古題挑戰！

問題　如右圖所示，在通過點 $(-2, -1)$ 的反比圖形上取一點 P。從點 P
畫一條與 y 軸垂直的直線，此線與 y 軸交於點 Q。假設原點為 O，求三角形
OPQ 的面積。　　　　　（豐島岡女子學園高等學校）

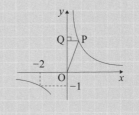

瞬解 **5** 直線式

(1) 直線 $y = ax + b$ 與 x 軸交點的 x 坐標（x 截距）可用

x **截距** $= -\dfrac{b}{a}$ 求出。

(2) 斜率 a，通過點 (x_1, y_1) 的直線方程式可用

$y - y_1 = a(x - x_1)$ 求出。

(3) 直線 $l : y = ax + b$ 與直線 $m : y = a'x + b'$ 之交點的 x 坐標可用

$\dfrac{b' - b}{a - a'}$ $\left(\text{或是 } \dfrac{b - b'}{a' - a}\right)$ 求出。

(4) 直線 $l : y = ax + b$ 與直線 $m : y = a'x + b'$ 的斜率，

當 $l \parallel m$ 時 $a = a'$，$l \perp m$ 時 $a \times a' = -1$

😎 首先複習一下。可用方程式 $y = ax + b$ 表示的直線與 y 軸交點的 y 坐標就叫做「截距」。但因為傾斜的直線不只會通過 y 軸，也會通過 x 軸，所以直線跟 x 軸交點的 x 坐標叫做「x 截距」，而與 y 軸交點的 y 坐標叫做「y 截距」，以示區別。

那麼，右圖中有一條斜率為 2 的直線，請寫出這條直線的方程式和 x 截距。

😀 因為斜率為 2，所以將 A$(-1, 2)$ 代入 $y = 2x + b$，得 $b = 4$

直線方程式是 $y = 2x + 4$

😀 x 截距的部分，因為直線和 x 軸交點的 y 坐標是 0，所以將 $y = 0$ 代入直線式，得到 $0 = 2x + 4$，可算出 $x = -2$

😎 若用瞬解技巧來算，由 (2) 可得 $y - 2 = 2(x + 1)$，也就是 $y = 2x + 4$。而 x 截距的部分由 (1) 可得 $-\dfrac{4}{2} = -2$

兩直線的交點通常是用聯立方程式來解，而學會 (3) 的話就可以用來驗算。也就是用兩直線的 y 截距除以斜率的差，但要留意究竟是誰除誰。

(4) 則是關於兩條直線的關係，「平行→斜率相等」相信大家都能理解才對！

下面就來看看為什麼「垂直→斜率相乘 $= -1$」吧。

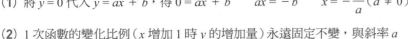

瞬解 5 | **有效的原因**

(1) 將 $y = 0$ 代入 $y = ax + b$，得 $0 = ax + b$ 　 $ax = -b$ 　 $x = -\dfrac{b}{a}(a \neq 0)$

(2) 1 次函數的變化比例（x 增加 1 時 y 的增加量）永遠固定不變，與斜率 a
相等。

右圖中，由於 $(x - x_1) : (y - y_1) = 1 : a$，所以
$y - y_1 = a(x - x_1)$ 成立。

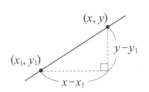

(3) 將直線 $l : y = ax + b$ 與直線 $m : y = a'x + b'$ 聯立，可得 $ax + b = a'x + b'$，

$$ax - a'x = b' - b \qquad x(a - a') = b' - b \qquad x = \dfrac{b' - b}{a - a'}$$

(4) 如圖 1 所示，假設直線 l 的斜率為 $\dfrac{d}{c}$，然後將 l 旋轉 90°，
畫出直線 m。

由於圖 2 的兩個直角三角形全等，所以直線 m 的斜率是
$-\dfrac{c}{d}$，

故（l 的斜率）×（m 的斜率）$= \dfrac{d}{c} \times \left(-\dfrac{c}{d}\right) = -1$

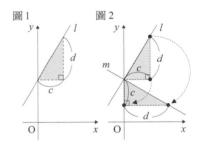

圖 1　　　圖 2

> 📐 **自我測驗題**

□ 問題　如右圖所示，將 x 軸上的點 P 與兩點 A $(0, 6)$、B $(7, 2)$ 連成
三角形 ABP。請問所有可使三角形 ABP 為直角三角形，∠APB
$= 90°$ 的點 P 的 x 坐標。

（三重縣）

□ 解　假設點 P 的坐標為 P $(p, 0)$。根據 瞬解 5 **(4)**，可知只要使直

線 $\overline{\text{AP}}$ 斜率和 $\overline{\text{PB}}$ 斜率的積為 -1 即可，故由 $-\dfrac{6}{p} \times \dfrac{2}{7 - p} = -1$，$-12 = -p(7 - p)$ ※

$p^2 - 7p + 12 = 0$ 　 $(p - 3)(p - 4) = 0$，得 $p = \mathbf{3}$、$\mathbf{4}$

※ 9 年級學的 2 次方程式

> ✒️ **考古題挑戰！**

問題　如右圖所示，直線 $y = \dfrac{4}{3}x + 25$ 與通過原點 O 的直線 l 垂直相交。若

兩線的交點為 P，求點 P 的 x 坐標。

（和洋國府台女子高等學校・改題）

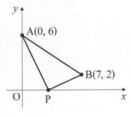

瞬解 6 　坐標平面上的三角形面積①

(1) 圖 1 的 △OPQ 可等積變形為圖 2 的 △RP′Q′，可用

$$\triangle OPQ = \frac{1}{2} b(p - q)$$

求出。

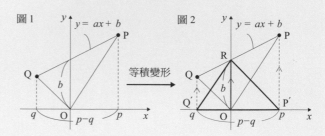

圖 1

圖 2

等積變形

(2) 如右圖所示，以原點 O 與坐標平面上的兩點 P、Q 為頂點的 △OPQ 的面積可用

$$\triangle OPQ = \frac{1}{2} |x_1 y_2 - x_2 y_1|$$　求出。

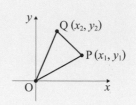

※｜｜是絕對值符號。因為是絕對值，所以寫成 $\frac{1}{2}|x_2 y_1 - x_1 y_2|$ 也可以。

首先複習一下等積變形。在不改變面積的情況下改變圖形形狀就叫做等積變形。三角形的等積變形可利用平行線。右圖中的 3 個三角形面積全都相等。在 瞬解 6 (1) 的圖 2 中，就是將 △OQR 等積變形為 △OQ′R、將 △OPR 等積變形為 △OP′R、將 △OPQ 等積變形為 △RP′Q′。

然後是 (2) 的絕對值符號。例如｜－8｜就是 －8 的絕對值，而｜－8｜＝8

那麼，接下來請算算看右圖的 △PQR 的面積吧。

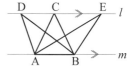

(1) 和 (2) 的三角形其中一個頂點都是原點，但這題的三角形頂點不是原點，沒辦法算啦。

其實只要利用 (2)，就算頂點不是原點的三角形也可以算面積喔。提示是對頂點做平移。

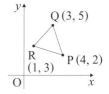

啊！可以把三個頂點全部往左移動 1 單位、往下移動 3 單位，把頂點 R 移動到原點 (0, 0)，P 從 (4, 2) 移動到 (3, －1)，Q 從 (3, 5) 移動到 (2, 2)，就能變成以原點為頂點的三角形了！

沒錯。因為三個頂點全都是平行移動，所以面積不變。

接下來就可以利用 (2) 計算，求出 $\frac{1}{2} \times | 3 \times 2 - 2 \times (-1) | = \frac{1}{2} \times | 8 | = \frac{1}{2} \times 8 = 4$

其他像四邊形的面積也可以拆成兩個三角形後再用 瞬解 6 (2) 計算。只要能熟練使用 (2)，它就是非常強大的武器。

瞬解 **6** 有效的原因

坐標平面上的三角形面積 ①

(2) 如右圖在△OPQ 的周圍畫長方形 OABC，然後將長方形 OABC 的面積減去不要的 3 個三角形面積即可。

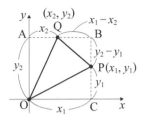

$$\triangle OPQ = x_1y_2 - \left\{ \frac{1}{2}x_1y_1 + \frac{1}{2}x_2y_2 + \frac{1}{2}(x_1 - x_2)(y_2 - y_1)^{※} \right\}$$

$$= x_1y_2 - \left\{ \frac{1}{2}x_1y_1 + \frac{1}{2}x_2y_2 + \frac{1}{2}x_1y_2 - \frac{1}{2}x_1y_1 - \frac{1}{2}x_2y_2 + \frac{1}{2}x_2y_1 \right\}$$

$$= x_1y_2 - \left(\frac{1}{2}x_1y_2 + \frac{1}{2}x_2y_1 \right) = \frac{1}{2}x_1y_2 - \frac{1}{2}x_2y_1 = \frac{1}{2}|x_1y_2 - x_2y_1|$$

※部分利用了 9 年級學的數式展開。

🔲 自我測驗題

🔲**問題** 如右圖所示，有一個以 A $(6, 5)$、B $(-2, 3)$、C $(2, 1)$ 為頂點的△ABC。求△ABC 的面積。

（佐賀縣）

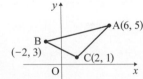

🔲**解** 將所有頂點的 x 坐標朝 x 軸方向 -2，y 坐標朝 y 軸方向 -1 平移，使點 C 的坐標與原點重疊，將點 A 移動到 A′$(4, 4)$，點 B 移動到 B′$(-4, 2)$，點 C 移動到 O$(0, 0)$。因所求的△ABC 面積與△A′B′O 相等，故根據

瞬解 **6** (2)，$\triangle ABC = \frac{1}{2} \times |4 \times 2 - (-4 \times 4)| = \frac{1}{2} \times |24| = \frac{1}{2} \times 24 =$ **12**

✏️ 考古題挑戰！

🔲**問題** 請用 k 表示右圖中的三角形 OPQ 的面積。原點為 O。

（明治大學附屬明治高等學校・改題）

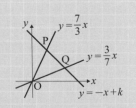

瞬解 7 坐標平面上的三角形面積②

(1) 當三角形的面積被通過其中一個頂點的直線平分時，這條
將三角形平分的直線**必定通過該頂點對邊的中點**※。

※若兩點 $A(x_1, y_1)$、$B(x_2, y_2)$ 的中點坐標為 M，則

$$M\left(\frac{x_1 + x_2}{2}, \frac{y_1 + y_2}{2}\right)$$

(2) 如右圖所示，當三角形的面積被一不通過任何頂點的直線
$\overleftrightarrow{PQ}$ 平分時，假設點 P、Q 的 x 坐標分別為 p、q，則

$$\frac{\overline{BP}}{\overline{BA}} \times \frac{\overline{BQ}}{\overline{BC}} = \frac{p - x_2}{x_1 - x_2} \times \frac{q - x_2}{x_3 - x_2} = \frac{1}{2}$$

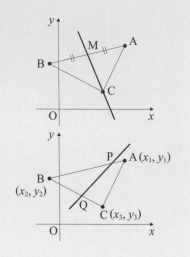

👓 瞬解 7 (1) 中，因為直線通過對邊的中點，所以三角形被分成兩個底邊和高都相等的小三角形，故
面積也相等。中點的公式我們稍後再來看看為什麼成立。

然後 (2) 的部分，其實是把 瞬解35 才會學到的面積比的思考技巧應用在坐標平面上的圖形中。因為
△BPQ 和△BAC 的∠B 是共角，所以由 瞬解35 可知，

由於△BPQ = △BCA × $\dfrac{\overline{BP}}{\overline{BA}}$ × $\dfrac{\overline{BQ}}{\overline{BC}}$ ，所以當 $\dfrac{\overline{BP}}{\overline{BA}}$ × $\dfrac{\overline{BQ}}{\overline{BC}}$ = $\dfrac{1}{2}$ 時，△BPQ 的面積就是△BCA 的一半，

換言之會被平分。

🧑 關於 (2) 的公式，請問為什麼 $\overline{BA}$ 的長可以用 $x_1 - x_2$ 計算呢？

👓 這個式子並不是說 $\overline{BA}$ 的長等於 $x_1 - x_2$，而是說線段 $\overline{BA}$ 與線段 $\overline{BP}$ 的長度
比是 $(x_1 - x_2) : (p - x_2)$。事實上，思考函數與圖形的綜合問題時一定要懂
得利用平行線來移動線段 [1]。請看右圖。

線段 $\overline{BA}$ 和線段 $\overline{BP}$ 的比可以在 x 軸上平移，於是可得到
$\overline{BA} : \overline{BP} = (x_1 - x_2) : (p - x_2)$。由於 (2) 的技巧非常難，可以等升上 9 年級學
過相似，並學完 瞬解35 後再回頭來看。

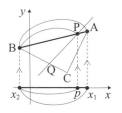

1　即平行線截比例線段的性質：若一直線被 n 條平行線截出的線段比為 $x : y$，則任意其他直線被這 n 條平行線所截
出的線段比也必然是 $x : y$。

瞬解 **7** 有效的原因

(1) 如右圖所示，假設兩點 A、B 的中點為 M，且 M 的 x 坐標為 m。由於 $\overline{BM} : \overline{MA} = 1 : 1$，故對於 x 軸上的線段 $(x_2 - m) : (m - x_1) = 1 : 1$。接著計算這個比例式中 m 的解：

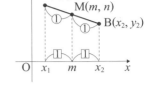

$$m - x_1 = x_2 - m \qquad 2m = x_1 + x_2 \qquad m = \frac{x_1 + x_2}{2}$$

同樣地，M 的 y 坐標 n 的線段比也可在 y 軸上移動，對 y 軸上的線段求 $(y_1 - n) : (n - y_2) = 1 : 1$ 中 n 的解：

$$n = \frac{y_1 + y_2}{2}$$

(2) 如右圖所示，在 x 軸上移動線段比，

由 $\dfrac{\overline{BP}}{\overline{BA}} = \dfrac{p - x_2}{x_1 - x_2}$ ，$\dfrac{\overline{BQ}}{\overline{BC}} = \dfrac{q - x_2}{x_3 - x_2}$ ，

得到 $\dfrac{\overline{BP}}{\overline{BA}} \times \dfrac{\overline{BQ}}{\overline{BC}} = \dfrac{p - x_2}{x_1 - x_2} \times \dfrac{q - x_2}{x_3 - x_2}$

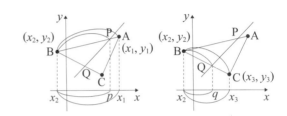

自我測驗題

□問題 右圖中，以三點 A$(-3, 8)$、B$(7, 0)$、O$(0, 0)$ 為頂點的 △AOB 的面積被直線 $y = ax$ 平分。求 a 的值。

（中央大杉並高等學校）

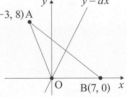

□解 根據 瞬解 **7** (1)，直線 $y = ax$ 通過點 A$(-3, 8)$、B$(7, 0)$ 的

中點 $\left(\dfrac{-3 + 7}{2}, \dfrac{8 + 0}{2} \right) = (2, 4)$。將 $(2, 4)$ 代入 $y = ax$，得 $4 = 2a$，**$a = 2$**

 考古題挑戰！

問題 右圖的 △ABC 面積被通過原點的直線 l 平分。假設直線 l 與直線 $\overleftrightarrow{AC}$ 的交點為 P，求 P 的坐標。

（國學院久我山高等學校・改題）

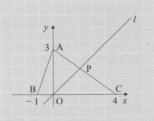

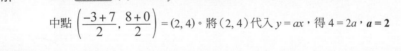

瞬解 8　坐標平面上的四邊形面積

(1) 對於一個頂點為原點的平行四邊形，若位於原點對角的頂點為 B，其餘兩個頂點為 A(a, b)、C(c, d)，則 B 的坐標為 **B $(a + c，b + d)$**。

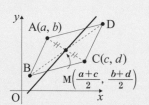

(2) 點對稱的四邊形（平行四邊形、長方形、菱形、正方形）的對角線相交於彼此的中點 M，且任何**平分此四邊形面積的直線必然通過中點 M**。

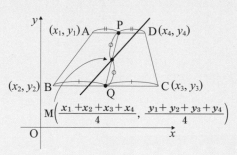

(3) 當梯形面積被與上底和下底相交的直線平分時，**該直線必然通過上底中點和下底中點連成的線段中點 M**。

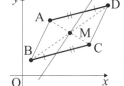

首先是 **瞬解 8** (1)，要決定坐標平面上的平行四邊形的頂點，通常會利用全等的直角三角形。請仔細看看為什麼 (1) 有效，以學會如何利用直角三角形來找出頂點不含原點的平行四邊形頂點坐標。

至於 (2) 成立的原因很簡單！因為點對稱的四邊形的對稱中心就是對角線的交點（中點 M），所以如同右圖可見，通過 M 的直線會把四邊形切割成兩個等高且上底和下底的和也相等的梯形。

那 (3) 的 M 坐標是不是用梯形的 4 個頂點平均來想就行了呢？

這麼想也 OK。但要注意 (3) 只適用於直線平分四邊形且通過上底和下底（其中一邊剛好通過頂點亦可）的情況。

瞬解 8 有效的原因

（1）如圖 1 或圖 2 所示，只需畫出兩個以平行四邊 形的對邊為斜邊的全等直角三角形，就能求得 B 的坐標。

圖 1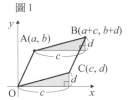

圖 2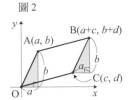

（3）右圖中，梯形 ABPQ ＝梯形 PQCD，

且△PMR ≡△QMS（1 組邊及其兩側的角皆相等），

故四邊形 ABSR ＝四邊形 RSCD。

另外，因 P$\left(\dfrac{x_1 + x_4}{2}, \dfrac{y_1 + y_4}{2}\right)$、Q$\left(\dfrac{x_2 + x_3}{2}, \dfrac{y_2 + y_3}{2}\right)$

故 M$\left(\dfrac{x_1 + x_2 + x_3 + x_4}{4}, \dfrac{y_1 + y_2 + y_3 + y_4}{4}\right)$成立。

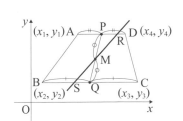

🌓**自我測驗題**

☐**問題** 如右圖所示，坐標平面上有一平行四邊形 OABC。

直線 $\overrightarrow{OC}$ 可表示為 $y = 2x$，且點 B 的坐標為（10, 8）。當點 C 的 x 坐標為 3 時，求點 A 的坐標和平分平行四邊形 OABC 且 與 x 軸平行的直線方程式。 （福岡大學附屬大濠高等學校・改題）

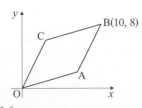

☐**解** 因點 C 的 x 坐標為 3，故將 $x = 3$ 代入 $y = 2x$，得點 C 的 y 坐標為 6。

根據 **瞬解 8** （1），3 ＋（A 的 x 坐標）＝ 10，可知 A 的 x 坐標為 7。

同理，由 6 ＋（A 的 y 坐標）＝ 8 可算出 A 的 y 坐標為 2。由此可知 **A** 的坐標為（**7, 2**）。

然後，根據 **瞬解 8** （2），可知所求的直線通過 O、B 兩點的中點（設此點為 M）。

而 M$\left(\dfrac{0 + 10}{2}, \dfrac{0 + 8}{2}\right)$ ＝ (5, 4)，且直線與 x 軸平行，故所求的直線方程式為 ***y* ＝ 4**

✏**考古題挑戰！**

問題 如右圖所示，坐標平面上有一梯形，且 $\overline{AB} = 4$，$\overline{OC} = 20$，

$\overline{OA} = \overline{BC} = 10$，點 A 坐標為（8, 6）。求通過點 B 且平分此梯形的直線之方程 式。 （明治學院高等學校・改題）

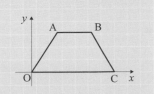

瞬解 9　直角三角形上的格子點

右圖的直角三角形 OAB 邊上及內側的格子點數量可用

$$(a + 1) \times (b + 1) \times \frac{1}{2} + (線段\ \overline{AB}\ 的格子點) \times \frac{1}{2}$$

求出。

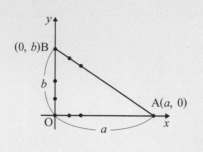

本節介紹的是關於格子點數量的瞬解技巧。

格子點是什麼？我從來沒聽過這個詞！

x 坐標和 y 坐標皆為整數的點就叫做格子點。那麼我要出題囉。

請問在 $y = \dfrac{6}{x}$ 的圖形上一共有幾個格子點？

應該是 $(1, 6)$、$(2, 3)$、$(3, 2)$、$(6, 1)$ 這 4 個。

雖然思路是對的，但很可惜答案是錯的。

啊，我知道了！是 8 個。

答對。因為「整數」也包含負的整數，所以答案是 $4 \times 2 = 8$ 個。
這是考試常常出現的問題，所以要小心。
那麼，我們再來考一題。如右圖所示，以 O $(0, 0)$、A $(0, 2)$、B $(4, 0)$ 三個點
為頂點的△OAB 的邊上與內部一共有多少個格子點？

替右邊圖畫上直線和橫線來算，一共有 9 個。

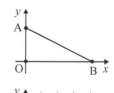

沒錯。求格子點數量的方法除了像剛剛那樣畫出正確的圖形外，其實也可以
用計算的。
假如把剛剛那題的 B 點改成 $(100, 0)$ 呢？

那樣畫出來要多大啊……。

這時就輪到本回介紹的瞬解技巧登場了。順帶一提，剛剛那一題若用瞬解

公式來解，就是 $(4 + 1) \times (2 + 1) \times \dfrac{1}{2} + 3 \times \dfrac{1}{2} = 9$（個）

瞬解 9　有效的原因

$(a+1) \times (b+1) \times \dfrac{1}{2}$ 代表以 $\overline{OA}$、$\overline{OB}$ 為兩邊的長方形邊上及內部的格子點數量的一半。但單純除以 2 會使線段 $\overline{AB}$ 上的格子點數量也減半，所以最後要把線段 $\overline{AB}$ 上被除掉的另一半格子點加回來，就得到了瞬解的公式。

自我測驗題

☐問題　如右圖所示，坐標平面上有一三頂點分別為
A$(-15, 0)$、B$(3, 0)$、C$(3, 9)$ 的△ABC。
求△ABC 的邊上及內部 x 坐標和 y 坐標皆為整數的
點的數量。

（筑波大學附屬高等學校・改題）

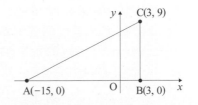

☐解　因為線段 $\overline{AB} = 3 - (-15) = 18$、$\overline{BC} = 9 - 0 = 9$，故根據 瞬解 9 ，所求的格子點數量為：

$$(18 + 1) \times (9 + 1) \times \frac{1}{2} + (線段 \ \overline{AC} \ 上的格子點) \times \frac{1}{2} \ \cdots ①$$

這裡將 A$(-15, 0)$、C$(3, 9)$ 代入 $y = ax + b$ 求直線 $\overleftrightarrow{AC}$ 的方程式，可得到

$$y = \frac{1}{2}x + \frac{15}{2} = \frac{x + 15}{2}$$，當分子為 0 或 2 的倍數時，y 值也會是整數。

當 $-15 \leqq x \leqq 3$ 時，線段 $\overline{AC}$ 上的格子點分別有 $x = -15, -14, -11, \cdots, -1, 1, 3$ 這 10 個。
因此，① $= 95 + 5 = $ **100 個**

考古題挑戰！

問題　如右圖所示，在每格間距為 1cm 的網點紙上，於直線和橫線
的交點畫上黑點（・）。在這些點中取兩點 A、B，且 $\overline{AB} = 4$cm。
接著再取一個點 C，使∠CAB $= 90°$，$\overline{AC} = n$cm（n 為正整數），並將
A、B、C 三點連成一個直角三角形。假設直角三角形 ABC 的內部和
邊上的黑點個數為 N。求 $n = 8$ 時 N 的個數。　　（千葉縣・改題）

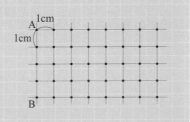

瞬解 **10** 變化率

（1）對於 1 次函數 $y = ax + b$，當 x 的值從 p 變為 q 時，其變化率為

變化率＝直線的斜率 a

（2）對於平方成正比的函數 $y = ax^2$，當 x 的值從 p 變為 q 時，其變化率為

變化率 $= a(p + q)$

所謂「變化率」指的是 y 相對於 x 的增加量，可用 $\dfrac{y \text{ 的增加量}}{x \text{ 的增加量}}$ 求出。

換個說法，也就是求當 x 增加 1 時 y 會增加多少。

實際上，所謂變化率是用來表達在函數圖形上取任意 2 點，通過此 2 點之直線的斜率。

那麼這裡讓我們來思考一下平方成正比之函數的題目吧。

對於函數 $y = 2x^2$，當 x 的值從 -2 變為 4 時，x 的增加量是 6，請問 y 的增加量是多少？

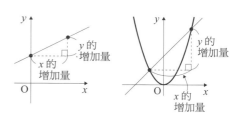

呃——，我沒辦法馬上算出來啦。

當 $x = -2$ 時 $y = 8$，$x = 4$ 時 $y = 32$

那 y 的增加量就是 $32 - 8 = 24$

沒錯。那麼，請問此時的變化率是多少呢？

$\dfrac{y \text{ 的增加量}}{x \text{ 的增加量}} = \dfrac{24}{6}$，答案是 4。

如果改用 瞬解10 （2）計算的話，只要用 $2(-2 + 4) = 4$ 就能輕鬆算出解答了。

哎？那剛才算那麼辛苦是在……。

瞬解 10　有效的原因

（1） 對於 $y = ax + b$，當 x 的值由 p 變為 q 時，x 的增加量等於 $q - p$。

同時，因為當 $x = p$ 時 $y = ap + b$，當 $x = q$ 時 $y = aq + b$，

所以此時 y 的增加量就是 $aq + b - (ap + b) = aq - ap$。故，

$$變化率 = \frac{y\,的增加量}{x\,的增加量} = \frac{aq - ap}{(q - p)} = \frac{a(q - p)}{(q - p)} = a$$

（2） 對於 $y = ax^2$，當 x 的值由 p 變為 q 時，x 的增加量等於 $q - p$。

同時，因為 $x = p$ 時 $y = ap^2$，當 $x = q$ 時 $y = aq^2$，

所以此時 y 的增加量就是 $aq^2 - ap^2$。故，

$$變化率 = \frac{y\,的增加量}{x\,的增加量} = \frac{aq^2 - ap^2}{(q - p)} = \frac{a(q^2 - p^2)}{(q - p)} = \frac{a(q + p)(q - p)}{(q - p)} = a(p + q)$$

自我測驗題

□ **問題1**　有一函數 $y = \dfrac{1}{2}x^2$，當 x 的值從 1 增加到 5 時，其變化率與 1 次函數 $y = ax + 2$ 的變化率相

等。求 a 的值。　　　　　　　　　　　　　　　　　　　　　　　　　　　　（埼玉縣）

□ **解**　　　根據 **瞬解10**（1）（2），$a = \dfrac{1}{2}(1 + 5)$　　　**$a = 3$**

□ **問題2**　對於函數 $y = 2x^2$，x 從 1 增加到 a 時的變化率為 8，求 a 的值。　　（中央大學附屬高等學校）

□ **解**　　　根據 **瞬解10**（2），$2(1 + a) = 8$　　　$1 + a = 4$　　　**$a = 3$**

 考古題挑戰！

問題　對於函數 $y = \dfrac{1}{2}x^2$，x 的值從 a 增加到 -1 時的變化率，跟 x 從 $a + 2$ 增加到 $a + 5$ 時的變化率相

等。求 a 的值。　　　　　　　　　　　　　　　　　　　　　　　　　　　（法政大學高等學校）

瞬解 **11** 拋物線和直線

如右圖所示，當一拋物線和一直線相交於 A、B 兩點時，

(1) **直線 $\overleftrightarrow{AB}$ 的斜率 $m = a(p + q)$**

(2) **直線 $\overleftrightarrow{AB}$ 的 y 截距 $n = -apq$**

※ 斜率為比例常數×（交點的 x 坐標之和）

　　y 截距為 -1 ×比例常數×（交點的 x 坐標之積）

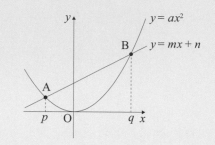

😊 瞬解的好處是只需要知道拋物線和直線的兩個交點的 x 坐標，不需要找出 y 坐標就能輕鬆算出直線的方程式。

那麼我出個題目！請問右邊圖形中，直線 l 的方程式為何？

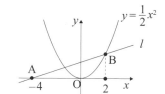

🙂 呃——，因為斜率是 $\dfrac{1}{2}(-4 + 2) = -1$，$y$ 截距是

$-\dfrac{1}{2} \times (-4) \times 2 = 4$，所以答案是 $y = -x + 4$

😊 感謝你示範大家常犯的計算失誤（笑）。

請再仔細看看圖形。點 A 有在拋物線上嗎？

😮 啊！不在拋物線上。

😊 千萬留意這個瞬解技巧只適用於同一拋物線上的兩個點。那麼再來一題。請問當上面的瞬解圖形中 $a = 1$、$m = 1$、$n = 2$、$p = -1$ 時，q 的值是多少呢？

🙂 因為 q 是拋物線和直線之交點的 x 坐標，所以聯立 $y = x^2$ 和 $y = x + 2$，

$x^2 = x + 2$　　$x^2 - x - 2 = 0$　　$(x - 2)(x + 1) = 0$　　$x = 2$，-1，算出 $p = -1$，故 $q = 2$

😊 一點也沒錯！同一題只要使用 [瞬解11] (1) 的斜率公式，就能由 $1(-1 + q) = 1$ 輕鬆算出 $q = 2$

當拋物線與直線相交時，只要知道其中一個交點的 x 坐標，就能利用 [瞬解11] 來思考。

瞬解 **11** 有效的原因

(1) 由於直線的斜率 m 就等於 $y = ax^2$ 的 x 從 p 變化為 q 時的變化率，故根據 瞬解10 **(2)**，
可知 $m = a(p + q)$

(2) 根據 **(1)**，因為直線 $y = mx + n$ 就等於 $y = a(p + q)x + n$，
所以代入通過該圖形之 1 點 A$(p，ap^2)$，得到
$$ap^2 = a(p + q) \times p + n \qquad ap^2 = ap^2 + apq + n \qquad n = -apq$$

自我測驗題

□問題 右圖中的曲線是函數 $y = \dfrac{1}{2}x^2$ 的圖形。

在曲線上取 x 坐標分別為 -1、3 的 2 點 A、B。
求直線 $\overleftrightarrow{\text{AB}}$ 的方程式。 （埼玉縣）

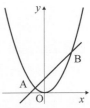

□解 根據 瞬解11 **(1)**，可知直線 $\overleftrightarrow{\text{AB}}$ 的斜率 $= \dfrac{1}{2}(-1 + 3) = 1$

另一方面，根據 瞬解11 **(2)**，可知直線 $\overleftrightarrow{\text{AB}}$ 的 y 截距 $= -\dfrac{1}{2} \times (-1) \times 3 = \dfrac{3}{2}$

由上面兩點，可算出所求之直線方程式為 $\boldsymbol{y = x + \dfrac{3}{2}}$

 考古題挑戰！

問題 1 如右圖所示，函數 $y = -\dfrac{1}{4}x^2 \cdots ①$ 的圖形和直線 l 相交於 A、B 兩

點，且點 A、B 的 x 坐標分別為 -4、8。求直線 l 的方程式。 （宮崎縣）

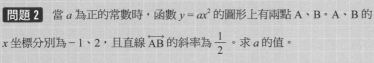

問題 2 當 a 為正的常數時，函數 $y = ax^2$ 的圖形上有兩點 A、B。A、B 的

x 坐標分別為 -1、2，且直線 $\overleftrightarrow{\text{AB}}$ 的斜率為 $\dfrac{1}{2}$。求 a 的值。

（筑波大學附屬駒場高等學校・改題）

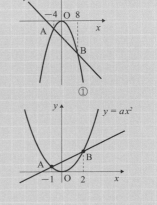

瞬解 12 拋物線上3點連成的三角形面積

如右圖所示，拋物線 $y = ax^2 (a > 0)$ 上之3點 P、Q、R 的 x 坐標分別為 p、q、$r (p > q > r)$，此3點連成之三角形 PQR 的面積 S 可用

$$S = \frac{1}{2} a(p - r)(p - q)(q - r)$$

求出。

※即 $\frac{1}{2} \times$ 比例常數 $\times$ (x 坐標的差) $\times$ (x 坐標的差) $\times$ (x 坐標的差)

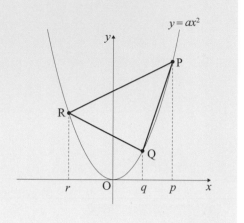

本回的瞬解公式乍看難記，但只要理解這個公式的意義就會發現一點都不難。而理解此公式所需的基礎知識，我們其實已在 瞬解 6 學過了。

請看看右圖，有沒有回想起什麼呢？

啊！是三角形的等積變形。

一點也沒錯。△SRQ 可以變形△SR´Q，△SPQ 可變形成△SP´Q，所以△PQR 可以等積變形成△SR´P´。

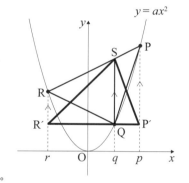

如此一來，因為△PQR = △SR´P´，

故所求面積即是 $\frac{1}{2} \times \overline{P´R´} \times \overline{SQ}$。因為 $\overline{P´R´}$ 即為 $(p - r)$，

所以上面式子剩下的部分 $a(p - q)(q - r)$ 就等於 $\overline{SQ}$ 的長，對不對。

很好！看來你們已經理解這公式的意義了。至於原因我們等等再來仔細看看。

$(p - r)$ 代表 P 和 R 的 x 坐標差，$(p - q)$ 是 P 和 Q 的 x 坐標差，而 $(q - r)$ 是 Q 和 R 的 x 坐標差。接著，把上圖中的點 Q 移動到原點來思考 $\overline{SQ}$ 的長度，因為 $q = 0$，所以就是 $a(p - 0)(0 - r) = -apr$。而從前一頁的 瞬解 11 (2) 可知，這個式子與直線 $\overline{PR}$ 的 y 截距一致！

瞬解 12 有效的原因

根據 **瞬解11**，直線 $\overline{PR}$ 的方程式即是 $y = a(p + r)x - apr$。從 Q 畫一條與 y 軸平行的直線，假設此線與 $\overline{PR}$ 的交點為 S，則 S 的 y 坐標為 $a(p + r)q - apr = apq + aqr - apr$。另一方面，Q 的 y 坐標是 aq^2，所以線段 $\overline{SQ}$ 的長就是

$$\overline{SQ} = (apq + aqr - apr) - aq^2 = -apr - aq^2 + aqr + apq = -a(pr - qr - pq + q^2)$$
$$= -a\{r(p - q) - q(p - q)\} = -a(p - q)(r - q) = a(p - q)(q - r)$$

如左頁的圖所示將△PQR 等積變形成△SP′R′，

$$\triangle PQR = \triangle SP'R' = \frac{1}{2} \times \overline{P'R'} \times \overline{SQ} = \frac{1}{2}a(p - r)(p - q)(q - r)$$

🕐 自我測驗題

☐問題　右圖的 m 為 $y = \frac{1}{5}x^2$ 的圖形。

A、B、C 為 m 上的點。假設 A 的 x 坐標大於 0 且小於 1，k 是大於 2 的常數。
B 的 x 坐標比 A 的 x 坐標小 k，C 的 x 坐標比 A 的 x 坐標大 k。A 和 B、A 和 C、B 和 C 分別相連。請用 k 表示△ABC 的面積。（假設坐標軸上的一格長度為 1cm）。

（大阪府 C）

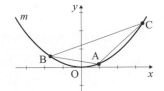

☐解　假設點 A 的 x 坐標為 a，點 B 的 x 坐標為 a − k，點 C 的 x 坐標為 a + k。則根據 **瞬解12**，△ABC 的面積為：

$$\frac{1}{2} \times \frac{1}{5} \times \{(a+k)-(a-k)\} \times \{(a+k)-a\} \times \{a-(a-k)\} = \frac{1}{10} \times 2k \times k \times k = \frac{1}{5}k^3 \, (\text{cm}^2)$$

 考古題挑戰！

問題　如圖所示，函數 $y = ax^2$ 上有 3 點 A、B、C，點 A 的坐標為 $(-4, 4)$，另兩點 B、C 的 x 坐標分別為 8、6。求△ABC 的面積。

（近畿大學附屬高等學校）

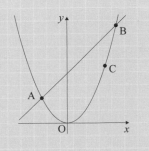

瞬解 13　拋物線與平行線

當拋物線與兩條平行線相交時，則以下關係成立。

(1)
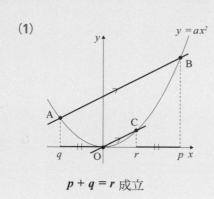

$p + q = r$ 成立

(2)
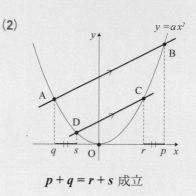

$p + q = r + s$ 成立

🤓 拋物線與兩條平行線相交的問題是每年都會在某些高中入學考出現的常見問題之一。有些是用上面這樣的圖出題，也有些是考拋物線上 4 個頂點的梯形圖形。

首先讓我們練習用具體的數字來熟悉這個瞬解技巧的使用方法吧。

在 瞬解13 (2) 的圖中，當 $a = \frac{1}{4}$，點 A、C、D 的 x 坐標各為 -4、6、-2 時，

請問點 B 的 x 坐標是什麼呢？

🙂 因為 q 是 -4，r 是 6，s 是 -2，故由 $p + (-4) = 6 + (-2)$ 可得 $p = 8$

🤓 運用方法完全正確。但其實有個方法不需要用到方程式也能輕鬆算出答案。你看，D 的 x 坐標是 -2，而 A 的 x 坐標是 -4，兩者相差 2 對不對。如此一來，代表 B 的 x 坐標和 C 的 x 坐標的差也是 2，由此可知 B 的 x 坐標就是 $6 + 2 = 8$

😲 不論哪種算法都完全不需要用到比例常數 a 耶！

🤓 來想想為什麼吧。直線 $\overleftrightarrow{AB}$ 和直線 $\overleftrightarrow{DC}$ 平行時，這兩條直線存在何種關係呢？

🙂 斜率相等！

🤓 正確！所以我們可以使用 瞬解11 (1)。剛剛那題中直線 $\overleftrightarrow{AB}$ 的斜率是 $\frac{1}{4}(-4 + p)$，

而直線 $\overleftrightarrow{DC}$ 的斜率是 $\frac{1}{4}(-2 + 6)$ 對吧。然後因為這兩條線的斜率相等，

故 $\frac{1}{4}(-4 + p) = \frac{1}{4}(-2 + 6)$，兩邊同乘以 4，結果完全不需要用到 a。

瞬解 **13** 有效的原因

(1) 因直線 $\overleftrightarrow{AB}$ 和直線 $\overleftrightarrow{OC}$ 平行,故斜率相等。根據 瞬解 **11** (1),我們知道直線 $\overleftrightarrow{AB}$ 的斜率 $= a(p + q)$,直線 $\overleftrightarrow{OC}$ 的斜率 $= a(r + 0)$,換言之

$a(p + q) = a(r + 0)$,兩邊同除以 $a(\neq 0)$,即可得 $p + q = r$

(2) 因直線 $\overleftrightarrow{AB}$ 和直線 $\overleftrightarrow{DC}$ 平行,故斜率相等。根據 瞬解 **11** (1),我們知道直線 $\overleftrightarrow{AB}$ 的斜率 $= a(p + q)$,直線 $\overleftrightarrow{DC}$ 的斜率 $= a(r + s)$,換言之

$a(p + q) = a(r + s)$,兩邊同除以 $a(\neq 0)$,即可得到 $p + q = r + s$

自我測驗題

☐ **問題** 函數 $y = x^2$ 的圖形上有一點 $A(2, 4)$。假設與直線 $\overleftrightarrow{OA}$ 平行且通過點 $B(-1, 1)$ 的直線,與 $y = x^2$ 的圖形交於另一點 C,且 B 與 C 不重合,並假設直線 $\overleftrightarrow{BC}$ 與 y 軸的交點為 D。 求此時點 C 的坐標。

(豐島岡女子學園高等學校)

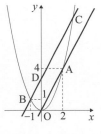

☐ **解** 假設點 C 的 x 坐標為 c,根據 瞬解 **13** (1), $-1 + c = 2$ 成立,故可知 $c = 3$。將 $x = 3$ 代入 $y = x^2$ 可得 $y = 9$,故點 C 之坐標為 $(3, 9)$。

考古題挑戰!

問題 如圖所示,拋物線 $y = ax^2$ 的圖形上有 A、B、C、D 四個點,此四點之 x 坐標依序為 -2、1、t、$t + 5$。求 $\overline{AB} \ /\!/ \ \overline{CD}$ 時,t 的值是多少?

(中央大學附屬高等學校)

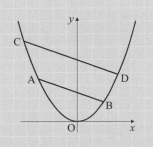

瞬解 14　2條拋物線與正方形

當下圖的四邊形 ABCD 為正方形時，則

點 C 的 x 坐標 = 點 D 的 x 坐標 $= \dfrac{2}{a-b}$ $(a > b)$

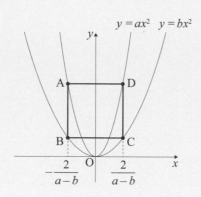
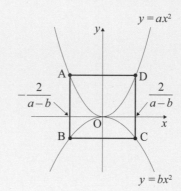

😎 我們來思考一下上面左側的圖形中 $a = 1$，$b = \dfrac{1}{4}$ 的情況吧。假設點 C 的 x 坐標為 p，

C 的坐標為 $\left(p, \dfrac{1}{4}p^2\right)$，D 的坐標為 (p, p^2)。

請用此時要如何用 p 來表示 $\overline{AD}$ 和 $\overline{CD}$ 的長度呢？

🙂 因為點 A 的 x 坐標是 $-p$，所以 $\overline{AD} = p - (-p) = 2p$，$\overline{CD} = p^2 - \dfrac{1}{4}p^2 = \dfrac{3}{4}p^2$

😎 正確！那麼下一題來算四邊形 ABCD 為正方形時的 p 值吧。這題只要解一個 2 次方程式就行了，你們知道是什麼嗎？

🙂 因為正方形的長和寬相等，所以應該是 $\dfrac{3}{4}p^2 = 2p$。

😎 沒有錯。接著等號兩邊同乘以 4，得 $3p^2 = 8p$，$3p^2 - 8p = 0$　　　$p(3p - 8) = 0$

因為 $p \neq 0$，故可知答案是 $p = \dfrac{8}{3}$

這題若用瞬解技巧來算就是 $p = 2 \div \left(1 - \dfrac{1}{4}\right) = 2 \div \dfrac{3}{4} = 2 \times \dfrac{4}{3} = \dfrac{8}{3}$ ，一下就算出來了！

🙂 好厲害！真的一瞬間就算出來了耶。

不過，在公立高中的入學考試中這類題目大多會要你寫下思考過程，所以請務必確實了解這個瞬解技巧的原理喔。

瞬解 14 有效的原因

假設左頁圖中的點 C 的 x 坐標為 p（$p>0$），則 C 和 D 的坐標分別是 $C(p, bp^2)$，$D(p, ap^2)$。

此時，$\overline{AD}=p-(-p)=2p$，$\overline{CD}=ap^2-bp^2$，因為四邊形 ABCD 是正方形，可知

$\overline{CD}=\overline{AD}$，故 $ap^2-bp^2=2p$。等號兩邊同除以 p，得 $ap-bp=2$

$p(a-b)=2$，所以 $p=\dfrac{2}{a-b}$

自我測驗題

□問題 右圖為函數 $y=x^2$ 的圖形……①

和函數 $y=-\dfrac{1}{3}x^2$ 的圖形……②

在 x 軸上取一 x 坐標為 a 的點 A，假設一條通過點 A 又與 x 軸垂直的直線跟①、②交於 B、C 兩點。且另有兩點 D、E 分別與點 B、C 對稱於 y 軸。請問當四邊形 BDEC 為正方形時，a 的值是多少？（$a>0$） （富山縣）

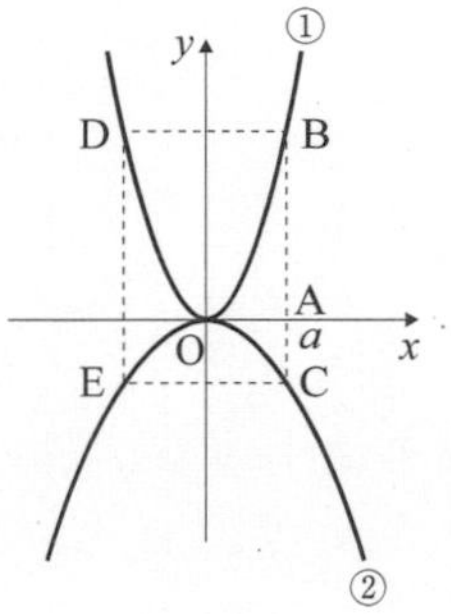

□解 根據 瞬解14，$a=2\div\left\{1-\left(-\dfrac{1}{3}\right)\right\}=2\times\dfrac{3}{4}=\mathbf{\dfrac{3}{2}}$

考古題挑戰！

問題 如右圖所示，在函數 $y=2x^2$ 和函數 $y=\dfrac{1}{2}x^2$ 的圖形上取 A、B、C、D 四點，使四邊形 ABCD 為正方形。且 $\overline{AB}$ 與 x 軸平行。若坐標軸的單位長是 1cm，則正方形 ABCD 的面積是 ____ cm^2。 （筑波大學附屬高等學校）

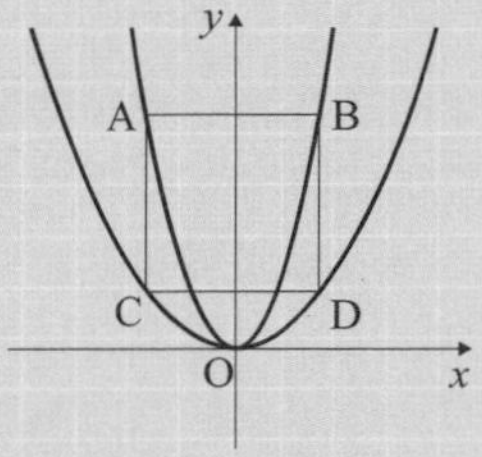

瞬解 **15** 拋物線與平行四邊形

對於一個頂點恰好在 y 軸上（包含原點）的平行四邊形，當與該頂點相連的任意一邊與 x 軸平行，且該邊對邊的兩個頂點在同一拋物線上時，該頂點的 x 坐標具有以下關係。（假設 $p > 0$）

(1)
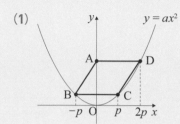

(2)
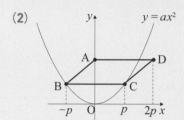

(3)
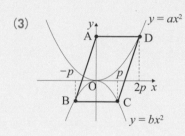

(4)
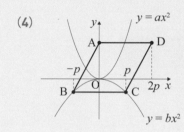

本節介紹的是有關拋物線和平行四邊形的瞬解技巧。在 瞬解15 (1)～(4) 的圖中，若點 C 的 x 坐標為 p，則點 D 的 x 坐標必然為 $2p$。

老師，這與其說是瞬解技巧，不如說是理所當然吧……。

哦？那請你試著說說看為什麼吧。

像右圖這樣畫 2 個直角三角形，因為這 2 個直角三角形是全等的，所以點 D 的 x 坐標就是 $p + p = 2p$ 啊。

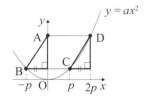

說得非常好！剛剛她提供的思路非常重要，大家請牢牢記下來吧。
之所以把這麼理所當然的東西當成一種瞬解技巧，是因為對數字比較不敏感的人通常不會注意到點 D 的 x 坐標就是點 C 的 x 坐標的兩倍。

說的就是我。

啊！還有一點要注意。這次介紹的技巧不能用在像右圖這種平行四邊形的邊與 x 軸不平行的情況。遇到這種情況，請用剛剛提到的兩個直角三角形全等來計算坐標。

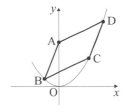

瞬解15 有效的原因

假設點 C 的 x 坐標為 p，因為拋物線具有對稱性，故點 B 的 x 坐標為 $-p$，$\overline{AD} = \overline{BC} = p - (-p) = 2p$。因點 A 的 x 坐標 $= 0$，故點 D 的 x 坐標 $= 2p$。

 自我測驗題

□ 問題　右圖中，O 為原點，A 為 y 軸上的點，

B、C 是函數 $y = -\dfrac{1}{2}x^2$ 之圖形上的點，D 是函數 $y = \dfrac{1}{4}x^2$ 之

圖形上的點。同時，線段 $\overline{AD}$ 與 x 軸平行。四邊形 ABCD 為

平行四邊形，且點 C 的 x 坐標為 2，求點 D 的坐標。

（愛知縣 B）

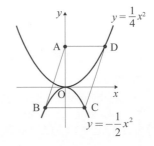

□ 解　根據 瞬解15 (3)，可知點 D 的 x 坐標就是點 C 的 x 坐標的 2 倍，即是 4。

將 $x = 4$ 代入 $y = \dfrac{1}{4}x^2$，得 $y = 4$，故點 D 坐標為 **D (4, 4)**。

考古題挑戰！

問題　如圖所示，拋物線 $y = \dfrac{2}{3}x^2$ 與一斜率為 1 的直線交於 A、B 兩點。且點 A

的 x 坐標小於點 B 的 x 坐標。接著，再從點 B 畫一條 y 軸的垂線，與 y 軸交於點

C。另外，再在拋物線上取一個 x 坐標為正的點 D。結果四邊形 ACBD 為平行四

邊形。求點 D 的坐標。　　　（江戶川學園取手高等學校）

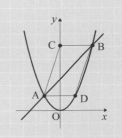

瞬解 **16** 拋物線與正三角形、正方形

(1) 如圖 1 所示，當拋物線 $y = ax^2$ ($a > 0$) 上兩個對稱於 y 軸的點 A、B 與原點 O 連成的三角形 OAB 為正三角形時，

（比例常數 a）×（點 A 的 x 坐標 p）$= \sqrt{3}$

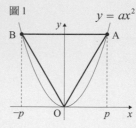

圖1

(2) 如圖 2 所示，當拋物線 $y = ax^2$ ($a > 0$) 上兩個對稱於 y 軸的點 A、C 與原點 O 和 y 軸上的點 B（y 坐標為正）連成的四邊形 OABC 為正方形時，

（比例函數 a）×（點 A 的 x 坐標 p）$= 1$

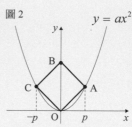

圖2

👓 首先看圖 1，請不要使用瞬解技巧，算算當比例常數 a 的值為 $\frac{1}{3}$ 時，點 A 的 x 坐標是什麼吧。

如果用右圖的方式思考△OAH，因為∠AOH $= 60°$，所以△OAH 就是一個邊長比為 $1 : 2 : \sqrt{3}$ 的直角三角形對吧。假設點 A 的 x 坐標為 p，點 A 的 y 坐標用 p 來表示會長什麼樣子呢？

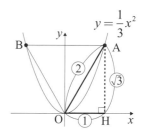

🙂 $\overline{OH} : \overline{AH} = 1 : \sqrt{3}$，因為 $\overline{OH} = p$，所以是 $\sqrt{3}\,p$ 對嗎？

👓 正確！所以點 A 的坐標是 $(p, \sqrt{3}\,p)$。那麼，請問要怎麼算出 p 的值呢？

🙂 因為點 A 是 $y = \frac{1}{3}x^2$ 上的點，所以只要代入就行了吧？

👓 那就請你代入看看，計算 p 的值。

🙂 $\sqrt{3}\,p = \frac{1}{3}p^2$　　$p^2 = 3\sqrt{3}\,p$　　$p(p - 3\sqrt{3}) = 0$，因為 $p \neq 0$，所以 $p = 3\sqrt{3}$

👓 那再來換用瞬解技巧算一次看吧。因為 $\frac{1}{3}p = \sqrt{3}$，所以答案的確是 $p = 3\sqrt{3}$ 沒錯！

還有，(1) 圖也常出問正三角形的單邊長和比例常數關係的題目。假如 $\overline{OA} = b$，

那麼點 A 的坐標就是 A$\left(\frac{1}{2}b, \frac{\sqrt{3}}{2}b \right)$，代入 $y = ax^2$，

即可導出（比例常數 a）×（正三角形之一邊 b）$= 2\sqrt{3}$

瞬解 16　有效的原因

(1) 假設點 A 的 x 坐標為 p，則 A 的坐標為 A$(p, \sqrt{3}p)$。代入 $y = ax^2$，

　　　$\sqrt{3}p = ap^2$　　$ap^2 - \sqrt{3}p = 0$　　$p(ap - \sqrt{3}) = 0$，故 $ap = \sqrt{3}(p \neq 0)$

(2) 右圖中，因為 $\angle OAH = 45°$，故三角形 OAH 是 $1 : 1 : \sqrt{2}$ 的直角三角形。

　　假設點 A 的 x 坐標為 p，則 A 的坐標為 A(p, p)，代入 $y = ax^2$，

　　　　$p = ap^2$　　$ap^2 - p = 0$　　$p(ap - 1) = 0$

　　故 $ap = 1(p \neq 0)$

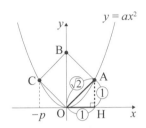

 自我測驗題

□問題　如右圖所示，拋物線 $y = ax^2$ 上有 3 點 P（x 坐標為 -2）、O（原點）、Q（x 坐標為正），且 y 軸上有一點 R$(0, 4)$。若四邊形 POQR 為正方形，求 a 的值是多少。

（大阪桐蔭高等學校・改題）

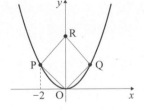

□解　　因 Q 的 x 坐標為 2 時，四邊形 POQR 為正方形，故根據

　　　　瞬解16 (2)，可知 $2a = 1$。因此可算出 $a = \dfrac{1}{2}$

考古題挑戰！

問題　在以點 O 為原點的坐標平面上，有一平方成正比的函數 $y = \dfrac{\sqrt{3}}{2}x^2$ 的圖形拋物線 G。

在拋物線 G 上取兩點 A、B，使三角形 OAB 為正三角形。求點 A、B 的坐標。（點 A 的 x 坐標為正）

（甲陽學院高等學校）

瞬解 17 拋物線與正六邊形

(1) 如圖 1 所示，當由拋物線 $y = ax^2 (a > 0)$ 上對稱於 y 軸的
兩點 A、E，和 y 軸上之一點 C、原點 O 連成的六邊形
OABCDE 為正六邊形，且邊長為 p 時，

比例常數 $a = \dfrac{2}{3p}$

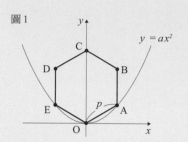

圖 1

(2) 如圖 2 所示，當由拋物線 $y = ax^2 (a > 0)$ 上對稱於 y 軸
的兩點 A、F 和 B、E 連成的六邊形 ABCDEF 為正六邊形時，
且邊長為 p 時，

❶ **比例常數** $a = \dfrac{2}{3p}\sqrt{3}$

❷ **點 B 的 x 坐標 = 正六邊形的邊長 p**

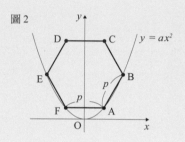

圖 2

😎 那麼馬上來算算看圖 1 中 C 為 $(0, 8)$ 時的 a 值吧。

😟 呃，不先告訴我們正六邊形的邊長是多少嗎……？

😎 要考生自己思考邊長的題型常常出現喔。雖然要等到 **瞬解37** 才會教，但正六邊形可以用畫出 3 條對角線把圖形分成 6 個正三角形來找出邊長。

🙂 這樣我就知道了！邊長是 $\overline{CO}$ 長度的一半等於 4。

😎 正確。那麼再來請使用右圖，不使用瞬解技巧來計算 a 的值吧。方法是先算出點 A 的坐標，再代入 $y = ax^2$ 解 a 的方程式。假設直線 $\overleftrightarrow{AB}$ 與 x 軸的交點為 H。

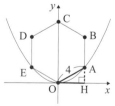

😀 因為 ∠OAB 是 120°，所以 ∠OAH 是 60°。啊！說不定可以用 $1 : 2 : \sqrt{3}$ 這個比例。

😎 沒錯。因為 $\overline{OA} : \overline{AH} = 2 : 1$ 故 $\overline{AH} = 2$，$\overline{AH} : \overline{OH} = 1 : \sqrt{3}$ 故 $\overline{OH} = 2\sqrt{3}$，

已知點 A 坐標是 $(2\sqrt{3}, 2)$。將坐標代入 $y = ax^2$，即可算出 $a = \dfrac{1}{6}$

用 **瞬解17** (1) 驗算，$\dfrac{2}{3 \times 4} = \dfrac{1}{6}$，答案的確相同。

瞬解 **17**　有效的原因

(1) 如右圖所示，直線 $\overleftrightarrow{AB}$ 與 x 軸的交點為 H，因 △OAH 是

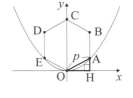

$1:2:\sqrt{3}$ 的直角三角形，由 $\overline{OA}:\overline{AH}=2:1$ 可知 $\overline{AH}=\dfrac{1}{2}p$，

由 $\overline{AH}:\overline{OH}=1:\sqrt{3}$ 可知 $\overline{OH}=\dfrac{\sqrt{3}}{2}p$，

故可知 $A\left(\dfrac{\sqrt{3}}{2}p,\dfrac{1}{2}p\right)$。將坐標代入 $y=ax^2$，

$$\dfrac{1}{2}p=a\times\left(\dfrac{\sqrt{3}}{2}p\right)^2 \qquad \dfrac{1}{2}p=\dfrac{3}{4}ap^2 \qquad 2p=3ap^2 \qquad a=\dfrac{2}{3p}\,(p>0)$$

(2) ❶❷　如右圖所示，畫出 △ABH，因 △ABH 是 $1:2:\sqrt{3}$ 的直角三角形，

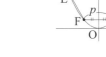

由 $\overline{AB}:\overline{AH}=2:1$ 可知 $\overline{AH}=\dfrac{1}{2}p$，

由 $\overline{AH}:\overline{BH}=1:\sqrt{3}$ 可知 $\overline{BH}=\dfrac{\sqrt{3}}{2}p$

另一方面，由 A 的 x 坐標為 $\dfrac{1}{2}p$，y 坐標為 $a\times\left(\dfrac{1}{2}p\right)^2=\dfrac{1}{4}ap^2$，可知 B 的 x 坐標為

$\dfrac{1}{2}p+\dfrac{1}{2}p=p$，$y$ 坐標為 $\dfrac{1}{4}ap^2+\dfrac{\sqrt{3}}{2}p$，故 B 的坐標為 $B\left(p,\dfrac{1}{4}ap^2+\dfrac{\sqrt{3}}{2}p\right)$。將坐標代入 $y=ax^2$

$$\dfrac{1}{4}ap^2+\dfrac{\sqrt{3}}{2}p=ap^2 \qquad ap^2+2\sqrt{3}p=4ap^2 \qquad 3ap^2=2\sqrt{3}p \qquad a=\dfrac{2}{3p}\sqrt{3}\,(p>0)$$

自我測驗題

□問題　如右圖所示，若邊長為 2 的正六邊形 ABCDEF 的頂點 A、B、C、D 剛好在拋物線 $y=ax^2$ 上，請問 a 的值是多少。

（芝浦工業大學附屬高等學校）

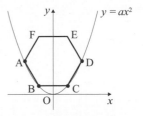

□解　根據 瞬解 **17** (2) ❶，可求出 $a=\dfrac{2}{3\times2}\sqrt{3}=\dfrac{\sqrt{3}}{3}$

考古題挑戰！

問題　右圖中，O 為原點，A、E 是函數 $y=ax^2$（a 為常數）圖形上的點，六邊形 OABCDE 是正六邊形。請問若點 C 的坐標為 $(0,6)$，a 的值是多少。　（愛知縣 A）

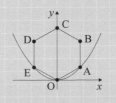

瞬解 **18** 拋物線與圓

右圖中，圓 A 與圓 B 的圓心落在拋物線 $y = ax^2 (a > 0)$ 上，且圓 A 與 x 軸、y 軸以及平行於 x 軸的直線 m 相切，圓 B 與直線 m 和 y 軸相切。令 A、B 兩圓有一條共同的切線 l，此時以下關係成立。

(1) 點 A 的 x 坐標 = $\dfrac{1}{a}$

(2) 點 B 的 x 坐標 = $\dfrac{2}{a}$

(3) 直線 l 的 y 截距 = 通過 A、B 兩點的直線之 y 截距

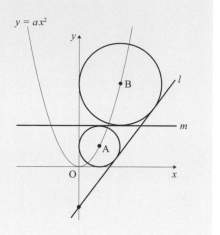

本節瞬解技巧的重點，在於兩個圓的圓心 A、B 各自的 x 坐標間，具有點 B 的 x 坐標（圓 B 的半徑）= 點 A 的 x 坐標（圓 A 的半徑）× 2 的關係。但有一點要留意，那就是這兩個圓彼此並沒有相切。

畫一條通過 A、B 的直線，就會發現 瞬解18 (3) 的確是真的！

其實直線 $\overleftrightarrow{AB}$ 還跟某條特殊的線重疊。在往下閱讀 瞬解18 有效的原因前，先試著自己想想看答案吧。

瞬解 **18** 有效的原因

(1) 以點 A 的 x 坐標為 $p (p > 0)$，y 坐標為 ap^2。由於 A 到 x 軸和 y 軸的垂直長度都跟圓 A 的半徑相等，所以 A 的 x 坐標和 y 坐標也相等。

故由 $p = ap^2$，得 $1 = ap$ 　　 $p = \dfrac{1}{a} (a \neq 0)$

(2) 以點 B 的 x 坐標為 $q (q > 0)$，y 坐標為 aq^2。由圖可知，B 的 y 坐標與圓 A 的直徑及圓 B 的半徑和一致，故 B 的 y 坐標也可表示為 $2p + q$，由此可知 $2p + q = aq^2$

將 $p = \dfrac{1}{a}$ 代入，得 $\dfrac{2}{a} + q = aq^2$ 　　 $2 + aq = a^2q^2$ 　　 $a^2q^2 - aq - 2 = 0$

$(aq - 2)(aq + 1) = 0$ 　　 故由 $aq > 0$，得 $aq = 2$ 　　 $q = \dfrac{2}{a} (a \neq 0)$

(3) 點 A 到 y 軸與到直線 l 的兩條垂線等長，皆等於圓 A 的半徑。同樣地，點 B 到 y 軸與到直線 l 的兩

條垂線也等長。故通過 A、B 兩點的直線也是 y 軸與直線 l 之夾角的角平分線,故直線 $\overleftrightarrow{AB}$ 的 y 截距與直線 l 的 y 截距相同。

⌓ 自我測驗題

□問題 　右圖中,圓 A、圓 B 的圓心落在拋物線 $y = \dfrac{1}{3}x^2$ 上,

且圓 A 與 x 軸、y 軸、與平行於 x 軸的直線 l 相切,而圓 B 與直線 l 和 y 軸相切。另圓 A 和圓 B 有一條共同的切線 m。

　[1] 求圓 B 的圓心坐標。

　[2] 求直線 m 的截距。　　　　　　　（早稻田實業高等部‧改題）

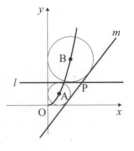

□解 　[1] 根據 瞬解18 (2),可知點 B 的 x 坐標為 $2 \div \dfrac{1}{3} = 6$

將 $x = 6$ 代入 $y = \dfrac{1}{3}x^2$,得到 $y = 12$,故 **B** 的坐標為(**6, 12**)。

　[2] 根據 瞬解18 (1)(2),可知點 A 的 x 坐標為 3。另一方面,根據 瞬解18 (3),所求之截距與通過拋物線上 A、B 兩點的直線之截距相同,故根據 瞬解11 (2),可知答案為

$$-\dfrac{1}{3} \times 3 \times 6 = -6$$

✎ 考古題挑戰!

問題 　右圖的拋物線 $y = ax^2$ 通過點(-3, 3)。兩圓的圓心 P、Q 為拋物線上的點,且兩點的 x 坐標皆為正。已知圓 P 與 x 軸相切。另 y 軸、直線 l、以及平行於 x 軸的直線 m 皆為兩圓共同的切線。請回答下列問題。

　[1] 求圓心 P 的坐標。

　[2] 求直線 l 的截距。　　　　　　　　　（城北高等學校）

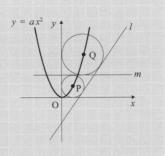

瞬解 **19** 拋物線與折線

如右圖所示，坐標平面上有一拋物線 $y = ax^2 (a > 0)$，拋物線內有條從原點 O 出發的折線。

當線段 $\overline{OP_1}$，$\overline{P_1P_2}$，$\overline{P_2P_3}$，$\overline{P_3P_4}$，$\overline{P_4P_5}$，…之斜率的絕對值全部相等時，若假設 P_1 的 x 坐標為 $p (p > 0)$，則

P_2，P_3，P_4，P_5，…，的 x 坐標依序是：

$-2p$，$3p$，$-4p$，$5p$，…。

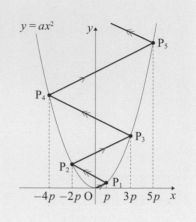

當拋物線的內側存在以固定斜率（角度）曲折的折線時，這些折線與拋物線之交點的 x 坐標會存在上述的整齊規律。

例如已知點 P_1 的 x 坐標時，只要乘上 -100 倍就能知道 P_{100} 的 x 坐標。

用具體的例子思考看看吧。假設上圖中的 $a = \dfrac{1}{2}$，直線 $\overleftrightarrow{OP_1}$ 的斜率為 1，$\overleftrightarrow{P_1P_2}$ 的斜率為 -1，$\overleftrightarrow{P_2P_3}$ 的斜率為 1，請問點 P_3 的 x 坐標（假設為 p_3）是多少呢？

……。請給我提示。

只要利用 瞬解11 (1)，就能知道點 P_1 的 x 坐標 p 的值囉。

啊！我知道了。因為 $\dfrac{1}{2}(0 + p) = 1$，所以 $p = 2$

沒錯。那麼請用同樣的方法告訴我 P_2 的 x 坐標 p_2 是多少。

因為 $\overleftrightarrow{P_1P_2}$ 的斜率是 -1，所以 $\dfrac{1}{2}(2 + p_2) = -1$，$p_2 = -4$

所以說，P_3 的 x 坐標 p_3 就能用 $\dfrac{1}{2}(-4 + p_3) = 1$ 算出 $p_3 = 6$

再來我們用 瞬解19 驗算一下。因為 $p = 2$，所以 $p_3 = 3 \times 2 = 6$

對這個瞬解技巧而言最重要的是點 P_1 的 x 坐標。當題目沒有告訴你點 P_1 的 x 坐標時，別忘了利用 瞬解11 (1) 喔。

瞬解 **19** 有效的原因

假設點 P_2，P_3，P_4，P_5，…的 x 坐標分別是 p_2，p_3，p_4，p_5，…。由於線段 $\overline{OP_1}$ 和 $\overline{P_1P_2}$ 的斜率絕對值相同，只有正負號不同，所以根據 **瞬解11** (1)，$a(0 + p) = -a(p + p_2)$，由 $ap_2 = -2ap$ 可得 $p_2 = -2p$。同理，線段 $\overline{P_1P_2}$ 和 $\overline{P_2P_3}$ 的斜率也符合 $-a(p + p_2) = a(p_2 + p_3)$ 的關係，
由 $-a(p - 2p) = a(-2p + p_3)$ 可算出 $ap_3 = 3ap$，得 $p_3 = 3p$。同樣地，線段 $\overline{P_2P_3}$ 和 $\overline{P_3P_4}$ 的斜率則是 $a(p_2 + p_3) = -a(p_3 + p_4)$，由 $a(-2p + 3p) = -a(3p + p_4)$ 算出 $ap_4 = -4ap$，$p_4 = -4$。以此類推。

自我測驗題

□問題　　如圖所示，一條通過原點且斜率為 1 的直線與拋物線 $y = x^2$ 交於點 $A_1 (1, 1)$。然後畫一條通過點 A_1 且斜率為 -1 的直線，與拋物線交於另一點 A_2。接著再畫一條通過點 A_2 且斜率為 1 的直線與拋物線交於另一點 A_3。以此往下類推，當斜率為 -1, 1, -1, …的直線與拋物線的交點依序為 $A_4, A_5, A_6,$ …時，求點 A_{10} 的坐標。

（慶應義塾高等學校・改題）

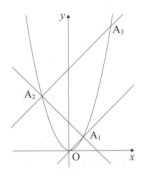

□解　　根據 **瞬解19**，可知 A_{10} 的 x 坐標 $-10 \times$（A_1 的 x 坐標），即 $-10 \times 1 = -10$。而 A_{10} 的 y 坐標為 $y = (-10)^2 = 100$，故點 A_{10} 的坐標為

$A_{10}(-10, 100)$

 考古題挑戰！

問題　　如圖所示，坐標平面上有一系列由拋物線 $y = ax^2$ 上的點連成之折線 $\overline{OP_1} \cdots \overline{P_5P_6}$。線段 $\overline{OP_1}$，$\overline{P_1P_2}$，$\overline{P_2P_3}$，…，$\overline{P_5P_6}$ 的斜率為 $\dfrac{1}{2}$ 和 $-\dfrac{1}{2}$ 交錯。求 P_2 和 P_3 的 x 坐標。

（近畿大學附屬高等學校・改題）

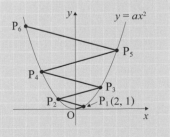

瞬解 **20** 拋物線與相似

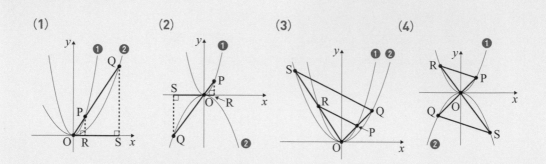

(1)　　　　(2)　　　　(3)　　　　(4)

如上圖 (1)～(4) 所示，當通過原點的直線與兩條拋物線 ❶：$y = ax^2$、❷：$y = bx^2$ 的交點剛好在同一條直線上時，可以原點 O 為相似中心畫出兩個相似的三角形。

上圖中，**所有△OPR跟△OQS 相似，且相似比為 $|b| : |a|$**[※]。　　　　　※ | | 為絕對值符號（參照 p.34）

各位，你們知道這世上其實只有一種拋物線的形狀嗎？

亂說！$y = x^2$ 跟 $y = \frac{1}{4} x^2$ 的圖形明明就長得不一樣啊！

那麼我們用右圖檢查一下吧。首先請幫我算出右圖中點 P 的 x 坐標 p 和點 Q 的 x 坐標 q。

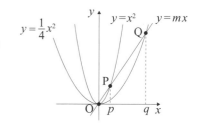

利用 瞬解11 (1)，因為 $1(0 + p) = m$，所以 $p = m$，

然後 q 可以用 $\frac{1}{4} (0 + q) = m$ 算得 $q = 4m$

正確！那麼接下來我們把 $\overline{OP} : \overline{OQ}$ 的線段比投影到 x 軸上，也就是 $p : q$。

故 $\overline{OP} : \overline{OQ} = m : 4m = 1 : 4$，換言之不管 m 的值是多少，$y = \frac{1}{4} x^2$ 的圖形其實就是 $y = x^2$ 的圖形

以原點為中心放大 4 倍。且 $y = x^2$ 和 $y = \frac{1}{4} x^2$ 的相似比為 $1 : 4$，即為比例常數之比

$1 : \frac{1}{4} = 4 : 1$ 的相反。因為這兩個圖形相似，所以其實形狀其實是一樣的！

另外，相似圖形的面積比就是相似比的平方，所以上圖所有的△OPR：△OQS 都是 $b^2 : a^2$。

瞬解 **20**	有效的原因

(1)(2) 因為有 2 組角相等,所以△OPR∽△OQS。另一方面,以點 P、Q 的 x 坐標為 p、q,直線 $\overrightarrow{\text{OP}}$ $(\overrightarrow{\text{OQ}})$ 的斜率為 m,根據 瞬解**11** (1),$a(0+p)=b(0+q)=m$,故 $ap=bq$。因比例的外項積=內項積,故將等號改為比例式即為 $|p|:|q|=|b|:|a|$,故相似比 $\overline{\text{OP}}:\overline{\text{OQ}}=|p|:|q|=|b|:|a|$

(3)(4) 與 (1) 相同,$\overline{\text{OP}}:\overline{\text{OQ}}=|p|:|q|=|b|:|a|$ ⋯①

另,以點 R、S 的 x 坐標為 r、s,直線 $\overrightarrow{\text{OR}}$ $(\overrightarrow{\text{OS}})$ 的斜率為 n,套用相同的思路,

$\overline{\text{OR}}:\overline{\text{OS}}=|r|:|s|=|b|:|a|$ ⋯②

對於△OPR 和△OQS,(3)的∠O 為共角,而 (4)中∠POR = ∠QOS,將①和②合在一起,由於兩者皆是 2 組邊的比其夾角相等,故△OPR∽△OQS

🔘 自我測驗題

🔲**問題** 如右圖所示,坐標平面上有兩條拋物線 $y=2x^2$ ⋯①,

$y=-\dfrac{1}{2}x^2$ ⋯②。點 A(1, 2)、B$\left(-\dfrac{1}{2},\dfrac{1}{2}\right)$ 在拋物線①上。

假設直線 $\overrightarrow{\text{OA}}$ 與拋物線②的原點以外的交點為 C。當②上有一 x 坐標為正的點 D,使△OAB∽△OCD 時,請用最簡單的整數回答 △OAB 與△OCD 的面積比。

（日本大學習志野高等學校）

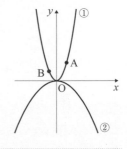

🔲**解** 根據 瞬解**20**,已知△OAB 與△OCD 的相似比為 $\dfrac{1}{2}:2=1:4$。而相似圖形的面積比等於相似比的平方,故面積比是 **1：16**。

✏️ 考古題挑戰!

問題 如右圖所示,拋物線 $y=x^2$ 上有兩點 A、B,點 A 的 x 坐標為 -1,

直線 $\overrightarrow{\text{AB}}$ 的斜率為 1。直線 $\overrightarrow{\text{OA}}$、$\overrightarrow{\text{OB}}$ 分別與拋物線 $y=\dfrac{3}{2}x^2$ 交於點 C、D。

請用最簡單整數比回答△OAB 和△OCD 的面積比。 （青山學院高等部）

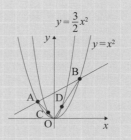

瞬解 21　求積的方法和希波克拉底月牙

(1) 如右圖1、2所示，將圓周上之一點朝圓心內折，點
A、C 會將上半圓的弧長分成三等分，此時

❶ $\angle AOC = \angle COB = 60°$

❷ 斜線部分面積 $= \dfrac{1}{6}\pi r^2$

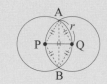
圖1　圖2

(2) 如右圖所示，當全等的兩圓圓周通過彼此的圓心時，
$\overline{AP} = \overline{AQ} = \overline{BP} = \overline{BQ} = \overline{PQ} = r$，因△APQ 和△BPQ 為正三角形，
且∠AQB = 120°，故
黃色部分的面積 = 圓心角 120° 的扇形 − 邊長為 r 的正三角形

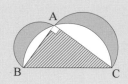

(3) 如右圖所示，用直角三角形除斜邊之外的兩邊為直徑
各畫兩個半圓時，
陰影部分的面積和 = 畫斜線之直角三角形面積

👓 瞬解21 (1)是將圓的一部分內折，弧通過圓心時可用的瞬解技巧。例如右圖中的
弧沒有通過圓心，所以不可以使用 (1)，請特別注意。
然後關於 (2) 的部分，入學考時還常常出現衍生的應用題型，要你計算右圖斜線
部分的面積。若學過圓的部分就會知道，
因∠APB = 120°，故可知∠C = 60°，△ABC 是正三角形。換言之，斜線部分的
面積只要用正三角形 ABC 的面積減去 (2) 的面積即可。

🧑 老師，這節的瞬解技巧標題中的希波克拉底月牙是什麼呀？

👓 其實 (3) 的關係──兩個月牙形的面積和與直角三角形面積相等，是一個非常有名的關係，俗稱「希
波克拉底月牙」。
在瞬解技巧介紹希波克拉底月牙，不只是因為這題常常出現在考試中，更是因為證明的過程中會用
到畢氏定理，很有意思！

瞬解 21　有效的原因

(1) ❶　　與 (2) 的圖一樣，畫一個與圓心為點 C 且通過 O 的圓 O 全等的圓 C，△AOC 和△BOC 會是正三角形。因此，❶的關係成立。

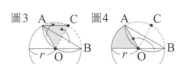

圖3　　圖4

(1) ❷　　使圖 1、圖 2 的斜線部分像圖 3、圖 4 那樣移動，會形成一個半徑為 r，圓心角 60° 的扇形，故

$$面積 = \pi r^2 \times \frac{60}{360} = \frac{1}{6}\pi r^2$$

(2) 黃色部分的面積只需要用△AQB 減去半徑 r、圓心角 120° 的扇形 AQB 即可，又因為△AQB 對分後重組即可變成邊長為 r 的正三角形，故 (2) 的關係成立。

(3) 所求面積為：

（直徑為 $\overline{AB}$ 的半圓）+（直徑為 $\overline{AC}$ 的半圓）−（直徑為 $\overline{BC}$ 的半圓）+（△ABC）。

假設 $\overline{AB} = c$，$\overline{AC} = b$，$\overline{BC} = a$，則

$$\frac{1}{2}\pi\left(\frac{c}{2}\right)^2 + \frac{1}{2}\pi\left(\frac{b}{2}\right)^2 - \frac{1}{2}\pi\left(\frac{a}{2}\right)^2 + \frac{1}{2}bc = \frac{1}{8}\pi(c^2 + b^2 - a^2) + \frac{1}{2}bc$$，又根據畢氏定理，

$a^2 = b^2 + c^2$，所以 $(c^2 + b^2 - a^2) = 0$，與△ABC 的面積相等。

 自我測驗題

□問題　　如圖所示，將直徑為線段 $\overline{AB}$ 的半圓沿弦 $\overline{AP}$ 內折，使弧 $\overset{\frown}{AP}$ 和線段 $\overline{AB}$ 在圓心 O 重合。求 $\overline{AB} = 2r$ 時斜線部分的面積。

（共立女子高等學校）

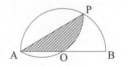

□解　　因 $\overline{AB} = 2r$，可知圓 O 的半徑為 r。根據 瞬解21 (1) ❷，面積為 $\frac{1}{6}\pi r^2$

考古題挑戰！

問題　如右圖所示，在直徑為 $\overline{AB}$ 的半圓 $\overset{\frown}{AB}$ 上取一點 C，並畫出直徑為 $\overline{AC}$ 的半圓與直徑為 $\overline{BC}$ 的半圓。$\overline{AC} = 8cm$，$\overline{BC} = 6cm$ 時，求斜線部分的面積。

（假設圓周率為 π）　　　　　　　　　（和洋國府台女子高等學校）

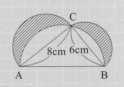

瞬解 22　圖形和點的移動

(1) 如右圖所示，以三角形或四邊形的一個頂點為中心旋轉圖形時，圖形上的一邊通過部分的面積等於：**旋轉中心與該邊移動前後之對應頂點形成的兩個扇形的面積之差**（及圖中扇形 BDD′ － 扇形 BAA′）。

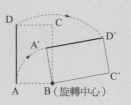

(2) 如右圖所示，半徑 r，圓心角 $a°$（$0 < a < 180$）的扇形沿著一條直線滾動時，圓心 O 畫出的軌跡長度等於 $2\pi r \times \dfrac{180 + a}{360}$

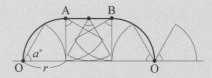

(3) 從四邊形的一個頂點出發，沿著邊移動時的面積變化問題

→ 由於點所移動的圖形上之頂點與圖形形狀的變化點一致，故可用**通過對應頂點之兩點的直線方程式求出**。

😎 本節要介紹的是解圖形移動和動點問題時可使用的瞬解技巧。

那麼直接來看看 **瞬解22** **(3)** 的具體例子。例如在右圖的長方形上，點 P 從頂點 A 出發，以秒速 1cm 途經 B、C 移動到 D 時，假設點 P 從 A 出發 x 秒後的 △APD 面積為 y cm²。請問點 P 的 $\overline{CD}$ 上移動時，應如何用 x 的函數式來表達 y？

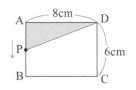

😐 點 P 在 $\overline{CD}$ 上時，$\overline{AD}$ 就相當於 △APD 的底，而 $\overline{PD}$ 則是高。$\overline{PD}$ 是幾 cm 啊？

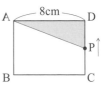

😎 因為點 P 的移動速度是每秒 1cm，所以 x 秒後直到移動至 $\overline{CD}$ 為止會移動 $x$cm。

🙂 我知道了！因為 $\overline{PD} = (20 - x)$ cm，所以是 $y = 8 \times (20 - x) \times \dfrac{1}{2}$，$y = -4x + 80$

😟 這個 20 是從哪裡冒出來的啊……。

😎 因為 $\overline{AB} + \overline{BC} + \overline{CD} = 20$cm，由於 $\overline{AB} + \overline{BC} + \overline{CP} = x$ cm，所以 $\overline{PD}$ 就等於 $(20 - x)$ cm。若運用 **(3)** 的技巧，則可直接把頂點 C 的坐標 $(x, y) = (14, 24)$ 和頂點 D 的坐標 $(x, y) = (20, 0)$ 代入 $y = ax + b$，算出 $a = -4$，$b = 80$，求出 $y = -4x + 80$

😀 這樣算簡單多了！

😎 這個瞬解技巧之所以有效，是因為當一個點在四邊形邊上以等速移動時，面積會以固定的比例增加。但遇到兩個點移動的問題時，由於面積不見得是以固定比例增加，所以不一定能使用 (**3**)，要特別注意。

瞬解22　有效的原因

(**1**) 黃色部分面積 = △ABD + 扇形 BDD′ − 扇形 BAA′ − △A′BD′ ⋯①
　　　另一方面，由於△ABD 與△A′BD′ 全等，故面積相等。
　　　因此，①整理後就只剩下扇形 BDD′ − 扇形 BAA′，故 (**1**) 成立。

(**2**) 此圖中，$\overline{OA} + \overline{OB} = 2\pi r \times \dfrac{90+90}{360} = 2\pi r \times \dfrac{180}{360}$。另一方面，線段 $\overline{AB}$ 與半徑 r、

圓心角 $a°$ 的扇形弧長相等，故 $\overline{AB} = 2\pi r \times \dfrac{a}{360}$。所以，

圓心 O 的移動軌跡長度 $= 2\pi r \times \left(\dfrac{180}{360} + \dfrac{a}{360} \right) = 2\pi r \times \left(\dfrac{180+a}{360} \right)$

(**3**) 因為面積變化的圖形，就是在通過角的頂點時形狀會改變的直線。

⌓ 自我測驗題

☐ **問題**　如圖所示，將邊長 4cm 的正方形 ABCD 以點 A 為中心沿箭頭方向旋轉，使∠BAE = 30°。求邊 $\overline{CD}$ 移動軌跡的面積大小。　（石川縣）

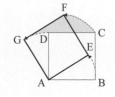

···

☐ **解**　　因△ABC 是邊長比 $1:1:\sqrt{2}$ 的等腰直角三角形，故可知 $\overline{AC} = \sqrt{2}\,\overline{AB}$
　　　　　$= 4\sqrt{2}$ (cm)。根據 瞬解22 (**1**)，可知所求面積等於扇形 ACF − 扇形 ADG，故由∠BAE = ∠DAG = 30°，

$$\pi \times \left(4\sqrt{2} \right)^2 \times \frac{30}{360} - \pi \times 4^2 \times \frac{30}{360} = \frac{4}{3}\pi \ (\text{cm}^2)$$

考古題挑戰！

問題　有一梯形 ABCD 如右圖。點 P 從 D 出發，以每秒 1cm 的速度沿著梯形的邊移動，通過 A、B 兩點移動到 C。假設點 P 從頂點 D 出發 x 秒後的△CDP 面積為 y cm²。請用 x 的函數式分別表示點 P 在邊 $\overline{AB}$ 和邊 $\overline{BC}$ 上移動時的 y。

（兵庫縣・改題）

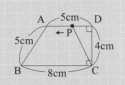

瞬解 **23** 角度①

(1) 平行線的性質

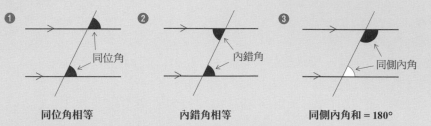

❶ 同位角

❷ 內錯角

❸ 同側內角

同位角相等　　　　　內錯角相等　　　　　同側內角和 = 180°

(2) 三角形外角的性質

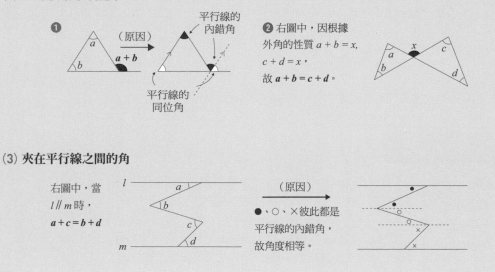

❶ （原因）

平行線的內錯角

平行線的同位角

$a + b$

❷ 右圖中，因根據外角的性質 $a + b = x$, $c + d = x$，故 $a + b = c + d$。

(3) 夾在平行線之間的角

右圖中，當 $l /\!/ m$ 時，

$$a + c = b + d$$

（原因）

● 、○、×彼此都是平行線的內錯角，故角度相等。

🤓 瞬解23 (1) 在考角度的題目中出現「平行」兩個字時就可以毫不猶豫地使用。

(2) 的 ❶ 會在很多場合出現。形狀看起來很像拖鞋對吧。

🧒 (3) 的形狀學校也有教過！

🤓 國中的數學課通常會教你像上面的（原因）一樣，畫兩條與 l 和 m 中平行的輔助線，利用平行線的內錯角來計算角度。而這裡介紹的瞬解法則是教你在最上面的銳角往下畫出多個鋸齒角時，可以利用左向角和跟右向角和相等來計算角度。譬如若題目問上圖中的 $a = 30°$，$c = 70°$，$d = 55°$ 時 b 的角度是多少，就可以用 $b = (30 + 70) - 55 = 45°$ 輕鬆算出答案。

瞬解 **23**　有效的原因

(2) 和 (3) 已經在左頁解釋過了，所以這裡只講解 (1) 的 ❶～❸ 部分。

❶　假設有兩條平行之直線 l 和 m 和一條與兩線各交於 1 點的直線 n，且 a、b 為 l、m、n 的同位角。假設若 $l \parallel m$ 時 $a \neq b$，則 l 和 m 就會相交，與 $l \parallel m$ 的前提矛盾。
因此，若 $l \parallel m$，則同位角相等。

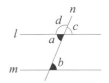

❷　如右圖所示，假設有兩條平行之直線 l 和 m 和一條與兩線各交於 1 點的直線 n，且 a、b 為 l、m、n 的內錯角。若 c 為 a 的對頂角，由於對頂角相等，故 $a = c$，（如圖所示，取 a 和 c 的補角 d，由於 $a + d = c + d = 180°$，故 $a = c$）。
根據 ❶，由於平行線的同位角相等，所以 $c = b$，故 $a = c = b$。

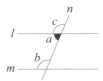

❸　如右圖所示，假設有兩條平行之直線 l 和 m 和一條與兩線各交於 1 點的直線 n，且 a、b 為 l、m、n 的同側內角。如圖所示取 a 的補角 c，則 $a + c = 180°$。另一方面，因為平行線的同位角相等，故 $c = b$，所以 $a + c = a + b = 180°$

⌒ 自我測驗題

☐ **問題**　求右圖中 ∠x 的大小。　　　　　　　　　　　　（栃木縣）

☐ **解**　根據 **瞬解23** (2) ❷，$56 + 60 = 82 + x$　　　$x = \mathbf{34°}$

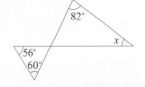

✎ 考古題挑戰！

問題　當右圖中 $l \parallel m$ 時，求 ∠x 的大小。

（千葉縣）

瞬解 **24** 角度②

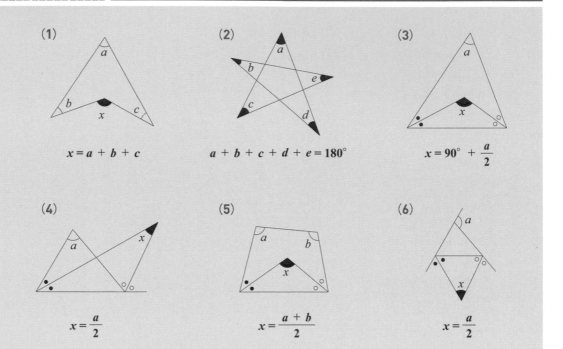

(1)

$$x = a + b + c$$

(2)

$$a + b + c + d + e = 180°$$

(3)

$$x = 90° + \frac{a}{2}$$

(4)

$$x = \frac{a}{2}$$

(5)

$$x = \frac{a + b}{2}$$

(6)

$$x = \frac{a}{2}$$

🤓 **瞬解24** (1) ～ (4) 是考試特別常見的問題。只要懂得熟練使用，入學考遇到便能瞬間解題。

🙂 (2) 的圖好像星星喔！

🤓 對啊。(1) 是「迴力鏢型」，而 (2) 是「星型」，這樣記就容易多了。
證明則會大量用到 **瞬解23** (2) ❶ 的三角形外角性質。那麼我們馬上就來看看吧。

瞬解 **24** 有效的原因

(1)

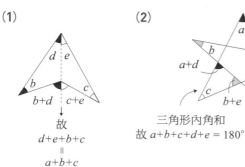

故
$$d+e+b+c$$
$$=$$
$$a+b+c$$

(2)

三角形內角和
故 $a+b+c+d+e = 180°$

(3) 假設 ● = c，○ = d。

$$x = 180° - (c + d) \quad \cdots ①$$

由 $2c + 2d = 180° - a$，

$$c + d = 90° - \frac{a}{2} \quad \cdots ②$$

將②代入①，

得 $x = 90° + \frac{a}{2}$

(4) 假設 ●＝ c，○＝ d。

由 $x + c = d$，

$x = d - c$　…①

由 $a + 2c = 2d$，

$2d - 2c = a$

$d - c = \dfrac{a}{2}$　…②

將②代入①，

得 $x = \dfrac{a}{2}$

(5) 假設 ●＝ c，○＝ d。

$x = 180° - (c + d)$　…①

由 $2c + 2d = 360° - (a + b)$，

$c + d = 180° - \dfrac{a + b}{2}$　…②

將②代入①，

得 $x = \dfrac{a + b}{2}$

(6) 假設 ●＝ c，○＝ d。

$x = 180° - (c + d)$　…①

因三角形外角和等於 $360°$，

$2c + 2d + a = 360°$

$2c + 2d = 360° - a$

$c + d = 180° - \dfrac{a}{2}$　…②

將②代入①，

得 $x = \dfrac{a}{2}$

瞬解
24

角度②

 自我測驗題

☐ **問題**　如右圖所示，△ABC 的∠A＝80°。

若 P 為∠B 和∠C 的角平分線交點，求∠BPC 的大小。

（岩手縣）

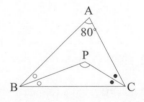

☐ **解**　根據 瞬解**24** (3)，∠BPC ＝ $90 + \dfrac{80}{2} = 90 + 40 = $ **130°**

✎ 考古題挑戰！

問題 1　如下圖所示，若 D 為∠ABC 的角平分線和∠ACT 的角平分線的交點，求∠BDC 的大小。　（駿台甲府高等學校）

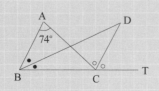

問題 2　如下圖所示，△ABC 的∠A＝88°，且 D 為 ∠B 和 ∠C 之外角的角平分線交點，求∠BDC 的大小。　（江戶川學園取手高等學校）

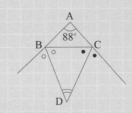

瞬解 **25** 2個直角三角形的組合

遇到右圖這種由兩個直角三角形組成的完全四邊形問題時，可利用以下兩個性質來思考。

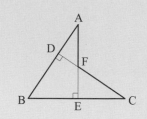

(1) 4 個三角形全部相似。

$\triangle ABE \backsim \triangle CBD \backsim \triangle AFD \backsim \triangle CFE$

(2) 可畫出兩個四點共圓。

上面的圖形是完全四邊形中的常見題型！每年都會有學校出這一題。

完全四邊形是什麼？第一次聽說這個詞。

若把上圖的頂點 A、C 當成耳朵，B 當成嘴巴，感覺就像一隻狐狸對吧。這種由 4 條直線和 6 個交點組成的圖形就叫完全四邊形。若遇到由兩個直角三角形組成的完全四邊形，而題目要你「計算角度」，利用四點共圓來算就對了。

四點共圓又是什麼？

當平面上的 4 個點同在一個圓的圓周上，就叫四點共圓。
通常在國中課綱「圓周角定理的反推」部分會教到四點共圓。
若在上面這種圖形的問題中遇到「求角度」的問題，請立刻
聯想到右邊的兩個四點共圓，然後運用圓周角定理來計算。
❶ 的圖因為四邊形 DBEF 的對角和為 180°，所以可利用
瞬解38 (1) 的圓內接四邊形性質反推，確定此四點共圓。
另一方面，❷ 圖中的 D、E 兩點在直線 $\overleftrightarrow{AC}$ 的同一側，且
$\angle ADC = \angle AEC = 90°$，亦可由圓周角定理反推證明此四點共圓。

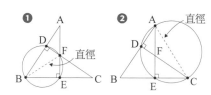

瞬解 **25** 有效的原因

（1）△ABE∽△CBD 的證明

對於△ABE 和△CBD，根據前提，∠AEB = ∠CDB = 90°，且∠B 為共角。

所以，由於有 2 組角相等（2 組對應角相等），故△ABE∽△CBD

△ABE∽△AFD 的證明

對於△ABE 和△AFD，根據前提，∠AEB = ∠ADF = 90°，且∠A 為共角，

由於 2 組角相等，故△ABE∽△AFD

△ABE∽△CFE 的證明

對於△ABE 和△CFE，根據前提，∠AEB = ∠CEF = 90° ···①

又，對於△AFD 和△CFE，根據前提，∠ADF = ∠CEF = 90°，∠AFD = ∠CFE（對頂角），

所以 2 組角相等，可知△AFD ∽△CFE。因此，∠FCE = ∠FAD。

另一方面，因∠BAE = ∠FAD（共角），故∠BAE = ∠FCE ···②

由①、②可知，由於 2 組角相等，故△ABE ∽△CFE

由以上證明，可知△ABE∽△CBD∽△AFD∽△CFE 成立。

🔵 自我測驗題

□**問題**　右圖中，△ABC 是 $\overline{AB} = \overline{AC}$ 的等腰三角形，D 是 $\overline{AB}$ 上的點，且 $\overline{AB} \perp \overline{DC}$，E 為 $\overline{BC}$ 的中點。又，F 是線段 $\overline{DC}$ 和 $\overline{AE}$ 的交點。請問 當 $\overline{AB}$ = 9cm，$\overline{BC}$ = 6cm 時，線段 $\overline{DB}$ 的長是多少。　　（愛知縣 A）

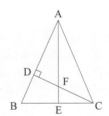

□**解**　因△ABC 是等腰三角形，故頂角 A 的垂線和底邊 $\overline{BC}$ 的垂直平分線 重合，$\overline{BC} \perp \overline{AE}$。

因此，根據 **瞬解25** **（1）**，△ABE∽△CBD，故

$$\overline{AB} : \overline{CB} = \overline{EB} : \overline{DB} \qquad 9 : 6 = 3 : \overline{DB} \qquad \mathbf{DB = 2（cm）}$$

✒ 考古題挑戰！

問題　如右圖有一△ABC。從頂點 B、C 分別向 $\overline{AC}$、$\overline{AB}$ 畫垂線，與 $\overline{AC}$、$\overline{AB}$ 交於 D、E，且線段 $\overline{BD}$ 和線段 $\overline{CE}$ 的交點為 F。請問當 $\overline{AC}$ = 6cm，$\overline{BE}$ = 5cm，∠ABC = 45°時，線段 $\overline{AF}$ 有多長？　　　　（茨城縣）

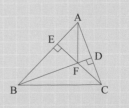

瞬解 **26** 2個並列的正三角形

如右圖所示兩個正三角形並列在一起時，請聯想以下性質。

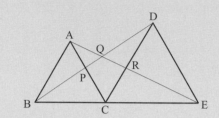

(1) 利用1組全等的三角形

△ACE ≡ △BCD

(2) 利用5組相似的三角形

△ABP∽△CDP，△ABQ∽△RDQ，

△DER∽△CAR，△DEQ∽△PAQ，△ERC∽△EAB

😎 2個正三角形並排的圖形，跟 瞬解25 樣都是考試常見題。

🙂 這個形狀我在學校也學過！

😎 這在8年級的全等證明中常常出現呢。不過在考試的時候，除了全等之外也可以利用相似來證明。

😖 居然有5組相似，該用哪個才好啊……。

😎 這要看所求的邊在哪裡。例如若題目問的是 $\overline{DR}$ 的長度，那就可以用以 $\overline{DR}$ 為邊的三角形相似，像是△ABQ∽△RDQ 或△DER∽△CAR 來思考。

🙂 老師，這個形狀是不是也存在 瞬解25 出現的四點共圓？

😎 哦——！確實，A、B、C、Q 和 D、E、C、Q 的確都是四點共圓呢。遇到角度問題時也別忘了四點共圓喔。

瞬解 26　有效的原因

(1) 對於△ACE 和△BCD，根據前提，$\overline{AC} = \overline{BC}$ … ①，$\overline{CE} = \overline{CD}$ … ②

　　∠ACE = ∠DCE + ∠ACD = 60° + ∠ACD … ③，∠BCD = ∠ACB + ∠ACD = 60° + ∠ACD … ④

　　由③，④，可得∠ACE = ∠BCD … ⑤

　　由①、②、⑤，因為 2 組對應邊及其夾角相等，故△ACE ≡ △BCD

(2) 因∠DCE = ∠ABC = 60°，由於同位角相等，故$\overline{DC}$ ∥ $\overline{AB}$。對於△ABP 和△CDP，由於平行線的內

　　錯角相等，故∠ABP = ∠CDP，∠BAP = ∠DCP，由於 2 組角相等，故△ABP ∽ △CDP

　　與此同理，故△ABQ ∽ △RDQ、△DER ∽ △CAR、△DEQ ∽ △PAQ

　　另一方面，對於△ERC 和△EAB，因∠CER = ∠BEA（共角），∠ECR = ∠EBA（平行線的同位角），

　　2 組角相等，故△ERC ∽ △EAB

自我測驗題

□問題　右圖中，點 C 是線段 $\overline{AB}$ 上的點，△DAC 和△ECB 分
別是以線段 $\overline{AC}$ 和線段 $\overline{CB}$ 為一邊的正三角形。假設
∠EAC = a°，請用 a 表示∠DBC 的大小。　（秋田縣）

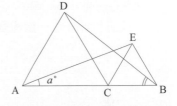

□解　　由△CAE ≡ △CDB，可知∠EAC = ∠BDC = a°。另一
方面，如右圖所示在圖上取點 F，由於△CDF ∽ △EBF，
故∠FDC = ∠FBE = a°。由∠EBC = 60°，可求出
∠DBC = (60 − a)°

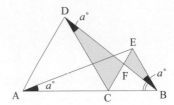

　考古題挑戰！

問題　右圖中，△ABC 和△CDE 分別是邊長 1cm 和 2cm 的正三角形，
且 B、C、D 三點在同一直線上。若線段 $\overline{BE}$ 和 $\overline{AD}$ 的交點為 P，線段
$\overline{CE}$ 和 $\overline{AD}$ 的交點為 Q，求 $\overline{QE}$ 的長度。　　（成蹊高等學校）

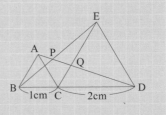

瞬解 **27** 折紙

折紙題常見的圖形有**正三角形、長方形、正方形**三種。

(1) 可以用對折做出的代表性相似

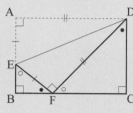

❶正三角形

$\triangle DBE \backsim \triangle ECF$

❷長方形

$\triangle EBF \backsim \triangle FCD$

❸正方形

$\triangle AFE \backsim \triangle DEG \backsim \triangle HIG$

(2) 如右圖所見，當三個相等的角並排於一直線上時，

並排邊的積 = 兩側邊的積

（右圖中，$\overline{AB} \times \overline{DB} = \overline{CA} \times \overline{ED}$）

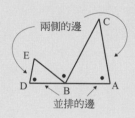

兩側的邊

並排的邊

(3) 導入平面坐標

這回介紹的是折紙問題中可使用的瞬解技巧。上面的 (2) 中畫●的角，在 (1) ❶ 中就是○的 60°，在 ❷ 和 ❸ 中則是 90°，這兩個在考試中常常出現。在 ❶ 圖中，$\overline{CE} \times \overline{BE} = \overline{FC} \times \overline{DB}$；而在 ❷ 圖中，$\overline{CF} \times \overline{BF} = \overline{DC} \times \overline{EB}$；在 ❸ 圖中，$\overline{AE} \times \overline{DE} = \overline{FA} \times \overline{GD}$。而 (2) 不限於折紙問題，只要看到並列在一直線上角度相同的三個角，就可以使用這個瞬解技巧。

老師，(3) 的導入平面坐標是什麼意思啊？

以 90° 角的頂點為原點，此角的二邊對齊 x 軸和 y 軸，就能當成函數題來解。例如對 ❷ 導入平面坐標，就會變成右圖這樣。有些題目只要這麼做就能輕鬆解開，具體的用法請看自我測驗題。

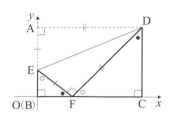

瞬解 **27** 有效的原因

(1) ❶　對於△DBE 和△ECF，根據前提，∠DBE = ∠ECF = 60°…①

根據三角形外角的性質，∠DBE + ∠BDE = ∠DEF + ∠CEF …②

另一方面，根據前提，∠DBE = ∠DEF = 60°…③

由②、③，∠BDE = ∠CEF …④

由①、④，因兩角相等，故△DBE∽△ECF

(1) ❷❸　與 ❶ 相同，圖 ❷ 中△EBF∽△FCD，圖 ❸ 中△AFE∽△DEG。

另一方面，對於 ❸ 的△DEG 和△HIG，根據前提，因∠EDG = ∠IHG = 90°，

∠DGE = ∠HGI（對頂角），因有 2 組角相等，故△DEG∽△HIG

(2) 與 (1) ❶ 相同，因為△EDB∽△BAC，故由 $\overline{ED} : \overline{BA} = \overline{DB} : \overline{AC}$，

可得 $\overline{BA} \times \overline{DB} = \overline{ED} \times \overline{AC}$，所以並排邊的積 = 兩側邊的積。

🔲 自我測驗題

🔲問題　將邊長 8cm 的正方形 ABCD 的紙如右圖沿著線段 $\overline{PQ}$ 反折，使 $\overline{AP}$ = 3cm，角 B 頂點剛好在 $\overline{AD}$ 上。求此時 $\overline{CQ}$ 的長度。

（久留米大學附屬高等學校）

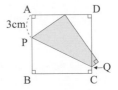

🔲解　假設頂點 B 對折後的點為 R，因 $\overline{PR} = \overline{PB}$ = 5cm，故△APR 是
邊長比 3：4：5 的直角三角形，由此可知 $\overline{AR}$ = 4cm。因此，R
為 $\overline{AD}$ 中點，折線 PQ 是 $\overline{BR}$ 的垂直平分線。

根據 瞬解**27** (3)，如右圖導入平面坐標。通過原點和 R 的直
線方程式為 $y = 2x$

又根據 瞬解**5** (4)，與 $y = 2x$ 垂直的直線 $\overleftrightarrow{PQ}$ 的斜率等於 $-\frac{1}{2}$，
故可知直線 $\overleftrightarrow{PQ}$ 的方程式為 $y = -\frac{1}{2}x + 5$。因 $\overline{CQ}$ 的長與點 Q
的 y 坐標一致，故將 $x = 8$ 代入直線 $\overleftrightarrow{PQ}$ 的方程式，可得 $y = \overline{CQ}$
= **1cm**

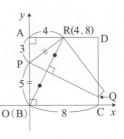

 考古題挑戰！

問題　右圖中，△ABC 是邊長 8cm 的正三角形，點 D、E 分別是邊 $\overline{BC}$、$\overline{CA}$
上的點。已知 $\overline{BD}$ = 2cm，∠ADE = 60°，求 $\overline{CE}$ 的長。　（高知縣）

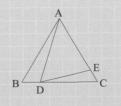

瞬解 **28** 利用等腰三角形

(1) **在直角三角形中找等腰三角形**

右圖中的△ABC 是直角三角形，連接 90° 的頂點 B 和斜邊的中點 M，此時 $\overline{AM} = \overline{CM} = \overline{BM}$，△MAB 和△MBC 為等腰三角形。

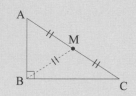

(2) **用角平分線和平行線畫等腰三角形**

右圖中，平行四邊形 ABCD 之∠B 的角平分線，與邊 $\overline{AD}$ 的交點為 F，與 $\overline{CD}$ 之延長線的交點為 E，此時

∠CBF = ∠AFB、∠ABF = ∠CEB（平行線的內錯角）

因 ∠FBC = ∠EFD（平行線的同位角），故 △ABF、△DEF、△CBE 皆是等腰三角形。

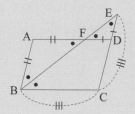

(3) **將圖形對折製造等腰三角形**

如右圖所示，將長方形 ABCD 沿對角線 $\overline{BD}$ 對折，因∠EBD = ∠DBC（前提），∠DBC = ∠BDF（平行線內錯角），故△FBD 為等腰三角形。另，

△ABF ≡ △EDF

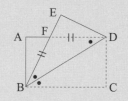

本回的瞬解技巧是用來快速尋找等腰三角形的。

譬如在遇到題目中提到「角平分線和平行線」時，就代表此圖形中一定存在等腰三角形。右圖中，當 $\overline{EF}$ // $\overline{BC}$ 時，圖中會有兩個等腰三角形，你知道它們在哪裡嗎？

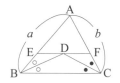

因為平行線的內錯角相等，所以∠DBC 和∠EDB 相等，∠DCB 和∠FDC 相等，因此△EBD 和△FDC 應該是等腰三角形。

正確。所以說，若剛剛的圖問你△AEF 的周長是多少的話，就可以利用

$\overline{AE} + \overline{ED} + \overline{DF} + \overline{AF} = \overline{AE} + \overline{EB} + \overline{FC} + \overline{AF} = \overline{AB} + \overline{AC} = a + b$

因此當看到題目提到「直角三角形的中點」、「角平分線和平行線」、「對折」等字眼時，就能利用等腰三角形！

(1) 如右圖所示，將兩個全等的直角三角形拼成長方形 ABCD。長方形的兩
條對角線長度相等，且互相平分，故 $\overline{AM} = \overline{CM} = \overline{BM}$，所以△MAB 和
△MBC 是等腰三角形。

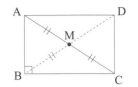

(3) 對於△ABF 和△EDF，根據前提，

∠A = ∠C = ∠E = 90°⋯①

$\overline{AB} = \overline{DC} = \overline{ED}$⋯②

∠AFB = ∠EFD（對頂角）⋯③

由①、③，可知∠ABF = ∠EDF⋯④

由①、②、④，因有 1 組對應邊及與此邊相鄰的兩角相等，故△ABF ≡ △EDF

自我測驗題

□ **問題** 有一 $\overline{AB} = 12$，$\overline{BC} = 4$，∠BAD > 90°的平行四邊形 ABCD，
且∠ABC 的角平分線與邊 $\overline{AD}$ 之延長線的交點為 E，$\overline{BE}$ 和
$\overline{CD}$ 的交點為 F，$\overline{BE}$ 和 $\overline{AC}$ 的交點為 G。求 $\overline{FC}$ 的長。另請
用簡單整數比寫出 $\overline{BF} : \overline{FE}$ 的比例。 （法政大學女子高等學校）

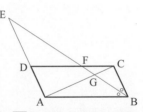

□ **解** 因∠ABF = ∠CFB（平行線內錯角）= ∠CBF，故△CBF 是 $\overline{BC} = \overline{FC}$ 的等腰三角形。因此，
$\overline{FC} = \overline{BC} = $ **4**

另一方面，因∠CBF = ∠AEB（平行線內錯角）= ∠ABE，故△ABE 是 $\overline{AB} = \overline{AE}$ 的等腰三角
形。因此，$\overline{AB} = \overline{AE} = 12$，$\overline{ED} = 12 - 4 = 8$。

因△CBF∽△DEF（∠CBF = ∠DEF（平行線內錯角），∠CFB = ∠DFE（對頂角），2 組角相
等），故 $\overline{BF} : \overline{EF} = \overline{BC} : \overline{ED} = 4 : 8 = $ **1 : 2**

 考古題挑戰！

問題 右圖中，△ABC 的三個內角都是銳角，且 $\overline{AB} < \overline{AC}$。從頂點 A 畫 $\overline{BC}$ 的
垂線，此垂線與 $\overline{BC}$ 的交點為 D，邊 $\overline{BC}$ 和邊 $\overline{AB}$ 的中點分別為 E、F。連接點 D
和點 F，以及點 E 和點 F。
請問當∠DFE = 19°，∠ACB = 48°時，∠DAF 是幾度？ （都立日比谷高等學校）

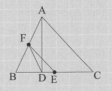

瞬解 29 角平分線的性質

右圖中，當線段 $\overline{AD}$ 是 ∠BAC 之內角的角平分線時，

(1) $\overline{AB} : \overline{AC} = \overline{BD} : \overline{DC}$

(2) $\overline{AD}^2 = \overline{AB} \times \overline{AC} - \overline{BD} \times \overline{DC}$

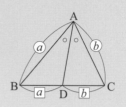

右圖中，若△ABC 的 ∠A 之外角的角平分線與 $\overline{BC}$ 之延長線的交點為 D，

(3) $\overline{AB} : \overline{AC} = \overline{BD} : \overline{DC}$

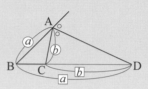

本回介紹的是跟前一回出現的角平分線有關的瞬解技巧。
提到「角平行線和平分線」時，你首先會想到什麼呢？

要利用等腰三角形！

沒錯。在入學考的時候，能否快速找出等腰三角形乃是解題的關鍵。 瞬解29 (1) 的性質被很多高中出成證明題來考，而證明此性質的關鍵就是從 C 畫一條跟 $\overline{AD}$ 平行的輔助線，自己創造等腰三角形。那麼我們馬上來看看此證明有效的原因吧。

瞬解 29 有效的原因

(1) 如右圖所見，假設有一條通過頂點 C 且與 $\overline{AD}$ 平行的直線，且此線與線段 $\overline{BA}$ 朝 A 方向的延長線交於點 E。因 $\overline{AD} \mathbin{/\!/} \overline{EC}$，故

$\overline{AB} : \overline{AE} = \overline{BD} : \overline{DC}$ …①

此時，對於△ACE，

∠AEC = ∠BAD（平行線的同位角）…②

∠ACE = ∠DAC（平行線的內錯角）…③

∠BAD = ∠DAC（前提）…④

由②、③、④，∠AEC = ∠ACE，故△ACE 為等腰三角形。

因此，$\overline{AE} = \overline{AC}$ …⑤

由①、⑤可知，$\overline{AB} : \overline{AC} = \overline{BD} : \overline{DC}$ 成立。

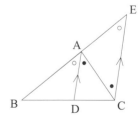

(2) 右圖中，因△ABE∽△ADC（2 組角相等），

$\overline{AB} : \overline{AD} = \overline{AE} : \overline{AC}$　　$\overline{AD} \times \overline{AE} = \overline{AB} \times \overline{AC}$ …①

另，因△ADC∽△BDE（2 組角相等），

$\overline{AD} : \overline{BD} = \overline{DC} : \overline{DE}$　　$\overline{AD} \times \overline{DE} = \overline{BD} \times \overline{DC}$ …②

①－②，得到 $\overline{AD}(\overline{AE} - \overline{DE}) = \overline{AB} \times \overline{AC} - \overline{BD} \times \overline{DC}$

因 $\overline{AE} - \overline{DE} = \overline{AD}$，故 $\overline{AD}^2 = \overline{AB} \times \overline{AC} - \overline{BD} \times \overline{DC}$

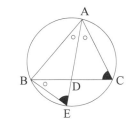

(3) 如右圖所示取一點 E，且從頂點 C 畫一條與線段 $\overline{AD}$ 平行的直線，與

線段 $\overline{BA}$ 交於點 F。

因 $\overline{AD}$ ∥ $\overline{FC}$，故 $\overline{AB} : \overline{AF} = \overline{BD} : \overline{DC}$　…①

此時，對於△AFC，∠ACF = ∠CAD（平行線的內錯角）…②

∠AFC = ∠EAD（平行線的同位角）…③

∠CAD = ∠EAD（前提）…④

由②、③、④，∠ACF = ∠AFC，可知△AFC 是等腰三角形。因此，$\overline{AF} = \overline{AC}$ …⑤

由①、⑤，可知 $\overline{AB} : \overline{AC} = \overline{BD} : \overline{DC}$

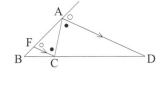

自我測驗題

□問題　如右圖所示，有一 $\overline{OA} = 6$，$\overline{OB} = 4$ 的三角形 OAB，且∠AOB 的

角平分線與 $\overline{AB}$ 的交點為 P。

請問當 $\overline{OP} = \dfrac{12}{5}$ 時，$\overline{AP}$ 的長是多少。

（澀谷教育學園幕張高等學校）

□解　假設 $\overline{AP} = x$，根據 **瞬解29** (1)，$\overline{BP} : x = 4 : 6$，

故 $\overline{BP} = \dfrac{2}{3}x$。

瞬解29 (2)，$\left(\dfrac{12}{5}\right)^2 = 4 \times 6 - \dfrac{2}{3}x \times x$　　$\dfrac{144}{25} = 24 - \dfrac{2}{3}x^2$　　$432 = 1800 - 50x^2$

$50x^2 = 1368$　　$x^2 = \dfrac{684}{25}$　　因 $x > 0$，故 $x = \dfrac{6\sqrt{19}}{5}$

 考古題挑戰！

問題　對於右圖的△ABC，$\overline{AB} = 4$，$\overline{AC} = 2$，∠BAC 的角平分線和邊

$\overline{BC}$ 的交點為 D，且 $\overline{DA} = \overline{DB}$。求此時 $\overline{DC}$ 的長。

（東邦大學附屬東邦高等學校）

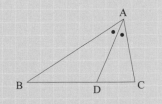

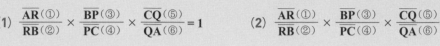

瞬解 30　孟氏定理

當△ABC 的邊 $\overline{BC}$、$\overline{CA}$、$\overline{AB}$ 或它們的延長線，
與一條不通過三角形頂點的直線分別交於 P、Q、R 三點時，各線段存在以下關係。

(1) $\dfrac{\overline{AR}(①)}{\overline{RB}(②)} \times \dfrac{\overline{BP}(③)}{\overline{PC}(④)} \times \dfrac{\overline{CQ}(⑤)}{\overline{QA}(⑥)} = 1$　　(2) $\dfrac{\overline{AR}(①)}{\overline{RB}(②)} \times \dfrac{\overline{BP}(③)}{\overline{PC}(④)} \times \dfrac{\overline{CQ}(⑤)}{\overline{QA}(⑥)} = 1$

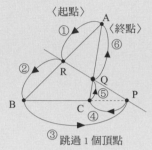

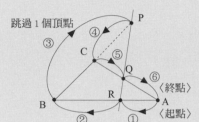

本來孟氏定理是高中才會教到，但因為這個定理非常方便，所以我們先提前學起來吧！首先來看看這個公式在說什麼。從△ABC 的頂點 A 出發，沿著內分點 R →頂點 B →外分點 P →頂點 C →內分點 Q →頂點 A 的順序繞一圈，依照通過各點的順序將各線段的比例寫成分數表示，則相乘的積將會是 1。

內分點和外分點是什麼？

點 R 和 Q 分別把△ABC 的邊 $\overline{AB}$ 和 $\overline{AC}$ 分成了兩段對吧。像這樣的點就叫做內分點。而與內分點不同，點 P 是在 $\overline{BC}$ 的延長線上，分法變成 $\overline{BP}:\overline{PC}$。這種分法就叫做外分，而點 P 則叫外分點。由於孟氏定理中所有頂點和分點都只會通過一次，所以在繞外分點時要先跳過一個頂點。

唔～嗯，好難喔……。

那麼我來傳授你一個祕藏的公式背法吧！只要把分子的字母和分母的字母連著寫就行了。比如 $\overline{AR} \rightarrow \overline{RB} \rightarrow \overline{BP} \rightarrow \overline{PC} \rightarrow \overline{CQ} \rightarrow \overline{QA}$。

啊！真的耶。這樣好像變得簡單一點了。

這個定理也可以用於 瞬解25 出現的完全四邊形。從「狐狸耳朵」出發，然後繞一圈回到耳朵。至於從哪個耳朵出發，則要看題目問的是哪個線段比。以 (1) 的圖為例，假如題目要求 $\overline{RQ}:\overline{QP}$，就不是從點 A，而要從點 P 出發，沿著 P → C → B → A → R → Q → P 繞一圈。所以當看到「狐狸」圖

形時，就可以考慮使用孟氏定理。

瞬解 **30** 有效的原因

(1)(2) 　兩者皆如右圖所示，畫一條線段 $\overline{CS}$，使 $\overline{PR} /\!/ \overline{CS}$。因平行線截過任意條直線時截出的線段比
例永遠相同，故 $\overline{BP}:\overline{CP}=\overline{BR}:\overline{SR}$。由於比值相同，所以：

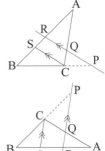

$\dfrac{\overline{BP}}{\overline{CP}}=\dfrac{\overline{BR}}{\overline{SR}}$ 　…①。同理，由於 $\overline{QC}:\overline{AQ}=\overline{RS}:\overline{AR}$，故

$\dfrac{\overline{QC}}{\overline{AQ}}=\dfrac{\overline{RS}}{\overline{AR}}$ 　…②

將①和②的左項跟左項、右項跟右項相乘：

$\dfrac{\overline{BP}}{\overline{CP}}\times\dfrac{\overline{QC}}{\overline{AQ}}=\dfrac{\overline{BR}}{\overline{SR}}\times\dfrac{\overline{RS}}{\overline{AR}}$ 　…③

將③的等號兩邊同乘以 $\dfrac{\overline{AR}}{\overline{RB}}$，則 $\dfrac{\overline{AR}}{\overline{RB}}\times\dfrac{\overline{BP}}{\overline{CP}}\times\dfrac{\overline{QC}}{\overline{AQ}}=\dfrac{\overline{AR}^1}{\overline{RB}_1}\times\dfrac{\overline{BR}^1}{\overline{SR}_1}\times\dfrac{\overline{RS}^1}{\overline{AR}_1}=1$

 自我測驗題

□問題 　對於 △ABC，D 是將 $\overline{BC}$ 分為 $1:2$ 的內分點，E 是將 $\overline{AC}$ 分為 $3:1$
的內分點，而 $\overline{BE}$ 和 $\overline{AD}$ 的交點為 P。請問此時，$\overline{BP}:\overline{PE}$ 是多少。

（青山學院高等部）

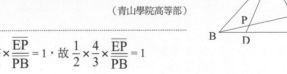

□解 　根據孟氏定理，因 $\dfrac{\overline{BD}}{\overline{DC}}\times\dfrac{\overline{CA}}{\overline{AE}}\times\dfrac{\overline{EP}}{\overline{PB}}=1$，故 $\dfrac{1}{2}\times\dfrac{4}{3}\times\dfrac{\overline{EP}}{\overline{PB}}=1$

因此 $\dfrac{2}{3}\times\dfrac{\overline{EP}}{\overline{PB}}=1$，可求出 $\overline{BP}:\overline{PE}=\mathbf{2:3}$

✏ 考古題挑戰！

問題 　右圖的四邊形 ABCD 是平行四邊形。
點 E 為線段 $\overline{BC}$ 上的點，且三角形 ABE 是正三角形。另 F 為線段 $\overline{AB}$ 的中
點，G 為線段 $\overline{AE}$ 與線段 $\overline{CF}$ 的交點。請問當 $\overline{AB}=6\text{cm}$，$\overline{AD}=7\text{cm}$ 時，線段
$\overline{AG}$ 的長是多少。

（神奈川縣）

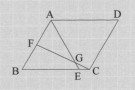

瞬解 **31** 截線定理

(1) 對於右圖的△ABC，當點 M、點 N 分別為邊 $\overline{AB}$、$\overline{AC}$ 的中點時，

❶ $\overline{MN}$ // $\overline{BC}$　　❷ $\overline{MN} = \dfrac{1}{2}\overline{BC}$

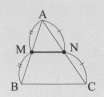

(2) 對於右圖的梯形 ABCD，當點 M、點 N 分別為邊 $\overline{AB}$、$\overline{DC}$ 的中點時，

❶ $\overline{AD}$ // $\overline{MN}$ // $\overline{BC}$　　❷ $\overline{MN} = \dfrac{1}{2}(\overline{AD} + \overline{BC})$

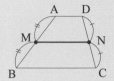

(3) 對於右圖的梯形 ABCD，當點 M、點 N 分別為對角線 $\overline{DB}$、$\overline{AC}$ 的中點時，

❶ $\overline{AD}$ // $\overline{MN}$ // $\overline{BC}$　　❷ $\overline{MN} = \dfrac{1}{2}(\overline{BC} - \overline{AD})$

（假設 $\overline{AD} < \overline{BC}$）

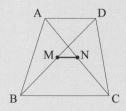

😎 截線定理的 瞬解31 (1) 三角形截線定理在國中也學過。你能說說這個定理為什麼成立嗎？

😖 ……。

😎 定理的內容固然重要，但也要知道它為什麼有效。等等請好好仔細看一下證明。

那麼我來出個題目。右圖的梯形 ABCD 中，點 M、N 分別是 $\overline{AB}$、$\overline{DC}$ 的中點，已知 $\overline{AB}$ // $\overline{MN}$ // $\overline{BC}$，請試著用 (1) 計算 $\overline{MN}$ 的長度。

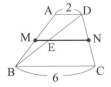

😃 因為 $\overline{ME} = \dfrac{1}{2}\overline{AD} = 1$，$\overline{EN} = \dfrac{1}{2}\overline{BC} = 3$，所以是 $1 + 3 = 4$！

😎 正確。利用 (2) ❷ 的話就是 $\dfrac{1}{2}(2 + 6) = 4$。其實在 (2) 的圖畫一條對角線，就能只用 (1) 輕鬆算出答案。

之所以特別把 (2) (3) 也當成一種瞬解技巧，是為了讓大家確實搞懂這個定理為什麼有效。那麼，我們馬上來證明看看吧。

瞬解 31 有效的原因

(1) 對於△AMN 和△ABC，因 $\overline{AM}:\overline{AB}=\overline{AN}:\overline{AC}=1:2$（前提），且∠A 為共角，兩組對應邊的比例及其夾角角度相等，故△AMN∽△ABC。由於同位角相等，∠AMN = ∠ABC 故可反推得知 $\overline{MN} \parallel \overline{BC}$。

又，因 $\overline{MN}:\overline{BC}=\overline{AM}:\overline{AB}=1:2$，故 $\overline{MN}=\dfrac{1}{2}\overline{BC}$

(2) 對 $\overline{BC}$ 和 $\overline{AN}$ 畫延長線，假設兩者延長線的交點為 E。對於△AND 和△ENC，因 $\overline{DN}=\overline{CN}$（前提），∠AND = ∠ENC（對頂角），∠ADN = ∠ECN（平行線的內錯角），有一組對應邊及其兩邊相鄰角相等，故可知△AND ≡ △ENC，$\overline{AN}=\overline{NE}$。
另一方面根據前提，$\overline{AM}=\overline{MB}$。
對於△ABE，根據截線定理，$\overline{MN} \parallel \overline{BE}$，故 $\overline{MN} \parallel \overline{BC}$。

又，$\overline{MN}=\dfrac{1}{2}\overline{BE}=\dfrac{1}{2}(\overline{BC}+\overline{CE})=\dfrac{1}{2}(\overline{BC}+\overline{AD})$

(3) 假設 $\overline{AM}$ 的延長線跟 $\overline{BC}$ 的交點為 E。與 (2) 同理，△AMD ≡ △EMB，$\overline{AM}=\overline{EM}$。
根據假設，$\overline{AN}=\overline{NC}$。對於△AEC，根據截線定理，因 $\overline{MN} \parallel \overline{EC}$，故 $\overline{MN} \parallel \overline{BC}$。

又，$\overline{MN}=\dfrac{1}{2}\overline{EC}=\dfrac{1}{2}(\overline{BC}-\overline{BE})=\dfrac{1}{2}(\overline{BC}-\overline{AD})$

 自我測驗題

☐ **問題** 右圖中，四邊形 ABCD 是 $\overline{AD} \parallel \overline{BC}$ 的梯形，E、F 各是邊 $\overline{AB}$、$\overline{CD}$ 的中點。請問當 $\overline{AD}=7$cm，$\overline{BC}=12$cm 時，$\overline{EF}$ 的長是多少。

(島根縣)

☐ **解** 根據 **瞬解31** (2) ❷，$\overline{EF}=\dfrac{1}{2}(7+12)=\dfrac{\mathbf{19}}{\mathbf{2}}$（**cm**）

✎ **考古題挑戰！**

問題 如右圖所示，有一 $\overline{AD} \parallel \overline{BC}$ 的梯形 ABCD。假設有一通過邊 $\overline{AB}$ 之中點 M 且與邊 $\overline{BC}$ 平行的直線與邊 $\overline{CD}$ 交於點 N，線段 $\overline{MN}$ 與線段 $\overline{BD}$ 的交點為 P，線段 $\overline{MN}$ 與線段 $\overline{AC}$ 的交點為 Q，請問線段 $\overline{PQ}$ 的長是多少。

(山口縣)

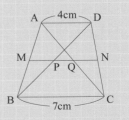

瞬解 32　調和平均數

(1) 右圖中，當 $\overline{AB} \parallel \overline{EF} \parallel \overline{DC}$ 時，

$$c = \frac{ab}{a+b}$$

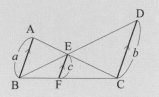

(2) 對於右圖的梯形 ABCD，若線段 $\overline{EF}$ 通過對角線之交點 O，且
$\overline{AD} \parallel \overline{EF} \parallel \overline{BC}$ 時，

❶ $\overline{EO} = \overline{OF}$　　❷ $c = \dfrac{2ab}{a+b}$

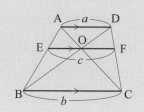

😎 本回的瞬解技巧，是圖形問題中的調和平均數。

🙂 我第一次聽到調和平均數這個名詞，請問那是什麼呢？

😎 其實「平均」有很多種，而調和平均指的是倒數平均的倒數。

譬如 a 和 b 的調和平均數就是 $\left(\dfrac{1}{a} + \dfrac{1}{b}\right) \div 2 = \dfrac{a+b}{2ab}$ 的倒數 $\dfrac{2ab}{a+b}$ 。

😟 我聽不太懂耶……。

😎 這個詞本身記不住沒關係。這裡的重點是，遇到上圖這種三條平行線時，就可以使用這個技巧瞬間解答。

🙂 老師，(2) 之 ❷ 的 c 剛好是 (1) 的 c 的 2 倍，它們之間有什麼關係嗎？

😎 真虧你注意到了！其實，(2) 的圖中藏了一個 (1) 的圖喔。

右圖中根據 (1)，$c = \dfrac{ab}{a+b}$ 。然後又根據 (2) 的 ❶，$\overline{EO} = \overline{OF}$，

所以 $\overline{EF}$ 的長就是 $\dfrac{2ab}{a+b}$ 。

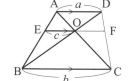

🙁 為什麼 $\overline{EO} = \overline{OF}$ 呢？

😎 關於這點，就請跟 (1) 的證明一起仔細閱讀下一頁吧。

瞬解 **32** 有效的原因

(1) 圖 1 中，因△BFE∽△BCD（2 組角相等），故

$$\overline{BE} : \overline{BD} = \overline{FE} : \overline{CD} = c : b$$

另一方面，在圖 2 中因△ABE∽△CDE（2 組角相等），

故 $\overline{BE} : \overline{DE} = \overline{AB} : \overline{CD} = a : b$

由於 $\overline{BE} : \overline{BD} = a : (a + b)$，故

$$c : b = a : (a + b) \qquad c(a + b) = ab \qquad c = \frac{ab}{a + b}$$

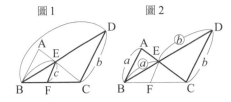

圖 1　　　圖 2

(2) ❶　右圖中，因△ADO∽△CBO（2 組角相等），故

$$\overline{AO} : \overline{CO} = \overline{DO} : \overline{BO} = \overline{AD} : \overline{CB} = a : b$$

另一方面，因△AEO∽△ABC（2 組角相等），

故 $\overline{EO} : \overline{BC} = \overline{AO} : \overline{AC} = a : (a + b)$

同理，因△DOF∽△DBC（2 組角相等），故

$\overline{OF} : \overline{BC} = \overline{DO} : \overline{DB} = a : (a + b)$，所以 $\overline{EO} = \overline{OF}$

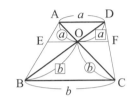

(2) ❷　根據（1），$\overline{EO} = \dfrac{ab}{a + b}$，因 $\overline{EO} = \overline{OF}$，故 $\overline{EF} = \dfrac{2ab}{a + b}$

🔵 自我測驗題

☐ **問題**　圖中的 $\overline{AB}$、$\overline{CD}$、$\overline{EF}$ 互相平行，且 $\overline{AB} = 5cm$，$\overline{CD} = 3cm$，請問線段 $\overline{EF}$ 的長是多少。

（東京工業大學附屬科技高等學校）

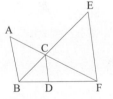

☐ **解**　假設 $\overline{EF} = x$ cm，根據 瞬解32 （1），

$$3 = \frac{5x}{5 + x} \qquad 3(5 + x) = 5x \qquad -2x = -15 \qquad x = \frac{15}{2} \text{（cm）}$$

 考古題挑戰！

問題　如右圖所示，梯形 ABCD 之上底 $\overline{AD}$ 和下底 $\overline{BC}$ 的長分別為 6、8，E 為對角線之交點，F、G 分別為通過 E 且與上底 $\overline{AD}$ 平行之直線與邊 $\overline{AB}$、$\overline{CD}$ 之交點。求線段 $\overline{FG}$ 的長度。　（東京學藝大學附屬高等學校）

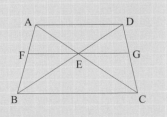

瞬解 **33** 利用黃金比例

假設邊長為 1 的正五邊形的對角線長為 x，

則 x 存在以下關係：

$$1 : x = 1 : \frac{1+\sqrt{5}}{2}$$

正五邊形的邊長與對角線的比是黃金比例。

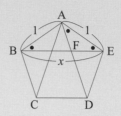

😎 我們身邊充滿了黃金比例。譬如很多漫畫書和名片雖然大小不同，但形狀卻一樣，長寬比都是

$1 : \dfrac{1+\sqrt{5}}{2}$（約 1：1.6），而這個比例又叫黃金比例。黃金比例自古以來便被視為美的比例，受到人

類喜愛，很多知名的建築上都能看到這個比例。

😃 像是哪些呢？

😎 這個嘛，像是右圖的帕特農神殿，以及古夫王金字塔都是知名
例子。

哎呀，差點就要跑題了。

回到考試的話題，當我們在題目中看到正五邊形時，就可以用
黃金比例來解題。

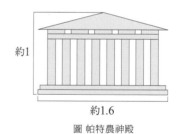

圖 帕特農神殿

😣 什麼嘛，原來只有正五邊形的題目能用啊。

😎 不不不，請仔細看看上面的正五邊形。

是不是可以拆成頂角 108° 的等腰三角形 ABE，或是頂角
36° 的等腰三角形 ACD 呢？

由於這兩種等腰三角形的底和邊恰好是黃金比例，所以也
可以利用黃金比例來算。

除此之外，像是下一頁的「考古題挑戰！」的 問題2 ，黃
金比例還可以用在很多意想不到的地方喔。那麼事不宜遲，
馬上來證明一下上圖的黃金比例為什麼成立吧。

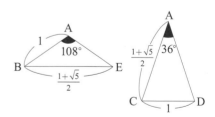

瞬解33　有效的原因

由於左頁圖中，△ABE∽△FAE（● 處的角度全是 36°），故 $\overline{BE} : \overline{AE} = \overline{AB} : \overline{FA}$ …①。

將 $\overline{BE} = x$，$\overline{AE} = \overline{AB} = \overline{BF} = 1$（△BAF 是底角 72°的等腰三角形），

$\overline{FA} = \overline{FE}$（△FAE 是等腰三角形）$= \overline{BE} - \overline{BF} = x - 1$ 分別代入①，

$$x : 1 = 1 : (x - 1) \qquad x(x - 1) = 1 \qquad x^2 - x - 1 = 0 \qquad x = \frac{1 + \sqrt{5}}{2}\,(x > 0)$$

由上可知，$\overline{AB} : \overline{BE} = 1 : \dfrac{1 + \sqrt{5}}{2}$

 自我測驗題

□問題　如圖所示，F、G、H、I、J 是正五邊形 ABCDE 的對角線交點。此時，線段 $\overline{IH}$ 和線段 $\overline{AI}$ 的長度比為 $\overline{IH} : \overline{AI} = 1 : \boxed{}$。

（早稻田高等學院）

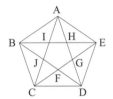

□解　因△AIH∽△ACD（∠A 為共角，且∠AIH = ∠ACD，2 組角相等），

故 $\overline{IH} : \overline{AI} = \overline{CD} : \overline{AC}$

根據 **瞬解33**，可知 $\overline{CD} : \overline{AC} = 1 : \dfrac{1 + \sqrt{5}}{2}$，故 $\overline{IH} : \overline{AI} = 1 : \dfrac{1 + \sqrt{5}}{2}$

✎ 考古題挑戰！

問題 1　對邊長為 2 的正五邊形 ABCDE 畫對角線 $\overline{AC}$、$\overline{AD}$、$\overline{CE}$，假設 $\overline{AD}$ 與 $\overline{CE}$ 的交點為 F。求 $\overline{AD}$ 的長。

（國學院久我山高等學校）

問題 2　右圖是以直徑為線段 $\overline{AB}$ 的圓 O 為底面，母線為線段 $\overline{AC}$ 的圓錐。已知 $\overline{AB} = 6cm$，$\overline{AC} = 10cm$。如圖所示從點 A 沿著圓錐表面通過線段 $\overline{BC}$ 畫一圈回到點 A。請問所有可能畫出的線中，長度最短和最長的各是多長。（假設圓周率為 π）

（神奈川縣・改題）

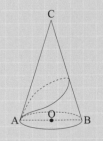

瞬解 **34** 三角形的重心

三角形各頂點與對邊中點連成的線段叫做中線。三角形的三條中線必交於同 1 點，此交點（右圖的 G）叫做重心。重心的性質有：

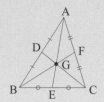

(1) 將中線分成 2：1。

（圖中的 $\overline{AG}:\overline{GE}=\overline{BG}:\overline{GF}=\overline{CG}:\overline{GD}=2:1$）

(2) 重心將三角形面積分成 6 等分。

（圖中的 $\triangle GAD=\triangle GBD=\triangle GBE=\triangle GCE=\triangle GCF=\triangle GAF$）

另外在上圖中還存在以下性質。

(3) 以 3 條中線為 3 邊的三角形面積 $=\dfrac{3}{4}\triangle ABC$

😎 重心就是物體重量的中心，但現在日本的國中已經不教了。

☹ 那就不用學啦——。

😎 不不不，有些問題只要意識到重心的存在就能瞬間解開。請透過下一頁的「自我測驗題」和「考古題挑戰！」親身體驗一下它的威力吧。

瞬解 **34** 有效的原因

(1) 如右圖所示，在線段 $\overline{AE}$ 的延長線取一點 H，使 $\overline{AG}=\overline{GH}$

在 $\triangle ABH$ 中，根據截線定理，$\overline{DG}\parallel\overline{BH}$ …①，$\overline{DG}=\dfrac{1}{2}\overline{BH}$ …②

同理，對於 $\triangle ACH$，$\overline{FG}\parallel\overline{CH}$ …③，$\overline{FG}=\dfrac{1}{2}\overline{CH}$ …④　由①可知

$\overline{CG}\parallel\overline{BH}$，由③可知 $\overline{BG}\parallel\overline{CH}$，因有 2 組對應邊互相平行，故可知四邊形 BHCG 是平行四邊形。因此，$\overline{BH}=\overline{CG}$ …⑤，$\overline{CH}=\overline{BG}$ …⑥

又，由②、⑤可知 $\overline{CG}:\overline{DG}=2:1$ …⑦

由④、⑥可知 $\overline{BG}:\overline{FG}=2:1$ …⑧。另一方面，因平行四邊形的對角線互相平分，故 $\overline{EG}:\overline{EH}=$
1：1。考慮到 $\overline{AG}=\overline{GH}$，所以 $\overline{AG}:\overline{EG}=2:1$ …⑨

由⑦、⑧、⑨可知，重心 G 將 3 條中線分成 2：1 的比例。

(2) 因等高的三角形面積比＝底邊比，故

　　△GBE：△GCE＝$\overline{BE}$：$\overline{CE}$＝1：1，△GBC：△GBD＝$\overline{CG}$：$\overline{DG}$＝2：1，所以

　　△GBE：△GCE：△GBD＝1：1：1 …①

　　同理，△GAF：△GCF：△GAD＝1：1：1 …②

　　另一方面，△GBD：△GAD＝$\overline{BD}$：$\overline{AD}$＝1：1 …③

　　由①、②、③可知，△GBE＝△GCE＝△GBD＝△GAF＝△GCF＝△GAD

(3) 如右圖所示，取一點 I 使 $\overline{DC}$＝$\overline{AI}$，$\overline{BF}$＝$\overline{EI}$，△AEI 是以 3 條中線為三個
邊的三角形。

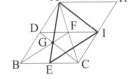

平移邊 $\overline{AB}$、$\overline{BC}$，做出平行四邊形 ABCH、ADIH、DBCI。此時，

△AEI ＝ 平行四邊形 ABCH － △ABE － △AIH － △CEI

$= 2\triangle ABC - \dfrac{1}{2}\triangle ABC - \dfrac{1}{2}$平行四邊形 ADIH$\left(=\dfrac{1}{2}\triangle ABC\right) - \dfrac{1}{4}$平行四邊形 DBCI$\left(=\dfrac{1}{4}\triangle ABC\right)$

$= \dfrac{3}{4}\triangle ABC$

◠ 自我測驗題

□**問題**　如右圖所示，以平行四邊形 ABCD 的邊 $\overline{BC}$ 之中點為 M，對角線
$\overline{AC}$ 和 $\overline{BD}$ 的交點為 O，線段 $\overline{AM}$ 和 $\overline{BD}$ 的交點為 E。求平行四邊
形的面積和四邊形 OEMC 的面積比。

（東京電氣大學附屬高等學校）

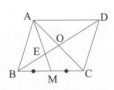

□**解**　因 M 是 $\overline{BC}$ 之中點，O 是 $\overline{AC}$ 之中點，故點 E 是△ABC 的重心。從 C 畫一條通過 E 的線連
到 $\overline{AB}$，根據 **瞬解34** **(2)**，可知△ABC：四邊形 OEMC ＝ 6：2 ＝ 3：1

另一方面，因平行四邊形 ABCD 的面積是△ABC 的 2 倍，故

平行四邊形 ABCD：四邊形 OEMC ＝ **6：1**

✎ 考古題挑戰！

問題　如右圖所示，以平行四邊形 ABCD 的對角線交點為 O，邊 $\overline{AB}$ 的中點
為 P，連接 P 和 D，$\overline{PD}$ 與對角線 $\overline{AC}$ 的交點為 Q。請問當平行四邊形的面積
為 60cm² 時，四邊形 PBOQ 的面積是多少？　（駒澤大學附屬高等學校）

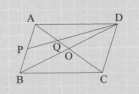

瞬解 **35** 一個角相等的三角形面積比

右圖中，∠A 是△ADE 和△ABC 的共角。這種有 1 個角共角的三角形面積比與共角之 2 邊的積相等：

$$\triangle ADE : \triangle ABC = a \times c : b \times d$$

$$\left(\triangle ADE = \triangle ABC \times \frac{a}{b} \times \frac{c}{d} \right)$$

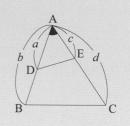

本回的瞬解技巧是關於三角形的面積比。那麼我來出個題目。
請問右圖中，△ABD 和△ACD 的面積比是多少呢？

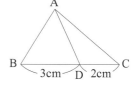

是 3：2。

正確！那你說得出為什麼嗎？

因為△ABD 和△ACD 等高，所以面積比就是底邊比，等於 $\overline{BD} : \overline{DC}$。

解釋得很完美。其實計算三角形面積比時最常用的思考方式，就是利用等高之三角形面積比等於底邊比這點。首先讓我們不要使用瞬解技巧，利用這個思路，算算看右圖中的△ADE 和△ABC 的面積比吧。

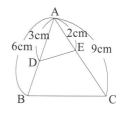

奇怪？找不到等高的三角形耶！

這次的圖形確實跟以前遇到的不一樣。那麼該怎麼辦才好呢？

我認為可以把 D 和 C 連起來畫輔助線。

那麼馬上來畫畫看吧。
△ADE 和△CDE，以及△ADC 和△BDC，可以找出 2 組等高的三角形呢。在思考面積比時，可以盡量從比較小的等高三角形組來想。右圖中，我們知道△ADE：△CDE ＝ $\overline{AE} : \overline{EC}$ ＝ ②：⑦ 對吧。那麼接下來只要知道△DBC 等於幾個○就行了。

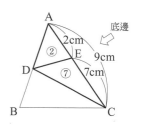

那請問右圖中，△ADC：△BDC 是幾比幾呢？

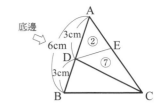

😀 把 $\overline{AD}$ 和 $\overline{BD}$ 當成底邊，因為高相等，故面積比等於底邊比，也就是 3：3 = 1：1

😎 那麼，△BDC 等於幾個○呢？

😀 △ADC 是②+⑦=⑨，所以面積相同的△BDC 也是⑨。

😎 沒錯。通過以上推理，可以知道△ADE：△ABC 等於② ：⑱ = 1：9

而如果用瞬解技巧來解，則是△ADE：△ABC = 3 × 2：6 × 9 = 6：54 = 1：9

瞬解 35 有效的原因

如右圖所示，從 E 和 C 畫垂線 $\overline{EH}$、$\overline{CI}$。若分別將 $\overline{AD}$、$\overline{AB}$ 當成△ADE 和 △ABC 的底邊，則高就是 $\overline{EH}$、$\overline{CI}$。
對於△AEH 和△ACI，∠A 是共角，又因為∠AHE = ∠AIC = 90°（前提），故有 2 組角相等，可知△AEH∽△ACI
所以，$\overline{EH}$：$\overline{CI}$ = $\overline{AE}$：$\overline{AC}$ = c：d，底邊比是 a：b，高的比是 c：d，
△ADE：△ABC = $a × c$：$b × d$

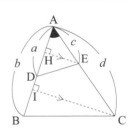

🔾 自我測驗題

□問題　右圖的△ABC 中，點 M 是邊 $\overline{AB}$ 的中點，點 N 是將邊 $\overline{AC}$ 分成 2：3 的內分點。假設△AMN 的面積為 $a\,\mathrm{cm}^2$，請用 a 來表示△ABC 的面積。　（青森縣）

□解　根據 瞬解35 ，
　　　△AMN：△ABC = $\overline{AM}$ × $\overline{AN}$：$\overline{AB}$ × $\overline{AC}$ = 1 × 2：2 × 5 = 1：5 = $a\,\mathrm{cm}^2$：**$5a\,(\mathrm{cm}^2)$**

✏️ 考古題挑戰！

問題　如右圖所示，在△ABC 的邊 $\overline{AB}$ 上取一點 D，在邊 $\overline{AC}$ 取一點 E。請問當△ABC 的面積是 198cm² 時，△AED 的面積是幾 cm²？
　　　（鹿兒島縣）

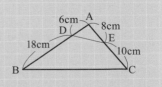

瞬解 36　梯形的面積比

(1) 對於右圖的梯形 ABCD，2 條對角線切分出來的 4 個三角形面積比是

$\triangle ADE : \triangle ABE : \triangle BCE : \triangle DCE$
$= a^2 : ab : b^2 : ab$

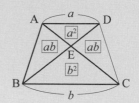

(2) 對於右圖的梯形 ABCD，若有一與邊 $\overline{AD}$ 和 $\overline{BC}$ 平行的線段 $\overline{EF}$ 將梯形 ABCD 分成二等分，假設 $\overline{AD} = a$，$\overline{BC} = b$，$\overline{EF} = x$，則

$$x = \sqrt{\frac{a^2 + b^2}{2}}$$

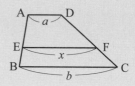

本回的瞬解技巧是關於梯形的面積比。(1) 只要應用 瞬解35 就能輕鬆導出，而 (2) 則是不知道瞬解技巧的話就非常難解的問題。

我們先不使用瞬解技巧，算算看當 (2) 圖中的 $a = 2$、$b = 6$ 時的 x 是多少吧。如右圖所見延長 $\overline{AB}$ 和 $\overline{DC}$，使兩條延長線交於點 P。此時會有三個相似的三角形，你們知道是哪三個嗎？

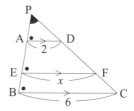

是 $\triangle PAD$、$\triangle PEF$、還有 $\triangle PBC$ 嗎？

沒錯。那麼這三個三角形的面積比要怎麼算呢？

相似圖形的面積比等於相似比的平方，所以
$\triangle PAD : \triangle PEF : \triangle PBC = 2^2 : x^2 : 6^2 = 4 : x^2 : 36$

OK！然後再用這個來計算被 $\overline{EF}$ 均分出來的兩個梯形面積：
由於梯形 AEFD ＝ 梯形 EBCF，故 $\triangle PEF - \triangle PAD = \triangle PBC - \triangle PEF$，也就是 $x^2 - 4 = 36 - x^2$。
解這個一元二次方程式，就會算出 $x = 2\sqrt{5}$（$x > 0$）。那麼接下來請換用 (2) 算算看這一題。

$x = \sqrt{\dfrac{2^2 + 6^2}{2}} = \sqrt{20} = 2\sqrt{5}$！

瞬解 36　有效的原因

(1) 根據 瞬解35，有一個角是共角（∠AED = ∠CEB，∠AEB = ∠DEC）三角
形面積比等於此共角之 2 邊的積，且△AED∽△CEB（2 組角相等），故
△ADE：△ABE：△BCE：△DCE

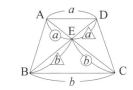

$$= ⓐ × ⓐ : ⓐ × ⓑ : ⓑ × ⓑ : ⓑ × ⓐ = a^2 : ab : b^2 : ab$$

(2) 如右圖所示延長邊 $\overline{AB}$ 和 $\overline{DC}$，使兩條延長線交於 P。

因△PAD∽△PEF∽△PBC（2 組角相等），

故△PAD：△PEF：△PBC = $a^2 : x^2 : b^2$。

另一方面，因梯形 AEFD = 梯形 EBCF，

故△PEF － △PAD = △PBC － △PEF，

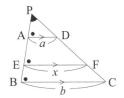

$$x^2 - a^2 = b^2 - x^2 \qquad 2x^2 = a^2 + b^2 \qquad 因 x > 0，故 x = \sqrt{\dfrac{a^2 + b^2}{2}}$$

🌓 自我測驗題

□ **問題**　如右圖所示，對於 $\overline{AD} \,/\!/\, \overline{BC}$ 的梯形 ABCD，對角線 $\overline{AC}$
和 $\overline{BD}$ 的交點為 E。假設 $\overline{AD}:\overline{BC} = 1:4$，△AED 的面積
為 5，求梯形 ABCD 的面積。（日本大學豐山高等學校・改題）

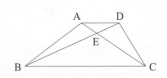

□ **解**　根據 瞬解36 (1)，可知△AED：△ABE：△BCE：△DCE
$= 1^2 : 1 × 4 : 4^2 : 1 × 4 = 1 : 4 : 16 : 1$，故
△AED：梯形 ABCD = $1 : (1 + 4 + 4 + 16) = 1 : 25$
所以△AED = 5 時，梯形 ABCD 的面積即是
$5 × 25 = $ **125**。

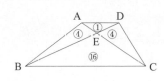

✏️ 考古題挑戰！

問題　右圖是一邊 $\overline{AD}$ 和邊 $\overline{BC}$ 平行的梯形 ABCD。M、N 兩點分別是邊
$\overline{AB}$ 和邊 $\overline{CD}$ 上的點，且線段 $\overline{MN}$ 與邊 $\overline{BC}$ 平行。請問當 $\overline{AD} = 1\text{cm}$，$\overline{BC} = $
7cm，梯形 AMND 和梯形 MBCN 的面積相等時，線段 $\overline{MN}$ 的長是多少？

（神奈川縣立橫濱翠嵐高等學校・改題）

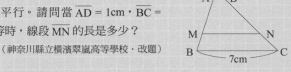

瞬解 **37** 正多邊形的面積

邊長為 a 的正多邊形面積，以及與半徑 r 的圓內接的正多邊形面積，分別可用下列公式求出。

(1) ❶ 邊長 a 的正三角形面積 $= \dfrac{\sqrt{3}}{4}a^2$

❷ 與半徑 r 的圓內接的正三角形面積 $= \dfrac{3\sqrt{3}}{4}r^2$

(2) ❶ 邊長 a 的正六邊形面積 $= \dfrac{\sqrt{3}}{4}a^2 \times 6 = \dfrac{3\sqrt{3}}{2}a^2$

❷ 與半徑 r 的圓內接的正六邊形面積 $= \dfrac{3\sqrt{3}}{2}r^2$

(3) ❶ 邊長 a 的正八邊形面積 $= 2a^2\left(1+\sqrt{2}\right)$

❷ 與半徑 r 的圓內接的正八邊形面積 $= 2\sqrt{2}\,r^2$

(4) ❶ 邊長 a 的正十二邊形面積 $= 3a^2\left(2+\sqrt{3}\right)$

❷ 與半徑 r 的圓內接的正十二邊形面積 $= 3r^2$

😎 本回的瞬解技巧中最需要掌握的就是 (1) ❶。這條公式可用在很多情況，所以推導的方法自不用說，公式本身也一定要記熟，並懂得靈活使用。那麼，下面馬上來看看證明吧！

瞬解 **37** 有效的原因

(1) ❶　圖 1 中，因 $\overline{BH}:\overline{AH} = 1:\sqrt{3}$，$\dfrac{a}{2}:\overline{AH} = 1:\sqrt{3}$

$\overline{AH} = \dfrac{\sqrt{3}}{2}a$　故面積 $= a \times \dfrac{\sqrt{3}}{2}a \times \dfrac{1}{2} = \dfrac{\sqrt{3}}{4}a^2$

(1) ❷　圖 2 中，因為圓心 O 也是 △ABC 的重心（ 瞬解**34** ），故

$\overline{AO}:\overline{OH} = 2:1$

所以，$\overline{AH} = r + \dfrac{r}{2} = \dfrac{3}{2}r$，

由 $\overline{BH}:\overline{AH} = 1:\sqrt{3}$，可算出 $\overline{BH} = \dfrac{\sqrt{3}}{2}r$

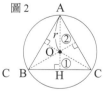

故面積 $= \sqrt{3}r \times \dfrac{3}{2}r \times \dfrac{1}{2} = \dfrac{3\sqrt{3}}{4}r^2$。

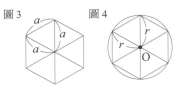

圖 3　　　　圖 4

(2) ❶❷　如圖 3 所示將正六邊形分成 6 個正三角形，則

六邊形面積 $= \dfrac{\sqrt{3}}{4}a^2 \times 6 = \dfrac{3\sqrt{3}}{2}a^2$。又，因圖 4 中 $r = a$，

故 ❷ 也成立。

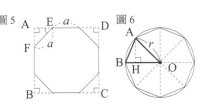

圖 5　　　　圖 6

(3) ❶　如圖 5 所示畫一個正方形 ABCD 圍住正八邊形。

因 $\angle AEF = 45°$，

$\overline{AE} : \overline{EF} = 1 : \sqrt{2}$，$\overline{AE} = \dfrac{\sqrt{2}}{2}a$，

所以正方形的邊長是 $\sqrt{2}a + a$。

又，因正方形四角的 4 個小直角三角形拼起來就等於一個邊長為 a 的正方形，故

正八邊形面積 $= \left(\sqrt{2}a + a\right)^2 - a^2 = 2a^2 + 2\sqrt{2}a^2 + a^2 - a^2 = 2a^2 + 2\sqrt{2}a^2 = 2a^2\left(1 + \sqrt{2}\right)$

(3) ❷　圖 6 中，因 $\angle AOH = 360° \div 8 = 45°$，$\overline{AH} : \overline{AO} = 1 : \sqrt{2}$，可知 $\overline{AH} = \dfrac{\sqrt{2}}{2}r$。

因此，面積 $= r \times \dfrac{\sqrt{2}}{2}r \times \dfrac{1}{2} \times 8 = 2\sqrt{2}r^2$

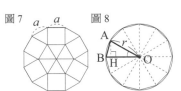

圖 7　　　　圖 8

(4) ❶　如圖 7，將正十二邊形分成 6 個正方形和 12 個正三角形，則

正十二邊形面積 $= 6a^2 + \dfrac{\sqrt{3}}{4}a^2 \times 12 = 3a^2\left(2 + \sqrt{3}\right)$

(4) ❷　如圖 8，因 $\angle AOH = 360° \div 12 = 30°$，$\overline{AH} : \overline{AO} = 1 : 2$，可知 $\overline{AH} = \dfrac{r}{2}$。

因此，面積 $= r \times \dfrac{r}{2} \times \dfrac{1}{2} \times 12 = 3r^2$

自我測驗題

□問題　　如圖所示，求與半徑 8cm 的圓內接之正十二邊形的面積。

（日本大學豐山高等學校）

□解　　根據 **瞬解37** (4) ❷，$3 \times 8^2 = 192\text{cm}^2$

考古題挑戰！

問題　在半徑為 5 的圓上取 A ～ H 將圓周分成 8 等分，然後畫一個正八邊形。求正八邊形 ABCDEFGH 的面積。

（德島縣・改題）

瞬解 **38** 圓與角度①

在解圓與角度的題目時，除了圓周角定理外，還可以利用以下的定理和性質。

(1) 圓內接四邊形的性質
 ❶ 對角和 = 180°（圖 1）
 ❷ 內角＝對角之外角（圖 2）

(2) 弦切角定理
 切線與弦形成的角叫做弦切角（圖 3），弦切角與角內的弧對應之圓周角（圖 4）大小相等（圖 5）。

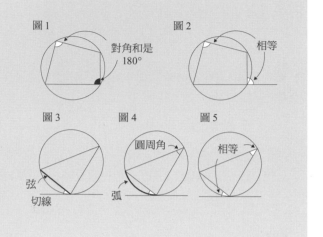

圖1　對角和是180°　　圖2　相等

圖3　弦　切線　　圖4　圓周角　弧　　圖5　相等

😎 你們知道解圓與角度的問題最常用到哪個定理嗎？

🙂 是學校教的圓周角定理吧。

😎 沒錯。這是非常重要的定理，所以我們先來複習一下圓周角定理吧。
所謂的圓周角定理，指的是同一弧對應的圓周角大小永遠固定不變（圖6），且等於該弧對應之圓心角的二分之一（圖7）。那麼問題來了：
請看圖8。請問圖中的 x 是幾度呢？

🙂 140°的二分之一，也就是 70°！

😎 與 $\angle x$ 同一弧的圓心角真的是 140° 嗎？

😮 啊！應該是 220°。也就是說，x 是 110° 才對。

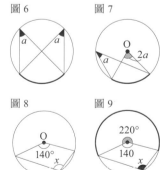

圖6

圖7

圖8

圖9

😎 沒錯。如圖9所示，在思考同一弧對應的圓周角和圓心角時一定要小心這個陷阱。那麼關於本回的瞬解技巧，假如題目出現圓內接四邊形，就可以想想看能否利用 (1) 來解。另外，如果題目中出現「相切」、「切點」、「切線」之類的字眼，則可利用 (2) 並連接圓心與切點製造 90° 來思考。精通圓和角度問題的最好辦法就是多多練習。

瞬解 38　有效的原因

(1) ❶❷　如右圖 1 所示，假設∠A = x，∠BCD = y，則根據圓周
角定理，此二角的圓心角分別是 2x 和 2y。

由於 2x + 2y = 360°，所以 x + y = 180°

此外，因∠BCE = 180°，故∠DCE = x

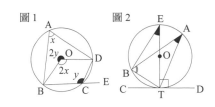

圖 1　　圖 2

(2) 如上方圖 2 所示，作一以直徑 $\overline{ET}$ 為 1 邊的△EBT，則

∠A = ∠E（弧 BT 對應之圓周角）…①　　又，因∠EBT = 90°（半圓弧對應之圓周角），

故∠E + ∠ETB = 180 − 90 = 90°…②　　另一方面，∠BTC + ∠ETB = 90°…③

由①、②、③可知，∠A = ∠E = ∠BTC

🔲 自我測驗題

🔲 問題　　如右圖所示，有一圓內接四邊形 ABCD，直線 $\overleftrightarrow{BP}$ 是與此圓切於點
B 的切線。求∠x 的大小。　　　　　　　　　　　　　　（島根縣）

🔲 解　　　連接點 B 和點 D。因△CBD 為等腰三角形，且根據 瞬解38 (2)，
可知∠CBD = ∠CDB = ∠CBP = 35°，

故可知∠BCD = 180 − 35 × 2 = 110°。

因此，根據 瞬解38 (1) ❶，∠x = 180 − ∠BCD = **70°**

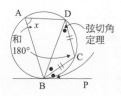

弦切角
定理

和
180°

✏ 考古題挑戰！

問題 1　　如右圖所示，有一圓內接四邊形 ABCD。假設直線 $\overleftrightarrow{BA}$ 與直線 $\overleftrightarrow{CD}$
的交點為 E，直線 $\overleftrightarrow{BC}$ 與直線 $\overleftrightarrow{AD}$ 的交點為 F，求 x 的值。　　（市川高等學校）

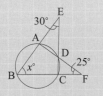

問題 2　　如右圖所示，圓 O 內有一圓內接三角形 ABC，且點 A 之切線與直線
$\overleftrightarrow{BC}$ 交於點 T。請問若∠ATB = 38°，∠TAB 的角度是多少？　　（相洋高等學校）

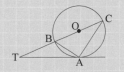

瞬解 **39** 圓與角度②

圓周角的大小與弧長成正比。

在圖 1 中，圓周角 x 的大小為

(1) $180° \times \dfrac{\text{弧 } \overparen{AB} \text{ 的長}}{\text{圓周長}}$

在圖 2 中，$\angle x$ 的大小為

(2) $180° \times \dfrac{\text{弧 } \overparen{AB} \text{ 的長} + \text{弧 } \overparen{CD} \text{ 的長}}{\text{圓周長}}$

圖 1

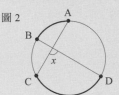

圖 2

首先解釋下定義。通常當我們講「弧」的時候，指的不是較長那邊的弧（正式術語叫優弧），而是較短那邊的弧（正式術語叫劣弧）。還有，上面的瞬解技巧提到的弧長，在實際考試中通常不會直接給你長度，而是告訴你「比」或「～等分」等條件。

那麼讓我們透過下面的練習來看看上面介紹的兩種瞬解技巧吧。

下圖 3 中，點 A～J 將圓的圓周分成 10 等分。請問此時 x、a、b 的角度各是多少呢？

首先請從 a 和 b 的角度開始算吧。

下圖 4 中，因為已知圓心角 $2a = 360° \times \dfrac{4}{10} = 144°$，所以 $a = 144 \div 2 = 72°$

下圖 5 中，因為圓心角 $2b = 360° \times \dfrac{2}{10} = 72°$，所以 $b = 72 \div 2 = 36°$！

然後 x 則如圖 6，$x = a + b = 72 + 36 = 108°$。那再來換用瞬解技巧驗算看看。

$a = 180° \times \dfrac{4}{10} = 72°$，$b = 180° \times \dfrac{2}{10} = 36°$，$x = 180° \times \dfrac{4+2}{10} = 108°$

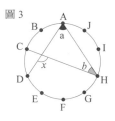

圖 3

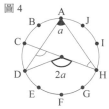

圖 4

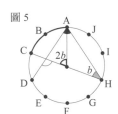

圖 5

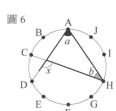

圖 6

瞬解 39 有效的原因

(1) 如右圖所示，先求弧 $\overset{\frown}{AB}$ 的圓心角：

$2x = 360° \times \dfrac{弧 \overset{\frown}{AB} 的長}{圓周長}$，然後等號兩邊同除以 2，

即發現 $x = 180° \times \dfrac{弧 \overset{\frown}{AB} 的長}{圓周長}$

(2) 如右圖所示，假設弧 $\overset{\frown}{CD}$ 的圓周角為 a，弧 $\overset{\frown}{AB}$ 的圓周角為 b，則根據 **瞬解23**

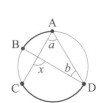

(2) ❶，$x = a + b$。由 (1)，

$x = 180° \times \dfrac{弧 \overset{\frown}{CD} 的長}{圓周長} + 180° \times \dfrac{弧 \overset{\frown}{AB} 的長}{圓周長}$

$= 180° \times \dfrac{弧 \overset{\frown}{AB} 的長 + 弧 \overset{\frown}{CD} 的長}{圓周長}$

◗ 自我測驗題

☐ **問題1** 右圖中，弧 $\overset{\frown}{AB}$ 的長為圓周長的 $\dfrac{1}{5}$。求 $\angle x$ 的角度。（同志社高等學校）

☐ **解** 根據 **瞬解39** (1)，$x = 180 \times \dfrac{1}{5} = \mathbf{36}°$

☐ **問題2** 右圖的點 A、B、C、D、E、F、G、H、I 將圓周分成 9 等分。假設 $\overline{BH}$ 與 $\overline{IE}$ 的交點為 J，請問 $\angle IJH$ 的角度是多少。

（成蹊高等學校）

☐ **解** 根據 **瞬解39** (2)，$\angle IJH = 180 \times \dfrac{1 + 3}{9} = \mathbf{80}°$

✎ 考古題挑戰！

問題 如右圖所示，以線段 $\overline{AB}$ 為直徑的半圓 O 的 $\overset{\frown}{AB}$ 上有 C、D 兩

點，且 $\overset{\frown}{CD} = \overset{\frown}{BD} = \dfrac{1}{6} \overset{\frown}{AB}$。線段 $\overline{AD}$ 與線段 $\overline{OC}$ 的交點為 E。請用 x 表示

$\angle AEC$ 的大小。 （東京都）

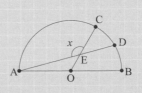

瞬解 **40** 圓與切線

從圓外的 1 點對圓畫 2 條切線。

在圖 1 中，

(1) ❶ $\overline{AP} = \overline{AT}$

❷ $\angle S = 90° - \dfrac{1}{2}\angle A$

圖 2 中，

(2) $\overline{AB} + \overline{DC} = \overline{AD} + \overline{BC}$

又，如圖 3 所示，當梯形 ABCD 有一半徑 r 的內接圓時，

(3) $\overline{AH} \times \overline{BF} = \overline{HD} \times \overline{FC} = r^2$

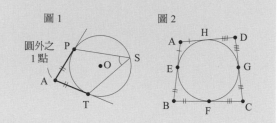

圖 1　圖 2

圖 3

😎 本回的瞬解技巧是關於圓和切線，而三個瞬解技巧的證明基礎則是國中數學課也會教到的 瞬解40 (1) ❶ 的「從圓外 1 點畫出的 2 條切線等長」。你們知道這個定理的證明方法嗎？

🙂 對於△OAP 和△OAT，$\overline{OA}$ 是共邊，且∠OPA = ∠OTA = 90°，$\overline{OP} = \overline{OT}$（半徑），因兩個直角三角形的斜邊和另 1 組對應邊等長，所以
△ OAP ≡ △ OAT，$\overline{AP} = \overline{AT}$

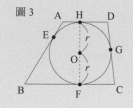

😎 很完美。那麼繼續往下看 (3) 的瞬解技巧吧。其實這個技巧跟另一個我們已經學過的瞬解技巧有很大的關聯。請看右圖。

😲 啊！是 瞬解27 (2) 出現過的傢伙。所以並列邊的積 r^2 才會等於兩側邊的積 $\overline{HD} \times \overline{FC}$ 嗎？

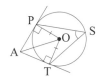

😎 沒錯。同理，因為半圓的左側∠AOB = 90°，所以 $\overline{AH} \times \overline{BF} = r^2$ 也成立。
數學中有很多這種乍看完全沒有關係，但其實很多時候息息相關的東西。發現這些隱藏的聯繫，不也是數學的樂趣之一嗎。

瞬解 40 有效的原因

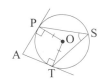

(1) ❷　四邊形 OPAT 中，$\angle POT = 360° - 90 \times 2 - \angle A = 180° - \angle A$。

因此，根據圓周角定理：

$$\angle S = \frac{1}{2}\angle POT = \frac{1}{2}(180° - \angle A) = 90° - \frac{1}{2}\angle A$$

(2) 圖 2 中，因 $\overline{AE} = \overline{AH}$，$\overline{BE} = \overline{BF}$，$\overline{CF} = \overline{CG}$，$\overline{DG} = \overline{DH}$，故

$$\overline{AB} + \overline{DC} = \overline{AE} + \overline{BE} + \overline{CG} + \overline{DG} = \overline{AH} + \overline{BF} + \overline{CF} + \overline{DH} = (\overline{AH} + \overline{DH}) + (\overline{BF} + \overline{CF}) = \overline{AD} + \overline{BC}$$

(3) 因 $\triangle ODH \equiv \triangle ODG$（兩直角三角形的斜邊與另一組對應邊等長），故 $\angle DOH = \angle DOG$。同理，$\triangle OCG \equiv \triangle OCF$，故 $\angle COG = \angle COF$。因 $\angle HOF = 180°$，故可知 $\angle DOH + \angle DOG + \angle COG + \angle COF = 180°$，$\angle DOG + \angle COG = 90°$。因此，由於 $\triangle ODH \backsim \triangle COF$（2 組角相等），所以 $\overline{OH} : \overline{CF} = \overline{HD} : \overline{FO}$，$\overline{HD} \times \overline{FC} = r^2$。同理，因 $\angle BOA = 90°$，故 $\triangle OAH \backsim \triangle BOF$，所以 $\overline{OH} : \overline{BF} = \overline{AH} : \overline{OF}$，可知 $\overline{AH} \times \overline{BF} = r^2$ 成立。

 自我測驗題

□問題　有一直徑為線段 $\overline{AB}$ 的圓 O 和一個四邊形 ABCD，已知 A、B、P 為圓 O 的切點，且 $\overline{AD} = 5$，$\overline{BC} = 3$。求圓 O 的半徑 r。

（專修大學附屬高等學校）

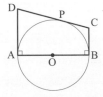

□解　根據 **瞬解 40** **(3)**，$\overline{BC} \times \overline{AD} = r^2$，$15 = r^2$　因 $r > 0$，故

$$r = \sqrt{15}$$

✒ 考古題挑戰！

問題 1　右圖中，直線 $\overleftrightarrow{PA}$ 和 $\overleftrightarrow{PB}$ 分別和圓 O 切於點 A、B。在圓 O 的圓周上取一不跟 A 和 B 重疊的點 C，然後連接點 A 和點 C、點 B 和點 C。若已知 $\angle ACB < 90°$，請問當 $\angle APB = 46°$ 時，$\angle ACB$ 是幾度？ （都立西高等學校）

問題 2　如右圖所示，有一 $\overline{AD} = 3$，$\overline{BC} = 7$，$\overline{AD} \parallel \overline{BC}$，$\overline{AB} = \overline{DC}$ 的梯形 ABCD，且梯形內有一內接圓 O。求圓 O 的半徑。

（桐蔭學園高等學校）

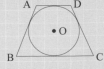

瞬解 41　2圓與平行線

不論2圓交於2點(圖1)，或2圓外切(圖2)，或2圓內切(圖3)，**AD** 和 **CD** 恆平行。

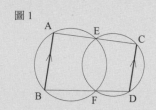
圖1

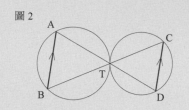
圖2

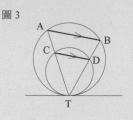
圖3

😎 本回的瞬解技巧是關於兩個圓形成的平行線。首先複習基礎知識。當兩條平行線與同一條直線相交時，會發生三件事。你們能在五秒內告訴我是什麼嗎？

😀 內錯角相等。

😀 還有同位角相等。還有一個是什麼……？

😎 就是 瞬解23 (1)❸ 登場的同側內角和等於 180°。這三件事除了角度問題外，對於證明2直線或2邊的平行關係也是必不可少的，所以請務必記熟。
回到正題。本回的瞬解技巧特別適合用來計算角度問題，另外對求邊長或比的問題也能派上用場。
圖2和圖3中，是不是有一組相似的三角形呢？

😀 圖2和圖3的△ABT 都相似於△CDT！

😎 正確——本來是想這麼說的，但圖2中的頂點並沒有對應呢。

😳 啊！應該是△ABT∽△DCT 才對。

😎 沒錯。圖2因為內錯角相等，所以∠BAT = ∠CDT，∠ABT = ∠DCT，有2組角相等，所以
△ABT∽△DCT
最後稍微講點應用題。有些圖3的問題會像右圖那樣，線段 $\overline{AB}$ 剛好是小
圓的切線。此時△APC 和△CTQ 也是相似三角形。

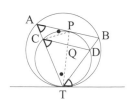

瞬解 41　**有效的原因**

（圖1）　下圖4中，因∠ABF = ∠CEF，∠CEF = ∠CDG（圓內接四邊形的性質），所以
　　　　∠ABF = ∠CDG，由於同位角相等，故 $\overline{AB}$ ∥ $\overline{CD}$。

（圖2）　下圖5中，∠ABT = ∠PTA，∠DCT = ∠QTD（弦切角定理）…①，
　　　　∠PTA = ∠QTD（對頂角）…②
　　　　由①、②，∠ABT = ∠DCT 因內錯角相等，故 $\overline{AB}$ ∥ $\overline{CD}$。

（圖3）　下圖6中，因∠PTD = ∠TCD，∠PTB = ∠TAB（弦切角定理），故∠TCD = ∠TAB，由於同位角
　　　　相等，故 $\overline{AB}$ ∥ $\overline{CD}$。

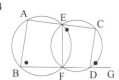
圖4

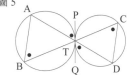
圖5

圖6

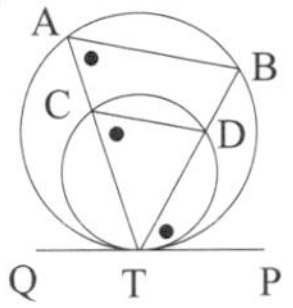

⌒ **自我測驗題**

☐ **問題**　如圖所示，∠ACB = 72°，$\overparen{AB}$: $\overparen{BC}$ = 3 : 2，求∠x 的大小。
　　　　　　　　　　　　　　　　　　　　　　　　　　（明治學院高等學校）

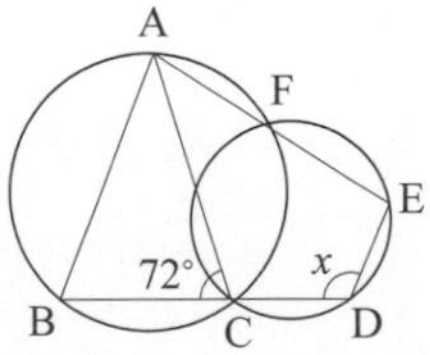

☐ **解**　因圓周角大小與弧長成正比，故∠ACB : ∠BAC = 3 : 2，

　　　　$\angle BAC = \dfrac{2}{3}\angle ACB = 48°$

　　　　因此，可知∠B = 180 − (72 + 48) = 60°，根據 **瞬解41**，

　　　　$\overline{AB}$ ∥ $\overline{ED}$，所以∠B + ∠x = 180°（平行線的同側內角和 = 180°）
　　　　由上，可算出∠x = 180 − 60 = **120°**

✎ **考古題挑戰！**

問題　如右圖所示，有2圓外切於點 P。另有2條通過點 P的直線，
如圖所見與2圓相交於 A、B 和 C、D。請問當∠DPB = 50°，∠PBD
= 70°時，∠ACP 的角度為何？

　　　　　　　　　　　　　　　　　　　　（修道高等學校）

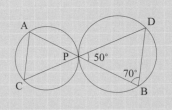

瞬解 **42** 外切的兩圓①

如右圖，圓 P 和圓 Q 同與 2 條夾角為 60° 的射線相切，當圓 P 和圓 Q 外切時，若圓 P 的半徑為 r，則：

(1) **圓 P 的半徑：圓 Q 的半徑**

$= r : 3r = 1 : 3$

(2) **共同的外切線 $\overline{ST} = 2\sqrt{3}\,r$**

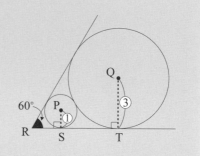

😎 如上圖所見，2 圓跟射線相切，且彼此外切的題目也常常在入學考中出現，且大多數題目中這兩個圓的半徑比都是 1：3。遇到這類問題時，可以利用 30°、60°、90° 的直角三角形。

那我們來練習一下。請不要使用瞬解技巧，算算看上圖的 $\overline{PS} = 2$ 時，圓 Q 的半徑是多少吧。

首先，請問線段 $\overline{PR}$ 的長是多少呢？

😞 ……。

😎 因為 ∠PRS = 30°，所以 △PRS 是 30°、60°、90° 的直角三角形。

🙂 啊，我知道了！因為 $\overline{PS} : \overline{PR}$ 是 1：2，所以 $\overline{PR}$ 等於 4。

😎 正確。那麼接下來假設圓 Q 的半徑為 q，請用 q 來表示線段 $\overline{PQ}$ 的長。

🙂 因為圓心 P 和 Q 在同一條直線上，所以應該是 $2 + q$。

😎 沒錯。然後因為右圖的 △RPS 和 △RQT 有 2 組角相等，是相似三角形。利用這點建構比例式：

$2 : q = 4 : (4 + 2 + q)$ $4q = 2(6 + q)$ $q = 6$

可見 瞬解42 (1) 的 1：3 的確是對的。

另外，有時這類問題的前提會改成只有一條共同切線，且 ∠QRT 為 30° 或 ∠TQP 為 60°；或者直接告訴你 2 圓的半徑比是 1：3。

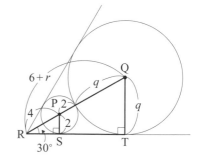

瞬解**42** 有效的原因

(1) 因 2 圓 P 和 Q 外切，故 2 圓的圓心在同一條直線上，且直線 $\overrightarrow{PQ}$ 是 ∠R 的角平分線。因此，可知∠PRS = 30°

若以圓 P 的半徑為 r，圓 Q 的半徑為 q，因△PRS 是 30°、60°、90° 的直角三角形，所以 $\overline{PR} = 2\overline{PS} = 2r$

同理，因△QRT 也是 30°、60°、90° 的直角三角形，

故 $\overline{QR} = 2\overline{QT} = 2q$。另一方面，由於 $\overline{PQ} = r + q$，

而 $\overline{QR} = \overline{PR} + \overline{PQ}$，故由 $2q = 2r + r + q$，整理後可算出 $q = 3r$

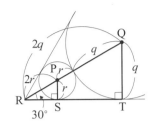

(2) 由 (1)，以圓 P 的半徑為 r，圓 Q 的半徑為 $3r$。如右圖所示，畫直角三角形 QPU，所求之線段 $\overline{ST}$ 的長度與邊 $\overline{PU}$ 相等。

因△QPU∽△QRT（2 組角相等），故可知△QPU 是 30°、60°、90° 的直角三角形，所以：

$$\overline{QU} : \overline{PU} = 1 : \sqrt{3} \qquad 2r : \overline{PU} = 1 : \sqrt{3} \qquad \overline{PU} = 2\sqrt{3}\,r$$

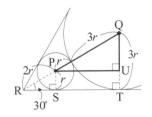

 自我測驗題

□問題　如右圖所示，半徑 1cm 的圓 O 與半徑 3cm 的 O′ 切於點 P。另有一直線 l 為圓 O、O′ 的共同切線，分別與 2 圓切於點 A、B。此時，線段 $\overline{AB}$ 的長度為 □ cm。　（福岡大學附屬大濠高等學校）

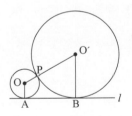

□解　根據 **瞬解42** (2)，$\overline{AB} = 2\sqrt{3} \times 1 = \mathbf{2\sqrt{3}}$（cm）

✎ **考古題挑戰！**

問題　如右圖所示，半徑 2 的圓 O 與半徑 r 的圓 O′ 外切，直線 l 與此 2 圓切於 P、Q 兩點。

[1] 若∠POO′ = 60° 求半徑 r 的長度。

[2] 同 [1]，求 2 圓和直線 l 圍出的斜線部分面積。（圓周率為 π）

（日本大學第二高等學校）

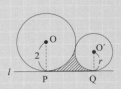

瞬解 **43** 外切的兩圓②

如右圖所示，2 圓 P、Q 與直線 l 分別切於點 S、T，且與直線 m 外切於點 U 時，假設圓 P 的半徑為 r，圓 Q 的半徑為 q，則：

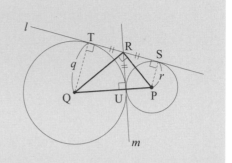

(1) $\angle\mathbf{PRQ} = 90°$

(2) 共同外切線 $\overline{\mathbf{ST}} = 2\sqrt{qr}$

(3) $\triangle\mathbf{PQR} = \dfrac{1}{2}$ 梯形 PSTQ

😎 本回的瞬解技巧跟 **瞬解42** 不一樣，不需要 30° 或 60° 等有關角度的前提條件。
當題目出現 2 圓有一同側的共同外切線 l 或夾著一條共同內切線 m 時，就可以考慮利用此瞬解技巧。

🧒 老師，這次的 **瞬解43** (2) 跟 **瞬解42** (2) 有什麼不同呢？

😎 你注意到一件很重要的事呢。在 **瞬解42** 中，2 圓的半徑固定是 1：3，但這次的 (2) 並沒有特別限制，不管是幾比幾都可以使用。

🧒 那學這個不就夠了嗎？

😎 沒錯。譬如用本回的 (2) 來解 **瞬解42** 的「自我測驗題」就是
$2\sqrt{3\times1} = 2\sqrt{3}$，也會得到相同的答案。不過，有些題目的半徑長可能會需要簡化 $\sqrt{}$，所以用 **瞬解42** (2) 來算稍微輕鬆點。
還有，上圖除了 $\triangle$PQR 是直角三角形外，其實 $\triangle$STU 也是直角三角形。
這點如右圖用圓心 R 的圓來想就很明顯了。因為線段 ST 就是圓 R 的直徑，所以 $\angle$SUT 是 90°。

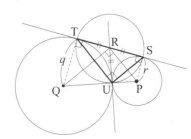

🧒 請問這能用來解什麼樣的問題呢？

😎 這可以用來解某些求面積的問題。
譬如利用當 $\triangle$PQR $\backsim$ $\triangle$STU 時，面積比 = (相似比)² 等性質來計算。

瞬解 **43** 有效的原因

(1) 對於△QRT 和△QRU，因 $\overline{QR}$ 為共邊⋯①，T、U 為圓 Q 的切點，故

∠QTR = ∠QUR = 90°⋯②，$\overline{QT} = \overline{QU}$（圓 Q 的半徑）⋯③

由①、②、③可知，因兩直角三角形之斜邊和另一組對應邊相等，故△QRT ≡ △QRU

因此，∠QRT = ∠QRU。同理，因△PRU ≡ △PRS，故∠PRU = ∠PRS

假設∠QRT = ∠QRU = a，∠PRU = ∠PRS = b，因直線角度為 180°，故 $a + a + b + b = 180°$，

所以∠PRQ = $a + b = 90°$

(2) 如右圖平移線段 $\overline{ST}$，則 $\overline{ST} = \overline{PT'}$

對△TQP 使用畢氏定理：

$$\overline{ST'} = \overline{PT'} = \sqrt{\overline{PQ}^2 - \overline{T'Q}^2} = \sqrt{(r+q)^2 - (q-r)^2} = \sqrt{4qr} = 2\sqrt{qr}$$

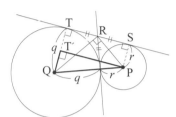

(3) 假設△QRT = △QRU = X，△PRU = △PRS = Y，

則梯形 PSTQ = $2X + 2Y$，△PQR = $X + Y$，

故△PQR = $\dfrac{1}{2}$ 梯形 PSTQ

🔲 自我測驗題

□問題 如圖所見，半徑 9cm 的圓 O_1 和半徑 4cm 的圓 O_2 分別跟直線 l 切於點 A、B，且 2 圓 O_1、O_2 跟直線 l' 切於點 O。若點 C 為直線 l 和 l' 的交點，求△CO_1O_2 的面積。 （早稻田實業高等學校）

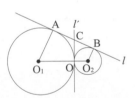

□解 根據 瞬解43 (2)，$\overline{AB} = 2\sqrt{4 \times 9} = 2 \times 6 = 12$，根據 瞬解43 (3)，所求之三角形面積等於

梯形 AO_1O_2B 的 $\dfrac{1}{2}$，故 $\left\{ (4 + 9) \times 12 \times \dfrac{1}{2} \right\} \times \dfrac{1}{2} = \mathbf{39}\,(\mathbf{cm^2})$

 **考古題挑戰！**

問題 ∠B = 90° 的直角三角形△ABC 內有三個內接圓。這三圓彼此外切，切點 P、Q、R 切於邊 $\overline{AB}$。切於點 P、Q 的圓半徑分別為 9、4，且 $2\overline{PQ} = \overline{QR}$。求 $\overline{PQ}$ 的長，以及切於點 R 的圓的半徑。 （東海高等學校）

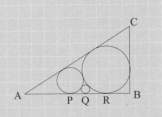

瞬解 **44** 圓冪定理

有圓和另一不在圓周上的點（點 P），當通過點 P 的 2 直線與圓周上的點相交時，從點 P 到圓周上之 2 點的距離之積就叫圓冪，而圓冪的值是固定的。

(1)
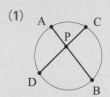
$$\overline{PA} \times \overline{PB} = \overline{PC} \times \overline{PD}$$

(2)
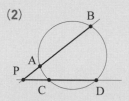
$$\overline{PA} \times \overline{PB} = \overline{PC} \times \overline{PD}$$

(3)
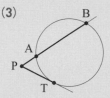
$$\overline{PA} \times \overline{PB} = \overline{PT} \times \overline{PT} = \overline{PT}^2$$

😎 本回介紹的瞬解技巧叫圓冪定理，這是個高中數學才會學到的定理。

🙂 那在高中入學考中何時用得到呢？

😎 最代表性的就是求長的問題，不過日本很多私立高中也會出證明題要你證明上面的公式。所以請務必熟讀，練到能自己寫出後面全部的證明。
回到正題，圓冪定理的證明需要用到三角形的相似。那麼來複習一下！我們知道三角形相似條件中最常用到的就是 2 組角相等（2 組對應角相等），那請問在跟圓有關的證明中，最常用的定理或性質有哪些呢？

😀 是圓周角定理！

🙂 還有 瞬解38 中學到的圓內接四邊形性質和弦切角定理也很常用。

😎 正是這三個。在思考證明題的時候，請務必首先想到這三個性質。

😀 老師。我知道從點 P 到圓周上任意兩點的距離之積叫做圓冪，但在 (3) 的圖中點 P 連到右下方的直線只有一個點 T 而已啊。

😎 關於這點，只要把它想成 (2) 圖中的點 C 和點 D 重疊的情況即可。
那麼，下面請好好熟讀此定理的證明吧。

瞬解 44　有效的原因

(1) 右圖1中，對於△PAD 和△PCB，因∠DAP = ∠BCP（圓周角定理）、
∠APD = ∠CPB（對頂角），有 2 組相等，故△PAD∽△PCB。
所以，由 $\overline{PA} : \overline{PC} = \overline{PD} : \overline{PB}$，可知 $\overline{PA} \times \overline{PB} = \overline{PC} \times \overline{PD}$

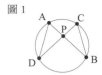

圖 1

(2) 右圖2中，對於△PAC 和△PDB，因∠P 是共角，且∠PAC = ∠PDB（圓內接
四邊形的性質），有 2 組角相等，故△PAC∽△PDB。
所以，由 $\overline{PA} : \overline{PD} = \overline{PC} : \overline{PB}$，可知 $\overline{PA} \times \overline{PB} = \overline{PC} \times \overline{PD}$

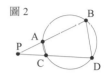

圖 2

(3) 右圖3中，對於△PAT 和△PTB，因∠P 是共角，且∠PTA = ∠PBT（弦切角定
理），有 2 組角相等，故△PAT∽△PTB。
所以，由 $\overline{PA} : \overline{PT} = \overline{PT} : \overline{PB}$，可知 $\overline{PA} \times \overline{PB} = \overline{PT} \times \overline{PT} = \overline{PT}^2$

圖 3

自我測驗題

☐ **問題**　求右圖中 x 的值。
（點 O 為圓心）
（日本大學豐山高等學校）

☐ **解**　根據 瞬解44 (2)，因 $\overline{PA} \times \overline{PB} = \overline{PD} \times \overline{PC}$，
$2 \times (2 + 2x) = 3 \times (3 + 5)$　　$4 + 4x = 24$　　$4x = 20$　　$\boldsymbol{x = 5}$

考古題挑戰！

問題 1　右圖中，A、B、C、D 是圓 O 上的點，點 P 為弦 $\overline{AC}$ 和弦 $\overline{BD}$ 的交
點。求 $\overline{AP} = 6cm$，$\overline{BP} = 4cm$，$\overline{CP} = 2cm$ 時，$\overline{DP}$ 的長是多少？
（明治大學附屬中野高等學校）

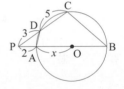

問題 2　如圖所示，平面上有一圓心為點 O 的圓，直線 $\overleftrightarrow{AO}$ 與圓的交點離點
A 由近到遠依序是 B、C。從 A 畫一條此圓的切線，切點為 D。求 $\overline{AB} = 2$，
$\overline{AD} = 4$ 時，圓的半徑是多少？
（洛南高等學校）

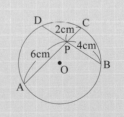

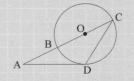

瞬解 **45** 內心、外心

圖1中,三角形內角角平分線的交點 O 叫做內心。而
內心與三角形內接圓的圓心重疊。

假設△ABC的內接圓 O 半徑為 r,則

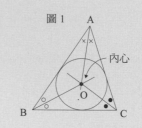

圖1

(1) $\dfrac{r}{2} \times (\triangle ABC\ 的三邊和) = \triangle ABC\ 的面積$

圖2中,三角形各邊之垂直平分線的交點 O 叫做外心。
而外心與三角形外接圓的圓心重疊。

假設△ABC的外接圓 O 半徑為 R,則圖3中

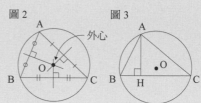

圖2　　圖3

(2) $R = \dfrac{\overline{AB} \times \overline{AC}}{2AH}$

😎 關於內接圓半徑,其實依照三角形的種類存在很多種不同算法。例如等腰三角形可以利用相似來計算。右圖中,因為△ABC 是等腰三角形,所以 $\overline{BH} = \overline{CH} = 3$ 對吧。那你們知道此時 $\overline{AH}$ 的長是多少嗎?

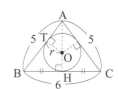

🙂 因為△ABH 的是邊長比 3:4:5 的直角三角形,所以答案是 4。

😎 OK。那麼,圖中哪個三角形跟以內接圓半徑 r 為邊長的三角形相似呢?

🙂 △AOT 和△ABH 相似。

😎 沒有錯。寫出對應邊的比例式,就是 $\overline{AO}:\overline{AB} = \overline{OT}:\overline{BH}$。然後求 $(4 - r):5 = r:3$ 的解,

可知 $r = \dfrac{3}{2}$。除此之外,也可以利用 瞬解29 學過的角平分線性質來算等腰三角形的問題。

右圖中,$\overline{OH}:\overline{AO} = \overline{BH}:\overline{BA} = 3:5$,同樣可得出 $\overline{OH} = 4 \times \dfrac{3}{3 + 5} = \dfrac{3}{2}$ 的答案。

不過這些方法都不適用於普通的三角形。所以這時就輪到萬能的 瞬解45 (1)
出場了。

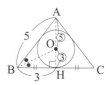

瞬解 **45**　有效的原因

（1）如右圖所示，將△ABC 拆成 3 個高等於內接圓半徑 r 的三角形，則△ABC 的
　　面積即為：

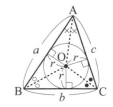

$$△ABC = △OAB + △OBC + △OAC$$

$$= a \times r \times \frac{1}{2} + b \times r \times \frac{1}{2} + c \times r \times \frac{1}{2} = \underbrace{\frac{r}{2}(a + b + c)}_{\text{3 邊的和}}$$

（2）如右圖所示，從頂點 A 畫出直徑 $\overline{AD}$，則

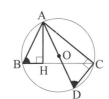

　　因∠B = ∠D（圓周角定理），∠AHB = ∠ACD = 90°（半圓弧的圓周角），可知
　　△ABH∽△ADC（2 組角相等）。

　　所以，$\overline{AB}:\overline{AD} = \overline{AH}:\overline{AC}$ 成立，$\overline{AB}:2R = \overline{AH}:\overline{AC}$

　　由 $2R \times \overline{AH} = \overline{AB} \times \overline{AC}$，$2R = \dfrac{\overline{AB} \times \overline{AC}}{\overline{AH}}$　　　$R = \dfrac{\overline{AB} \times \overline{AC}}{2\overline{AH}}$

📐 自我測驗題

□問題　　如右圖，平面上有一 $\overline{AB} = \overline{AC}$ 的等腰三角形 ABC，且 $\overline{AB} = \overline{AC} =$
　　　　5cm，$\overline{BC} = 6$cm。又，圓 O 為△ABC 的內接圓，點 D 是邊 $\overline{AB}$ 與
　　　　圓 O 的切點。請問此時圓 O 的半徑是幾 cm？　　　　　　（香川縣）

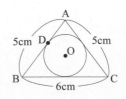

□解　　　如右圖所示，從 A 畫 $\overline{BC}$ 的垂線 $\overline{AH}$，由 $\overline{AB} = 5$cm，$\overline{BH} = 3$cm
　　　　可知△ABH 是邊長比 3：4：5 的直角三角形，故可知 $\overline{AH} = 4$cm。
　　　　假設所求之半徑為 r，則根據 瞬解46 （1），

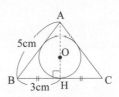

$$\frac{r}{2}(5 + 5 + 6) = 6 \times 4 \times \frac{1}{2}　　　8r = 12　　　r = \frac{3}{2}(\textbf{cm})$$

⚠ 考古題挑戰！

問題　平面上有一邊長 2cm 的正三角形 ABC。如右圖所示，有一圓的圓周通過
三角形的三個頂點 A、B、C，且假設圓心為 P。求線段 $\overline{AP}$ 的長。

（豐島岡女子學園高等學校）

瞬解 46　旁心與海龍公式

(1) 對於右圖的△ABC，∠A 的內角角平分線和∠B 及∠C 的外角角平分線正好交於 1 點，此交點 O 就叫旁心。另以旁心為圓心，與邊 $\overline{BC}$ 及邊 $\overline{AB}$、$\overline{AC}$ 的延長線相切的圓（切點分別為 F、D、E）則叫旁切圓。且旁心與旁切圓存在以下性質：

❶ $a + b + c = 2\overline{AD} = 2\overline{AE}$

❷ $\dfrac{r}{2} \times (-a + b + c) = $△ABC 的面積 （$r$：旁切圓 O 的半徑）

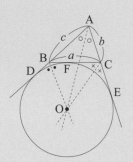

(2) 對於右圖的△ABC，若設 $s = \dfrac{a + b + c}{2}$，則

$$\sqrt{s(s-a)(s-b)(s-c)} = \text{△ABC 的面積}$$

此式俗稱海龍公式。

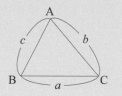

😎 本回的 瞬解46 (1) ❷ 的關係，其實我們之前已經差不多學完了。

😃 是 瞬解45 之 (1)！

😎 沒錯。旁心和海龍公式都是高中數學的範圍，但日本的國私立高中都很喜歡出有關旁心的題目，而海龍公式則是在驗算面積時非常好用。

瞬解 46　有效的原因

(1) ❶　由於 $a = \overline{BF} + \overline{CF} = \overline{BD} + \overline{CE}$，故 $a + b + c = \overline{AD} + \overline{AE}$ … Ⓐ
另一方面，由於從圓外 1 點畫出的兩條圓切線等長，故將 $\overline{AD} = \overline{AE}$ 代入 Ⓐ，
$a + b + c = 2\overline{AD} = 2\overline{AE}$

(1) ❷　△ABC = △ABO + △ACO − △BOC … Ⓑ
從 O 朝切點 D、F、E 畫垂線，假設 $\overline{OD} = \overline{OE} = \overline{OF} = r$，
由於 r 等於△ABO、△ACO、△BOC 的高，故

$$Ⓑ = c \times r \times \frac{1}{2} + b \times r \times \frac{1}{2} - a \times r \times \frac{1}{2} = \frac{1}{2}r(-a + b + c)$$

(2) 右圖中，因 △PBQ∽△BOD（2 組角相等），故 $\overline{PQ}:\overline{BD}=\overline{BQ}:\overline{OD}$ …①

假設 △ABC 的內接圓 P 的半徑為 p，△ABC 的面積為 S，

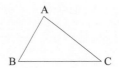

根據 瞬解45 (1)，$\overline{PQ}=p=\dfrac{2S}{a+b+c}$ …②

又，$\overline{AQ}+\overline{AR}=\overline{AB}+\overline{AC}-(\overline{BQ}+\overline{CR})$ …③

此處，因 $\overline{AQ}=\overline{AR}$，$\overline{BQ}=\overline{BT}$，$\overline{CR}=\overline{CT}$，$\overline{BQ}+\overline{CR}=\overline{BT}+\overline{CT}=a$，

故③可重寫成 $2\overline{AQ}=b+c-a$，

$$\overline{AQ}=\frac{b+c-a}{2} \text{，} \overline{BQ}=c-\frac{b+c-a}{2}=\frac{a-b+c}{2} \text{ …④}$$

另一方面，$\overline{BD}=\overline{AD}-\overline{AB}$，因根據 (1) ❶ $\overline{AD}=\dfrac{a+b+c}{2}$，得 $\overline{BD}=\dfrac{a+b-c}{2}$ …⑤

此外，根據 (1) ❷，$S=\dfrac{r}{2}(-a+b+c)$，故 $\overline{OD}=r=\dfrac{2S}{-a+b+c}$ …⑥

將②、④、⑤、⑥代入①，再用外項積＝內項積整理，即可得到

$$\frac{2S}{a+b+c}\times\frac{2S}{-a+b+c}=\frac{a+b-c}{2}\times\frac{a-b+c}{2} \text{。等號兩邊同乘以 } \frac{a+b+c}{2}\times\frac{-a+b+c}{2}\text{，}$$

求 S 的解，因 $S>0$，故 $S=\sqrt{\dfrac{a+b+c}{2}\times\dfrac{-a+b+c}{2}\times\dfrac{a-b+c}{2}\times\dfrac{a+b-c}{2}}$

設 $s=\dfrac{a+b+c}{2}$，則 $S=\sqrt{s(s-a)(s-b)(s-c)}$

 自我測驗題

□ **問題** 　如右圖所示，平面上有一 $\overline{AB}=5$、$\overline{BC}=8$、$\overline{CA}=7$ 的△ABC。求
　　　　　△ABC 的面積。　　　　　　　　　（日本大學第二高等學校・改題）

□ **解** 　　根據 瞬解46 (2)，△ABC 的面積為：

$$\sqrt{10(10-5)(10-8)(10-7)}=\sqrt{10\times5\times2\times3}=\sqrt{5\times2\times5\times2\times3}=5\times2\sqrt{3}=\mathbf{10\sqrt{3}}$$

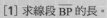 考古題挑戰！

問題 　平面上有一 $\overline{AB}=6cm$、$\overline{BC}=7cm$、$\overline{CA}=5cm$ 的△ABC，且如圖所
示，二圓 O_1、O_2 與 3 條直線 $\overleftrightarrow{AB}$、$\overleftrightarrow{BC}$、$\overleftrightarrow{CA}$ 相切。另，圓 O_2 與直線 $\overleftrightarrow{BC}$ 的
切點為 P。

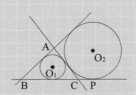

　　[1] 求線段 $\overline{BP}$ 的長。

　　[2] 求圓 O_2 的半徑。　　　　　　　　（大阪教育大學附屬高等學校平野校）

瞬解 **47** 圓錐

(1) 如右圖所示，假設圓錐底面的圓的半徑為 r，母
線為 l，高為 h，圓錐的展開圖的扇形圓心角為 x，
則：

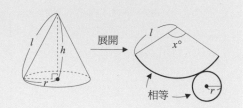

❶ **圓心角** $x = 360 \times \dfrac{r}{l}$ ❷ **側面積** $= \pi l r$

(2) 如右圖所示，使圓錐以頂點 O 為中心滾動，沿著粗線圓滾一圈回

到原位時，圓錐的**滾動圈數** $= \dfrac{l}{r}$ 。

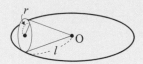

😎 圓錐經常出現在大考的各種題目中。例如畫展開圖時，我們通常首先會計算扇形的圓心角，而此時
若知道 (1) ❶ 的話就能在幾秒內算出來；至於求表面積時，只要知道 ❷ 就能大幅縮短計算時間。

🧒 (2) 主要用在哪些時候呢？

😎 譬如，假設有一個 $r = 4\text{cm}$ 的圓錐在地上滾，滾了三圈後回到原位。而題目要我們算這個圓錐的表面
積，這時應該怎麼做呢？

🧒 底面積是 $16\pi \text{ cm}^2$，側面積則使用 (1) ❷ ……啊！如果用 (2) 的話就能一併知道母線 l 的長，直接算
出側面積。

😎 沒錯！由 (2) 可知因為 $l = r \times$ 滾動圈數，所以母線就等於 $4 \times 3 = 12（\text{cm}）$。
接著再使用 (1) ❷，即可算出側面積 $= \pi \times 12 \times 4 = 48\pi（\text{cm}^2）$，
表面積 $= 16\pi + 48\pi = 64\pi（\text{cm}^2）$ 了。
本回的瞬解技巧同樣很重視原理。請務必熟練到能夠自己推導出來喔。

瞬解 47　有效的原因

(1) ❶　因展開圖的扇形弧長＝底面圓的圓周：

$$2\pi l \times \frac{x}{360} = 2\pi r \qquad l \times \frac{x}{360} = r \qquad l \times x = 360 \times r \qquad x = 360 \times \frac{r}{l}$$

(1) ❷　側面的扇形面積用圓心角 x 表示就是 $\pi l^2 \times \frac{x}{360}$ 。

接著，根據 (1) ❶，代入 $x = 360 \times \frac{r}{l}$ ，

$$\pi l^2 \times \frac{x}{360} = \pi l^2 \times x \times \frac{1}{360} = \pi l^2 \times 360 \times \frac{r}{l} \times \frac{1}{360} = \pi l r$$

(2) 因圓錐底面的圓周×滾動圈數＝圓 O 的圓周：

$$2\pi r \times 滾動圈數 = 2\pi l \qquad r \times 滾動圈數 = l \qquad 滾動圈數 = \frac{l}{r}$$

 自我測驗題

□ **問題**　右圖是圓錐的展開圖，已知底面圓的半徑為 3cm，側面扇形的半徑為 8cm。求扇形的圓心角角度。　　（京都府）

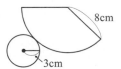

□ **解**　　瞬解47 (1) ❶，所求的圓心角為 $360 \times \frac{3}{8} = \mathbf{135°}$

✎ 考古題挑戰！

問題 1　有一底面圓的半徑 2cm，母線長 $x$cm $(x > 0)$ 的圓錐，其側面展開圖的扇形圓心角為 $y°$。請用 x 表示 y。　　（熊本縣）

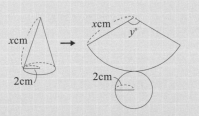

問題 2　如右圖所示，有一底面圓心為 O，半徑 $\overline{OA} = 4$cm 的圓錐。固定圓錐的頂點 P，使其在平面上滾動而不滑動，滾了三圈後點 A 回到最初的位置。

　[1] 圓錐的母線長為 ☐ cm。

　[2] 圓錐的側面積為 ☐ cm²。　　（福岡大學附屬大濠高等學校）

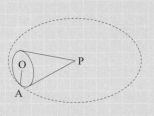

瞬解 **48** 正四面體

邊長為 a 的正四面體有以下性質：

(1) 高 $= \dfrac{\sqrt{6}}{3}a$ (2) 表面積 $= \sqrt{3}a^2$

(3) 體積 $= \dfrac{\sqrt{2}}{12}a^3$ (4) 內接球半徑 $= \dfrac{\sqrt{6}}{12}a$

😎 正四面體是多面體的一種。你們能說出所有正多面體的種類嗎？

🙂 正四面體、正六面體、正八面體、正十二面體、正二十面體。

😎 很完美！其中正四面體和正八面體常在大考出現，而正四面體只要掌握上述 4 點，很多題目都能一瞬間秒解。

☹ 唉──！4 個背不起來啦⋯⋯。

😎 那麼，至少請牢牢記住 (1) 吧。(2) 可以只要將在 瞬解37 (1) ❶ 學過的邊長為 a 的正三角形面積 $\dfrac{\sqrt{3}}{4}a^2$ 乘以 4 倍即可；而 (3) 只要知道底面積是 $\dfrac{\sqrt{3}}{4}a^2$，就能從 (1) 輕鬆導出。然後 (4) 就是 (1) 的 $\dfrac{1}{4}$ 倍。

瞬解 **48** 有效的原因

(1) 從正四面體的頂點朝底面畫垂線，垂線與底面的交點會與底面的重心重疊。

由 瞬解34 (1) 以及右圖可知，① $= \dfrac{\sqrt{3}}{2}a \times \dfrac{1}{1+2} = \dfrac{\sqrt{3}}{6}a$

然後對斜線區域的直角三角形使用畢氏定理：

$$\left(\dfrac{\sqrt{3}}{6}a\right)^2 + h^2 = \left(\dfrac{\sqrt{3}}{2}a\right)^2$$

$$h^2 = \dfrac{2}{3}a^2 \quad 因 h > 0，故 h = \dfrac{\sqrt{2}}{\sqrt{3}}a = \dfrac{\sqrt{6}}{3}a$$

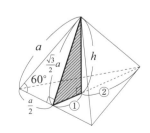

(2) 正四面體是由 4 個正三角形組成的，所以表面積 $= \dfrac{\sqrt{3}}{4}a^2 \times 4 = \sqrt{3}a^2$

(3) 因正四面體的體積就是底面為邊長 a 的正三角形，高為 $\dfrac{\sqrt{6}}{3}a$ 的錐體，故：

$$體積 = \frac{1}{3} \times \frac{\sqrt{3}}{4}a^2 \times \frac{\sqrt{6}}{3}a = \frac{\sqrt{2}}{12}a^3$$

(4) 將邊長 a 的正四面體如右圖用內接球的球心分成 4 個三角錐，則這 4 個三角錐的高都等於此球的半徑 r。因此，由於正四面體 ABCD 的體積就等於這 4 個三角錐的體積和，故：

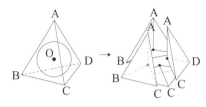

$$體積 = \frac{1}{3} \times \triangle ABC \times r + \frac{1}{3} \times \triangle ACD \times r + \frac{1}{3} \times \triangle ABD \times r + \frac{1}{3} \times \triangle BCD \times r$$

$$\frac{\sqrt{2}}{12}a^3 = \frac{1}{3} \times \frac{\sqrt{3}}{4}a^2 \times r \times 4 \quad \sqrt{2}a^3 = 4\sqrt{3}a^2 r \quad r = \frac{\sqrt{2}a^3}{4\sqrt{3}a^2} = \frac{\sqrt{2}a}{4\sqrt{3}} = \frac{\sqrt{6}}{12}a$$

自我測驗題

□問題 如右圖，空間中有一全邊長都是 6cm 的正四面體 ABCD。假設 E 為邊 $\overline{AD}$ 的中點。求三角錐 ABCE 的體積。　　（埼玉縣·改題）

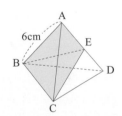

□解 因三角錐 EBCD 的高等於三角錐 ABCD 的 $\dfrac{1}{2}$，故體積也是 $\dfrac{1}{2}$。

根據 **瞬解48**（3），

三角錐 ABCE ＝ 三角錐 EBCD ＝ $\dfrac{\sqrt{2}}{12} \times 6^3 \times \dfrac{1}{2} = \boldsymbol{9\sqrt{2}}$（cm³）

考古題挑戰！

問題 如右圖所示，空間中有一邊長 5cm 的正四面體 ABCD。請回答下列問題。

[1] 從頂點 A 朝底面 BCD 畫垂線 $\overline{AH}$，求 $\overline{AH}$ 的長。

[2] 求正四面體 ABCD 的體積。

[3] 求正四面體 ABCD 之內接球的體積。　　（日本大學習志野高等學校）

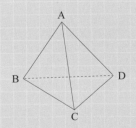

瞬解 **49** 正四角錐

全邊長都是 a 的正四角錐具有以下性質：

(1) 高 $= \dfrac{\sqrt{2}}{2}a$

(2) 表面積 $= a^2 + \sqrt{3}\,a^2$

(3) 體積 $= \dfrac{\sqrt{2}}{6}a^3$

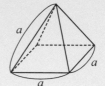

😎 講完正四面體後，緊接著是有關邊長全部相等的正四角錐的瞬解技巧。這裡同樣也請至少牢記 (1) 的部分。如此一來就能迅速導出 (3) 的性質。

另外，(2) 的部分則可透過底面的正方形 + 側面的正三角形 × 4 輕鬆導出。

🙂 老師，正四角錐的內接圓半徑沒有像正四面體那樣的瞬解技巧嗎？

😎 有是有，但公式相當複雜。只要想想「 瞬解48 (4) 有效的原因」就會明白，通常來說，若以錐體內接球的半徑為 r，體積為 V，表面積為 S，則：

$V = \dfrac{1}{3}rS$。而 V 可以用 (3)，S 可用 (2) 求出，如此就能寫出 r 的方程式。

除此之外，我們也可以用截面來思考。以全邊長為 4 的正四角錐的內接球為例：

如右圖畫一個通過球心的截面，此時
$\triangle AOP \backsim \triangle AMQ$（2 組角相等），

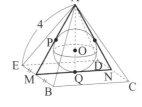
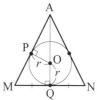

故 $\overline{AO} : \overline{AM} = \overline{OP} : \overline{MQ}$

$\overline{AM} = \sqrt{\overline{AE}^2 - \overline{EM}^2} = \sqrt{4^2 - 2^2} = 2\sqrt{3}$ ，

$\overline{AQ} = \sqrt{\overline{AM}^2 - \overline{MQ}^2} = \sqrt{(2\sqrt{3})^2 - 2^2} = 2\sqrt{2}$ ，可得 $\overline{AO} = 2\sqrt{2} - r$ ，再根據比例式：

$\left(2\sqrt{2} - r\right) : 2\sqrt{3} = r : 2$ ，即可導出 $r = \dfrac{2\sqrt{2}}{\sqrt{3}+1} = \dfrac{2\sqrt{2}\left(\sqrt{3}-1\right)}{\left(\sqrt{3}+1\right)\left(\sqrt{3}-1\right)} = \sqrt{6} - \sqrt{2}$

😣 好、好難……。

瞬解 **49**　有效的原因

(1) 如右圖所示，從 O 朝底面 ABCD 畫垂線 $\overline{OH}$，H 與底面正方形 ABCD 的對角線交點重疊。

由 $\overline{AC} = \sqrt{a^2 + a^2} = \sqrt{2}a$，可知 $\overline{AH} = \dfrac{\sqrt{2}}{2}a$

對 △OAH 使用畢氏定理：

$$\overline{OH} = \sqrt{a^2 - \left(\dfrac{\sqrt{2}}{2}a\right)^2} = \sqrt{\dfrac{2}{4}a^2} = \dfrac{\sqrt{2}}{\sqrt{4}}a = \dfrac{\sqrt{2}}{2}a$$

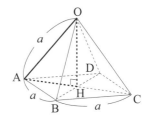

※上圖中，$\overline{AH}$ 必然等於 $\overline{OH}$。
原因請參照 P.180。

(2) 表面積 = 底面積 + 側面積 $= a^2 + \dfrac{\sqrt{3}}{4}a^2 \times 4 = a^2 + \sqrt{3}a^2$

(3) 體積 $= \dfrac{1}{3} \times$ 底面積 $\times$ 高 $= \dfrac{1}{3} \times a^2 \times \dfrac{\sqrt{2}}{2}a = \dfrac{\sqrt{2}}{6}a^3$

自我測驗題

□問題　如右圖所示，空間中有一全邊長皆為 12cm 的正四角錐 OABCD。求正四角錐 OABCD 的體積。　（日本大學豐山女子高等學校）

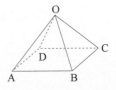

□解　根據 瞬解**49** **(3)**，

正四角錐 OABCD $= \dfrac{\sqrt{2}}{6} \times 12^3 = \mathbf{288\sqrt{2}}$（cm³）

考古題挑戰！

問題 1　求下圖之正四角錐的體積。
（專修大學附屬高等學校）

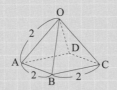

問題 2　如下圖所示，對於全邊長皆為 4cm 的正四角錐，當線段 $\overline{OH}$ 垂直於底面 ABCD 時，$\overline{OH}$ 的長是多少？
（山梨縣・改題）

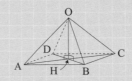

瞬解 **50** 正八面體

全邊長皆為 a 的正八面體存在以下性質：

(1) 對角線 $= \sqrt{2}\,a$ (2) 表面積 $= 2\sqrt{3}\,a^2$

(3) 體積 $= \dfrac{\sqrt{2}}{3}a^3$ (4) 內接球半徑 $= \dfrac{\sqrt{6}}{6}a$

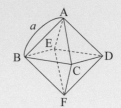

😎 講完全邊等長的正四角錐後，接下來講正八面體的瞬解技巧。
考考你們！上圖的正八面體中藏著 3 個邊長 a 的正方形。請問它們在哪裡？

🙂 第一個是四邊形 BCDE！

🙂 另一個是四邊形 AEFC。那最後一個在哪裡呢？

😎 還有一個是四邊形 ABFD。
右邊的 3 個正方形在大考中對解題非常重要。
例如請看看 ❸ 的正方形 ABFD。
有時大考的題目會要你計算∠BAD 的角度，而
此時只要知道 ❸ 的正方形，就能馬上知道答案
是 90°。

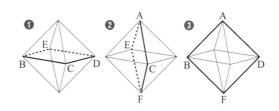

😣 正四面體、正四角錐、正八面體，種類太多了好容易搞混喔。

😎 那麼，我們來看看這幾種立體的瞬解技巧彼此的關聯吧。
因為正八面體其實就是 2 個全邊等長的正四角錐組合而成，所以 瞬解50 之 (1) 和 (3)，
就等於 瞬解49 之 (1) 和 (3) 乘以 2 倍。還有，瞬解48 (1) 乘以 $\dfrac{1}{4}$ 就是 瞬解48 之 (4)，
而 瞬解48 (4) 乘以 2 就是 瞬解50 之 (4)。
可以像這樣用關聯的方式來記憶不同立體的瞬解技巧。

🙂 原來如此！這樣我應該記得住了。

瞬解 50 有效的原因

(1) 圖中，因為四邊形 ABFD 是邊長 a 的正方形，故△AFD 就是 $\overline{AD} : \overline{DF} : \overline{AF} = 1 : 1 : \sqrt{2}$ 的等腰直角三角形。所以 $\overline{AF} = \sqrt{2}\,a$

(2) 表面積 = 邊長 a 的正三角形面積 $\times\, 8 = \dfrac{\sqrt{3}}{4}a^2 \times 8 = 2\sqrt{3}\,a^2$

(3) 體積等於以正方形 BCDE 為底面，A 為頂點，邊長皆為 a 的正四角錐乘以 2。

$$\text{體積} = \frac{1}{3} \times a^2 \times \frac{\sqrt{2}}{2}a \times 2 = \frac{\sqrt{2}}{3}a^3$$

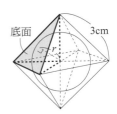

底面　3cm

(4) 將正八面體拆成全等的 8 個底面為邊長 a 之正三角形的三角錐，此時三角錐的高就是內接球半徑。假設球的半徑為 r，則正八面體的體積即是：

$$\frac{1}{3} \times \frac{\sqrt{3}}{4}a^2 \times r \times 8 = \frac{\sqrt{2}}{3}a^3 \qquad 2\sqrt{3}\,a^2 r = \sqrt{2}\,a^3 \qquad r = \frac{\sqrt{2}\,a^3}{2\sqrt{3}\,a^2} = \frac{\sqrt{6}}{6}a$$

 自我測驗題

□**問題**　右圖是邊長為 4 的正八面體。有一球體與此正八面體的 8 個側面剛好相切。求此球的半徑。　　　　　　　　　　（鳥取縣）

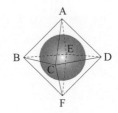

□**解**　根據 **瞬解50** (4)，所求之球的半徑為：$\dfrac{\sqrt{6}}{6} \times 4 = \dfrac{\mathbf{2\sqrt{6}}}{\mathbf{3}}$ **(cm)**

考古題挑戰！

問題　右圖是一邊長 3cm 的正八面體的展開圖。若將此展開圖重組回正八面體，請問：

[1] 此正八面體的體積是多少？

[2] 此正八面體的內接球半徑是多少？　　　　（慶應義塾高等學校）

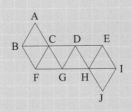

瞬解 51　正四面體、立方體、正八面體的關係

立方體、正四面體、正八面體之間存在以下關係：

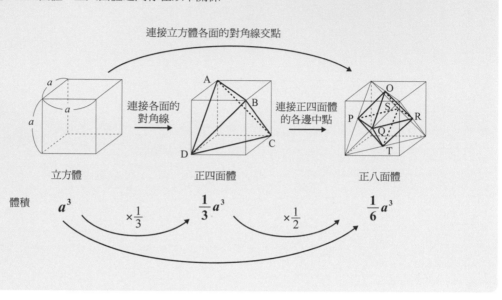

連接立方體各面的對角線交點

連接各面的對角線

連接正四面體的各邊中點

立方體　　　　　正四面體　　　　　正八面體

體積　　　a^3　　$\times \dfrac{1}{3}$　　$\dfrac{1}{3}a^3$　　$\times \dfrac{1}{2}$　　$\dfrac{1}{6}a^3$

👓 除了上述關係外，這裡特別為以私立名校為目標的考生再介紹一個關係。

其實，只要連接正八面體各面的重心（瞬解34），就會變成一個內接於正八面體的立方體，且此立方體的體積是正八面體體積的 $\dfrac{2}{9}$。

🧑 立方體→正四面體→正八面體→再回到立方體，真是不可思議呢。

👓 就是說啊。只要了解這些關係，相信大家就會發現數學的樂趣。

瞬解 51　有效的原因

＜立方體體積＞ $a \times a \times a = a^3$

＜正四面體體積＞

用立方體體積減去 4 個角的 4 個四角錐：

$$體積 = a^3 - \left(\dfrac{1}{3} \times a \times a \times \dfrac{1}{2} \times a \right) \times 4 = a^3 - \dfrac{2}{3}a^3 = \dfrac{1}{3}a^3$$

※因正四面體的邊長為 $\sqrt{2}a$，所以也可利用 瞬解48 （3）。

<正八面體的體積>

如右圖所示，從正上方往下看，則可知正八面體的單邊長是 $\frac{\sqrt{2}}{2}a$。

再根據 瞬解50 (3)，可知體積為：

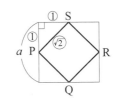

$$\frac{\sqrt{2}}{3} \times \left(\frac{\sqrt{2}}{2}a\right)^3 = \frac{\sqrt{2}}{3} \times \frac{2\sqrt{2}}{8}a^3 = \frac{4}{24}a^3 = \frac{1}{6}a^3$$

 自我測驗題

□問題　右圖的立體 ABCD‐EFGH 是邊長 3cm 的立方體。分別連接點 A 和 C、點 A 和 H、點 A 和 F、點 C 和 F、點 C 和 H、點 F 和 H。

請問三角錐 A‐CHF 的體積是幾 cm³？　　　（都立立川高等學校）

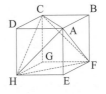

□解　　　根據 瞬解51，可知三角錐 A‐CHF 的體積等於立方體體積的 $\frac{1}{3}$，

即 $3^3 \times \frac{1}{3} = 9\,(\mathbf{cm^3})$

考古題挑戰！

問題1　如右圖所示，連接立方體各面的對角線交點，可以畫出一個正八面體。假設此立方體的體積為 V_1，正八面體的體積為 V_2，請用最簡單整數比寫出 $V_1 : V_2$。　　　（中央大學杉並高等學校）

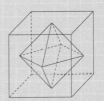

問題2　如右圖所示，空間中有一邊長 $2a$ 的立方體，其 6 面的各對角線交點分別是 A、B、C、D、E、F。以此 6 點為頂點可連成一個正八面體 ABCDEF。請回答下列問題。

　[1] 請用 a 表示正八面體 ABCDEF 的體積 V。

　[2] 請用 a 表示此正八面體的內接球半徑 r。

　　　（專修大學附屬高等學校）

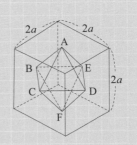

瞬解 52 正四面體、立方體、正八面體的展開圖

〈正四面體〉

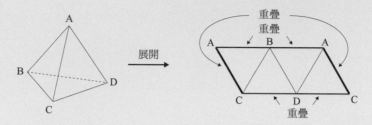

展開

- **透視圖中歪斜的邊**

  展開圖上，2 個正三角形組成之菱形的對邊。

  （例）菱形 ACDB 的邊 $\overline{AC}$ 和邊 $\overline{BD}$

〈立方體〉

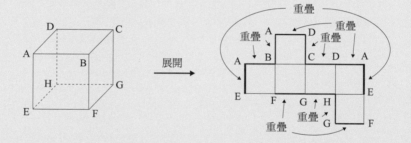

展開

〈正八面體〉

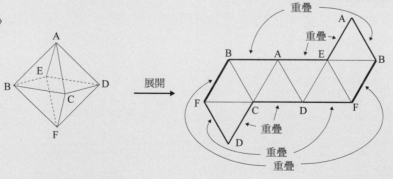

展開

- **透視圖中平行的邊**

  展開圖上，由 3 個正三角形組成之等腰梯形的長相等的邊。

  （例）等腰梯形 BFDA 的邊 $\overline{BF}$ 和邊 $\overline{AD}$

本回的瞬解技巧是關於立體圖形的展開圖。正四面體的展開圖有 2 種，立方體和正八面體各有 11 種。大考中，正四面體的部分常出將 4 個正三角形並排在一起的展開圖，而立方體是第二列有 4 個排成一列的正方形，正八面體則是第二列有 6 個排成一列的正三角形。這幾種展開圖中，長列面最兩側的邊在組合後會重疊在一起。

還有，立方體展開圖的 90° 夾邊以及相鄰的平行邊組合後也會重疊，而正八面體則是 120° 的夾邊以及相鄰邊會重疊。

正八面體的面太多了，我沒有信心能找出展開圖的頂點在哪⋯⋯。

那麼我教你一個祕藏的瞬解技巧吧。首先請看看左邊的正八面體透視圖。在透視圖中，位於同一條對角線上的頂點 A 和 F、B 和 D、以及 C 和 E，在展開圖上必定位於由 2 個正三角形組成的菱形對角上。舉例來說，從頂點 B 和 D 來思考，就會像右圖畫紅線的部分一樣。至於本回瞬解技巧的證明和原理，請自己畫出展開圖，並實際組裝看看吧！

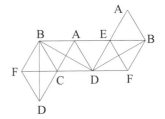

🌓 **自我測驗題**

☐ **問題**　右圖是立方體的展開圖。請問將這個展開圖重新組成立方體時，頂點 A 會跟另外哪兩個點重合？　　　　　　　(岐阜縣)

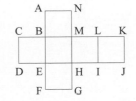

☐ **解**　根據 瞬解52 ，邊 $\overline{AB}$ 會跟邊 $\overline{CB}$ 重疊，邊 $\overline{AN}$ 跟邊 $\overline{KL}$ 重疊，故可知頂點 A 會跟**頂點 C 和頂點 K** 重合。

✏️ **考古題挑戰！**

問題　右圖 I 是邊長為 4 的正八面體，圖 II 則是此正八面體的展開圖。請從圖 II 的①～⑥中選出組裝後會跟頂點 B 重合的點。　　　　　　(鳥取縣)

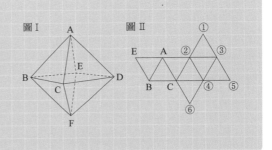

瞬解 53　立方體的截面①

右圖是邊長為 a 的立方體，且當點 P、Q 為中點時：

(1) 四邊形 PAFQ 的面積 $= \dfrac{9}{8}a^2$

(2) 四角錐 B - AFQP 的體積 $= \dfrac{1}{4}a^3$

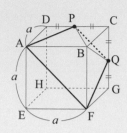

😀 先不要使用瞬解技巧，算算當上圖中的立方體邊長為 8 時，(1)的答案是多少吧。圖中的 $\overline{PA} = \overline{QF}$，故 PAFQ 是一等腰梯形。遇到等腰梯形時，解題的「關鍵」是能否畫出某兩條輔助線，知道是哪兩條嗎？

🧒 上底的頂點 P、Q 到下底的兩條垂線。

😀 沒錯！當看到等腰梯形時，只要像右圖畫兩條垂線，就能找利用兩個全等的直角三角形算出垂線 $\overline{PR}$ 的長。

首先在上圖中，因△PCQ 是 $1:1:\sqrt{2}$ 的直角三角形，故可知 $\overline{PQ} = 4\sqrt{2}$。接著，對△ADP 使用畢氏定理，可知 $\overline{AP} = \sqrt{8^2 + 4^2} = 4\sqrt{5}$。而 $\overline{AF}$ 的部分，因為△AEF 是 $1:1:\sqrt{2}$ 的直角三角形，故 $\overline{AF} = 8\sqrt{2}$，

可知 $\overline{AR} = \overline{SF} = (\overline{AF} - \overline{RS}) \div 2 = \left(8\sqrt{2} - 4\sqrt{2}\right) \div 2 = 2\sqrt{2}$

根據上式，可對△PAR 使用畢氏定理算出 $\overline{PR}$：

$\overline{PR} = \sqrt{\left(4\sqrt{5}\right)^2 - \left(2\sqrt{2}\right)^2} = 6\sqrt{2}$，並算出四邊形 PAFQ 的面積是 $\left(4\sqrt{2} + 8\sqrt{2}\right) \times 6\sqrt{2} \times \dfrac{1}{2} = 72$

用 瞬解53 (1) 驗算，的確是 $\dfrac{9}{8} \times 8^2 = 72$。在大考中，這種類型的截面常常考三角錐台 PCQ - ABF 的體積。那下面來看看此瞬解技巧的證明吧。

瞬解 53　有效的原因

(1) △AEF 和△PCQ 兩者都是 $1:1:\sqrt{2}$ 的直角三角形，故可知 $\overline{AF} = \sqrt{2}a$，

$\overline{PQ} = \dfrac{\sqrt{2}}{2}a$。又，根據畢氏定理，可知 $\overline{AP} = \sqrt{a^2 + \left(\dfrac{a}{2}\right)^2} = \dfrac{\sqrt{5}}{2}a$。

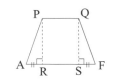

右圖中，$\overline{AR} = \overline{FS} = \left(\sqrt{2}a - \dfrac{\sqrt{2}}{2}a\right) \div 2 = \dfrac{\sqrt{2}}{4}a$

因此，根據畢氏定理，$\overline{PR} = \sqrt{\left(\dfrac{\sqrt{5}}{2}a\right)^2 - \left(\dfrac{\sqrt{2}}{4}a\right)^2} = \dfrac{3\sqrt{2}}{4}a$

所以，四邊形 PAFQ 的面積 $= \left(\dfrac{\sqrt{2}}{2}a + \sqrt{2}a\right) \times \dfrac{3\sqrt{2}}{4}a \times \dfrac{1}{2} = \dfrac{9}{8}a^2$

(2) 所求體積即等於三角錐台 PCQ - ABF 的體積減去三角錐 B - PCQ 的體積。如右圖所示，畫三角錐 O - ABF，因 2 組角相等，故 △OPC∽△OAB，$\overline{OC} : \overline{OB} = \overline{PC} : \overline{AB} = 1 : 2$，可知 $\overline{OB} = 2a$。此時，三角錐台 PCQ - ABF 的體積※即等於三角錐 O - ABF 的體積減去三角錐 O - PCQ 的體積。

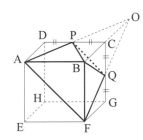

根據以上，可知四角錐 B - AFQP 的體積為：

[三角錐 O - ABF] − [三角錐 O - PCQ] − [三角錐 B - PCQ]

$= \dfrac{1}{3} \times a \times a \times \dfrac{1}{2} \times 2a - \dfrac{1}{3} \times \dfrac{a}{2} \times \dfrac{a}{2} \times \dfrac{1}{2} \times a - \dfrac{1}{3} \times \dfrac{a}{2} \times \dfrac{a}{2} \times \dfrac{1}{2} \times a = \dfrac{1}{4}a^3$

※根據上式，可知三角錐台 PCQ-ABF 的體積為 $\dfrac{7}{24}a^3$。

 自我測驗題

□ **問題** 如右圖所示，空間中有一邊長 4cm 的立方體 ABCD-EFGH。假設 M、N 分別為邊 $\overline{EF}$、$\overline{EH}$ 的中點。
求四邊形 BDNM 的面積。 （石川縣‧改題）

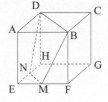

□ **解** 根據 瞬解53 (1)，所求之面積為 $\dfrac{9}{8} \times 4^2 = \mathbf{18\,(cm^2)}$

 考古題挑戰！

問題 空間中有一邊長為 6 的立方體 ABCD - EFGH，且 K 和 L 分別為 $\overline{AD}$、$\overline{DH}$ 的中點。

[1] 求四邊形 KBGL 的面積。
[2] 求四角錐 C - KBGL 的體積。 （城北高等學校）

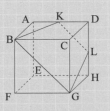

瞬解 **54** 立方體的截面②

如右圖所示，沿一通過 P、Q、F（P、Q 分別是 $\overline{AB}$、$\overline{BC}$ 的中點）三點的平面切開邊長為 a 的立方體時，則頂點為 B 的三角錐具有以下性質：

(1) 表面積 $= a^2$　　　(2) 體積 $= \dfrac{1}{24}a^3$

(3) 從點 B 到面 PFQ 的垂線長 $= \dfrac{1}{3}a$

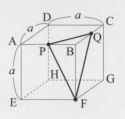

🤓 本回介紹的是展開後會變成某種四邊形的特殊三角錐。提示在 瞬解54 (1) 中。請問哪種四邊形的面積等於某數的平方呢？

🧑 正方形！

🤓 沒錯。邊長 a 的正方形面積等於 a^2。其實包含頂點 B 的三角錐展開後會像右圖那樣，變成一個正方形。
大考中也常常出現只給一張正方形展開圖的題目。遇到這種題目時，只要把它放到立方體內來想，就會變得簡單許多。

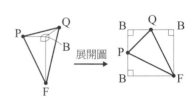

展開圖

🧑 老師，我在大考題目中看過用通過 A、C、F 三點的平面切過立方體的問題，請問這種場合也可以用 瞬解54 (3) 嗎？

🤓 很可惜不行。如右圖所見，當立方體被通過 A、C、F 的平面分割時，從 B 到面 AFC 的垂線長 h，可用三角錐 ABCF 的體積來反推，也就是底面乘以高。而三角錐 ABCF 的體積有兩種算法：

$\dfrac{1}{3} \times \triangle AFC \times h = \dfrac{1}{3} \times \triangle ABC \times \overline{BF}$，然後解此方程式：

$\dfrac{1}{3} \times \dfrac{\sqrt{3}}{4} \times \left(\sqrt{2}a\right)^2 \times h = \dfrac{1}{3} \times a \times a \times \dfrac{1}{2} \times a$ ，得 $h = \dfrac{1}{\sqrt{3}}a = \dfrac{\sqrt{3}}{3}a$

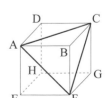

🧑 (3) 是邊長 a 的 $\dfrac{1}{3}$ 倍，而這個則是 $\dfrac{1}{\sqrt{3}}$ 倍啊！

瞬解 **54**	有效的原因

(1) 因展開圖是邊長為 a 的正方形，故表面積就等於正方形面積，也就是 a^2。

(2) 以 $\triangle BPQ$ 為底面，$\overline{BF}$ 為高，則三角錐 F - BPQ 的體積為：

$$\frac{1}{3} \times \frac{a}{2} \times \frac{a}{2} \times \frac{1}{2} \times a = \frac{1}{24} a^3$$

(3) 將 (2) 算得的同一三角錐的體積改以 $\triangle PQF$ 為底面，B 到 $\triangle PQF$ 的垂線 h 為高。此時，$\triangle PQF$ 的面積就等於邊長 a 的正方形面積減去多餘的三角形：

可知 $a^2 - a \times \frac{a}{2} \times \frac{1}{2} \times 2 - \frac{a}{2} \times \frac{a}{2} \times \frac{1}{2} = \frac{3}{8} a^2$，故：

$$\frac{1}{3} \times \frac{3}{8} a^2 \times h = \frac{1}{24} a^3 \quad 3a^2 h = a^3 \quad h = \frac{a^3}{3a^2} \quad h = \frac{1}{3} a \ (a \neq 0)$$

自我測驗題

□ **問題**　如右圖，有一邊長為 10 的正方形紙。
假設 E、F 為邊 $\overline{BC}$、$\overline{CD}$ 的中點，然後沿 $\overline{AE}$、$\overline{EF}$、$\overline{AF}$ 對折，將紙折成三角錐。請回答下列問題。
[1] 求此三角錐的體積。
[2] 若以 $\triangle AEF$ 為底面，求三角錐的高。　（近畿大學附屬高等學校）

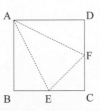

□ **解**　[1] 根據 瞬解54 (2)，$\frac{1}{24} \times 10^3 = \dfrac{125}{3}$

　　　　[2] 根據 瞬解54 (3)，$\frac{1}{3} \times 10 = \dfrac{10}{3}$

✎ 考古題挑戰！

問題　如右圖所示，空間中有一邊長為 12 的正方形 ABCD，且 E 為邊 $\overline{AB}$ 之中點，F 為邊 $\overline{BC}$ 之中點。沿 $\overline{DE}$、$\overline{DF}$、$\overline{EF}$ 對折正方形，使點 A、B、C 重合於 1 點，將正方形折成三角錐。假設此立體圖形上，點 A、B、C 重合的點為 O。
　[1] 求三角錐 O - DEF 的體積。
　[2] 對於三角錐 O - DEF，從頂點 O 畫三角形 DEF 的垂線，假設此線與三角形 DEF 的交點為 H。求 $\overline{OH}$ 的長。　（日本大學第二高等學校）

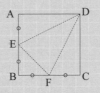

瞬解 **55** 立方體的截面③與球

(1) 如右圖所示，將邊長 a 的立方體沿著通過 P、Q、R、S、T、U（皆為立方體邊的中點）6 個點中任意 3 點的平面切開時，截面必然為正六邊形，且：

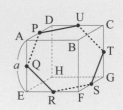

$$\text{正六邊形 PQRSTU 的面積} = \frac{3\sqrt{3}}{4}a^2$$

(2) 如右圖所示，將邊長 a 的立方體沿著通過 A、P、G、Q（P 為 $\overline{EF}$ 的中點，Q 為 $\overline{DC}$ 的中點）4 點的平面切開時，截面必然為菱形，且：

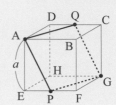

$$\text{菱形 APGQ 的面積} = \frac{1}{2} \times \overline{AG} \times \overline{PQ} = \frac{\sqrt{6}}{2}a^2$$

(3) 如圖 1 所示，邊長 a 的立方體有一內接球 O，且如圖 2 所示此立方體還有一外接球 O′，此時：

$$\text{球 O 的直徑} = a，\text{球 O′ 的直徑} = \sqrt{3}a$$

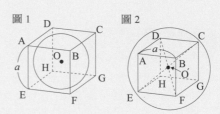

圖 1　　　圖 2

🤓 (1) 的正六邊形也是立方體截面的常見題型（截面為什麼是正六邊形的原因請見右頁的「考古題挑戰！」）。其實本回 (1) 的公式，恰好是必背技巧 **瞬解37** (1) **❶** 的公式乘以 3。
那麼，你們知道 (2) 的菱形 APGQ 的 $\overline{AG}$ 長是多少嗎？

🙂 因為右圖的 $\overline{EG} = \sqrt{2}a$，所以對 △AEG 使用畢氏定理，答案是

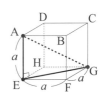

$$\sqrt{a^2 + \left(\sqrt{2}a\right)^2} = \sqrt{3}a \, (a > 0)$$

🤓 完全正確。其實，這裡的 $\sqrt{3}a$ 還會出現在很多地方。像是 (3) 中也出現了對吧。

😄 真的耶。球 O′ 的直徑就跟邊長 a 之立方體的對角線一樣是 $\sqrt{3}a$。

🤓 從圖 1 可以看出球 O 的直徑等於立方體的邊長 a，而從圖 2 中球 O′ 的直徑即是邊長 a 之立方體的對角線 $\sqrt{3}a$。所以請把「$\sqrt{3}a$」這個數字也當成一個瞬解技巧記下來吧！

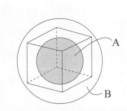

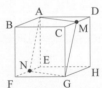

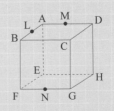

瞬解 55 有效的原因

(1) 因△DPU 是邊長比 $1:1:\sqrt{2}$ 的等腰直角三角形，所以正六邊形的邊長即是 $\sqrt{2}\,\overline{PD} = \dfrac{\sqrt{2}a}{2}$

根據 **瞬解37** (2) **❶**，可知面積 $= \dfrac{3\sqrt{3}}{2} \times \left(\dfrac{\sqrt{2}}{2}a\right)^2 = \dfrac{3\sqrt{3}}{4}a^2$

(2) $\overline{AG}$ 與邊長 a 的立方體對角線相等，即 $\sqrt{3}a$。另一方面，從 Q 畫邊 $\overline{HG}$ 的垂線，並假設此垂線與邊 $\overline{HG}$ 的交點為 R，則因△QRP 是邊長比 $1:1:\sqrt{2}$ 的等腰直角三角形，故 $\overline{QP} = \sqrt{2}\,\overline{QR} = \sqrt{2}\,a$，所以面積 $= \sqrt{3}a \times \sqrt{2}a \times \dfrac{1}{2} = \dfrac{\sqrt{6}}{2}a^2$

自我測驗題

□**問題1** 空間中有一半徑 3 的球 A。如圖所見，球 A 的外側與另一立方體的各面剛好相切。且此立方體的各頂點又跟外側的球 B 剛好相切。求球 B 的半徑。

（東京電機大學附屬高等學校）

□**解** 根據 **瞬解55** (3)，立方體的邊長為 6，而球 B 的半徑為 $6\sqrt{3} \times \dfrac{1}{2} = \mathbf{3\sqrt{3}}$

□**問題2** 如圖所示，空間中有一立方體 ABCD – EFGH。點 M、N 分別是邊 $\overline{CD}$、$\overline{EF}$ 的中點，且 $\overline{AM} = 2\sqrt{5}$ cm。求 A、N、G、M 四點連成的四邊形 ANGM 的面積。

（法政大學第二高等學校）

□**解** 假設△ADM 的 $\overline{MD} = 1$，則 $\overline{AD} = 2$，$\overline{AM} = \sqrt{1^2 + 2^2} = \sqrt{5}$

因此，若立方體的邊長為 a cm，

則 $\overline{AD} : \overline{AM} = 2 : \sqrt{5} = a : 2\sqrt{5}$，可知 $a = 4$（cm）

根據 **瞬解55** (2)，所求的面積為 $\dfrac{\sqrt{6}}{2} \times 4^2 = \mathbf{8\sqrt{6}}$（**cm²**）

考古題挑戰！

問題 右圖的立方體 ABCD – EFGH 中，點 L、M、N 分別是邊 $\overline{AB}$、$\overline{AD}$、$\overline{FG}$ 的中點。假設此立方體之單面面積為 S，用一通過 L、M、N 三點的平面切開此立方體時，截面的面積為 T，

$\dfrac{T}{S} = \boxed{}$ 。

（國學院大學久我山高等學校）

瞬解 56　長方體、三角柱的分割

(1) 如圖 1 所示，長方體分割後有以下性質：

❶ $a + c = b + d$

❷ 體積 = 底面積 × $\dfrac{a + b + c + d}{4}$

圖 1

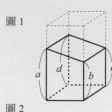

圖 2

(2) 如圖 2 所示，三角柱分割後有以下性質：

體積 = 底面積 × $\dfrac{a + b + c}{3}$

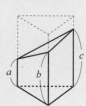

😎 如圖 1 所示，用一不平行於底面的平面切開長方體，則被分割後的長方體體積如 (1) ❷ 所述，等於底面積×高的平均。如右圖所示，只要將分割後的立體圖形複製後倒過來疊上去，就能明白 (1) 的 ❶ 和 ❷ 為什麼成立。

🧒 (2) 的體積也是底面積×高的平均。這也一樣是複製疊上去就好了對嗎？

😎 很遺憾，三角柱的情形沒有那麼簡單。譬如：
假設 $a = 2$，$b = 4$，$c = 6$，且 $\angle DEF = 90°$，$\overline{DE} = 4$，$\overline{EF} = 3$，請試試看不要用瞬解技巧，算出右圖立體的體積。

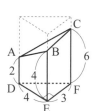

😟 呃——，根本不知道該從哪裡開始算才好……。

😎 當沒辦法直接計算立體的體積時，就把立體拆成幾塊來想。

🧒 啊！可以分成一個三角柱和一個四角錐。

😎 沒錯。如右圖，上面的立體可以分成三角柱 APQ－DEF，以及底面為梯形 BPQC 的四角錐 A－BPQC 來想。於是體積就等於：

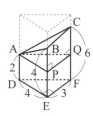

$$3 \times 4 \times \frac{1}{2} \times 2 + \frac{1}{3} \times (2 + 4) \times 3 \times \frac{1}{2} \times 4 = 24$$

用瞬解技巧驗算，答案的確是 $3 \times 4 \times \dfrac{1}{2} \times \dfrac{2 + 4 + 6}{3} = 24$ 沒錯。

瞬解 56 有效的原因

(2) 如右圖所示，分割後的立體可拆成三角柱 APQ - DEF 和底面為梯形 BPQC 的
四角錐 A - BPQC。假設三角柱的底面 △DEF 中，底邊 $\overline{EF}$ 的長是 x，高 $\overline{DH}$ 的
長是 y，則三角柱體積就是：

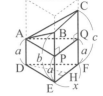

$$\frac{1}{2}xy \times a = \frac{1}{2}axy \cdots ①$$

另一方面，四角錐 A - BPQC 的體積是：

$$\frac{1}{3} \times \{(b-a)+(c-a)\} \times x \times \frac{1}{2} \times y = \frac{1}{6}xy(b+c-2a) \cdots ②$$

$$① + ② = \frac{1}{2}axy + \frac{1}{6}xy(b+c-2a) = \frac{xy(3a+b+c-2a)}{6} = \frac{xy(a+b+c)}{6}$$

$$= \frac{xy}{2} \times \frac{a+b+c}{3} = 底面積 \times \frac{a+b+c}{3}$$

自我測驗題

□ **問題**　如右圖有一高 5cm，底面之一邊長為 $\sqrt{2}$ cm 的正三角柱 ABC - DEF。
在 $\overline{AD}$ 上取一點 P，$\overline{BE}$ 上取一點 Q，使 $\overline{AP}$ = 3cm，$\overline{BQ}$ = 1cm。沿平面
FPQ 切開此立體時，請問含點 A 那方的立體體積是多少？

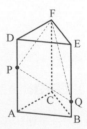

(立命館高等學校・改題)

□ **解**　根據 瞬解37 (1) ❶ 及 瞬解56 (2)，

$$\frac{\sqrt{3}}{4} \times \left(\sqrt{2}\right)^2 \times \frac{5+3+1}{3} = \frac{3\sqrt{3}}{2} \text{ (cm}^3\text{)}$$

 考古題挑戰！

問題　右圖是一 $\overline{AB} = \overline{BC} = 7$cm，$\overline{AE} = 20$cm 的長方體 ABCD - EFGH。在邊 $\overline{AE}$、$\overline{BF}$、
$\overline{CG}$ 上分別取點 K、L、M，使 $\overline{KE} = 3$cm，$\overline{LF} = 5$cm，$\overline{MG} = 9$cm。沿一通過 K、L、M
三點的平面切開此長方體，假設截面與邊 $\overline{DH}$ 的交點為 N。
此時，四邊形 KLMN 為平行四邊形。

　[1] 求線段 $\overline{NH}$ 的長。

　[2] 求立體 KLMN - EFGH 的體積。　　　　　(國立工業・商船・高等專門學校)

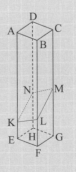

瞬解 **57** 三角錐的分割

如右圖所示，沿平面 PQR 切開三角錐 A - BCD 時，分割後的三角錐具有以下性質：

$$三角錐 A\text{-}PQR = 三角錐 A\text{-}BCD \times \frac{a}{b} \times \frac{c}{d} \times \frac{e}{f}$$

（三角錐 A - PQR：三角錐 A - BCD = $ace : bdf$）

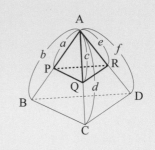

😎 先來確認一下本回瞬解技巧的用法。

上圖中，請問當點 R 和點 D 重合時，

三角錐 A - PQD 是三角錐 A - BCD 的幾倍呢？

🙂 呃——，因為 e 和 f 等長，所以 $\frac{e}{f} = \frac{f}{f} = 1$，是

$\frac{a}{b} \times \frac{c}{d}$ 倍吧。

😎 沒錯！話說回來，$\frac{a}{b} \times \frac{c}{d}$ 這個式子，好像有點眼熟呢。

🙂 在 瞬解35 出現過。

😎 沒錯。這題中若分別以 △APQ 和 △ABC 為三角錐 A - PQD 和三角錐 A - BCD 的底面，那麼因為兩個三角錐等高，體積將完全由底面積決定，所以就變得跟 瞬解35 的公式一樣了。

那再來一題。右圖中，當 $\overline{OP}:\overline{OA} = \overline{OQ}:\overline{OC} = 2:3$，$\overline{OM}:\overline{OD} = 1:2$ 時，請問四角錐 O - PBQM 是四角錐 O - ABCD 的幾倍呢？

🙂 是 $\frac{2}{3} \times \frac{1}{1} \times \frac{2}{3} \times \frac{1}{2} = \frac{2}{9}$ 倍。

😎 可惜！本回的瞬解技巧不能直接用在四角錐上。計算四角錐時要像右圖一樣，先拆成三角錐 O - PBM 和三角錐 O - QBM 後再套用瞬解技巧，也就是

$$\frac{1}{2}\left(\frac{2}{3} \times \frac{1}{1} \times \frac{1}{2}\right) + \frac{1}{2}\left(\frac{2}{3} \times \frac{1}{1} \times \frac{1}{2}\right) = \frac{1}{3}（倍）。$$

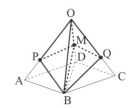

瞬解 57　有效的原因

左頁的瞬解技巧圖例中，分別以△APQ 及△ABC 為三角錐 A－PQR 和三角錐 A－BCD 的底面，那麼兩者

面積的關係，根據 瞬解35 ，就是△APQ ＝△ABC × $\dfrac{a}{b}$ × $\dfrac{c}{d}$

另一方面，右圖中，分別從 R 和 D 畫△APQ 和△ABC 的垂線 $\overline{RH}$ 和 $\overline{DI}$，因
△ARH∽△ADI（2 組角相等），故 $\overline{RH}$：$\overline{DI}$ ＝ $\overline{AR}$：$\overline{AD}$ ＝ e：f

因三角錐 A－PQR 相對於三角錐 A－BCD，底面積是 $\dfrac{a}{b}$ × $\dfrac{c}{d}$ 倍，

高是 $\dfrac{e}{f}$ 倍，所以體積就是 $\dfrac{a}{b}$ × $\dfrac{c}{d}$ × $\dfrac{e}{f}$ 倍。

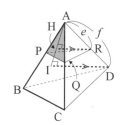

自我測驗題

□問題　右圖是一邊長為 4 的正四面體 ABCD，且 $\overline{AE}$：$\overline{EB}$ ＝ 2：1，
$\overline{AF}$：$\overline{FC}$ ＝ 3：2，$\overline{AG}$：$\overline{GD}$ ＝ 5：7
[1] 求△AEF 的面積。
[2] 求四面體 AEFG 的體積。　　　　（立教新座高等學校）

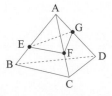

□解　　[1] 根據 瞬解37 (1) ❶，△ABC ＝ $\dfrac{\sqrt{3}}{4}$ × 4² ＝ 4$\sqrt{3}$

另一方面，根據 瞬解35 ，△AEF ＝△ABC × $\dfrac{\overline{AE}}{\overline{AB}}$ × $\dfrac{\overline{AF}}{\overline{AC}}$ ＝ 4$\sqrt{3}$ × $\dfrac{2}{3}$ × $\dfrac{3}{5}$ ＝ $\dfrac{8\sqrt{3}}{5}$

[2] 根據 瞬解48 (3)，正四面體 ABCD 的體積為 $\dfrac{\sqrt{2}}{12}$ × 4³ ＝ $\dfrac{16\sqrt{2}}{3}$

根據 瞬解57 ，所求之體積為 $\dfrac{16\sqrt{2}}{3}$ × $\dfrac{2}{3}$ × $\dfrac{3}{5}$ × $\dfrac{5}{12}$ ＝ $\dfrac{8\sqrt{2}}{9}$

 考古題挑戰！

問題　如圖所示，邊長 4cm 的正四面體 OABC 的邊 $\overline{OA}$、$\overline{OB}$、$\overline{OC}$ 上分別有
點 P、Q、R，且 $\overline{OP}$ ＝ 1cm，$\overline{OQ}$ ＝ 2cm，$\overline{OR}$ ＝ 3cm。求四面體 OPQR 的體積。
（筑波大學附屬駒場高等學校）

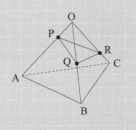

瞬解 58 全邊長相等的多面體之分割

(1) 如圖1，對於邊長為 a 的正四面體 ABCD，假設邊 $\overline{AB}$ 的中點為 M，則：

❶ $\overline{MH} = \dfrac{\sqrt{2}}{2}a$　　❷ △MCD 的面積 $= \dfrac{\sqrt{2}}{4}a^2$

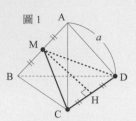

圖1

(2) 如圖2，對於全邊長皆為 a 的正四角錐 O–ABCD，假設邊 $\overline{OA}$ 的中點為 M，邊 $\overline{OD}$ 的中點為 N 時：

四邊形 MBCN 的面積 $= \dfrac{3\sqrt{11}}{16}a^2$

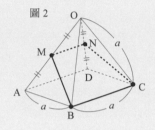

圖2

🤓 (1) 中由於 $\overline{CM} \perp \overline{AB}$、$\overline{DM} \perp \overline{AB}$，故△MCD 與邊 $\overline{AB}$ 垂直，正四面體 ABCD 的體積等於三角錐 AMCD 之體積的 2 倍，這點很重要。所以體積就是：

$\left(\dfrac{1}{3} \times \dfrac{\sqrt{2}}{4}a^2 \times \dfrac{1}{2}a \right) \times 2 = \dfrac{\sqrt{2}}{12}a^3$，導出了跟 瞬解48 (3) 一樣的式子！

其實正四面體的題目中除了 (1) ❷ 以外還有一個常見的題型，那就是截面的

面積。右圖中，$\triangle CMN = \dfrac{\sqrt{11}}{16}a^2$

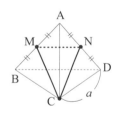

🙂 跟 (2) 的公式好像喔！

🤓 那是因為把 $\overline{MN}$ 當成△CMN 的底邊，則△CMN 的高就是 (2) 的四邊形的高。請參考下面瞬解技巧的證明，試著自己思考一下吧。

瞬解 58 有效的原因

(1) ❶ 圖1 中，$\overline{MC}$ 及 $\overline{MD}$ 的長與邊長 a 的正三角形的高相等，故

$\overline{AM} : \overline{MC} = 1 : \sqrt{3}$，可知 $\dfrac{\sqrt{3}}{2}a$。對△MCH 使用畢氏定理，

$\overline{MH} = \sqrt{\overline{MC}^2 - \overline{CH}^2} = \sqrt{\left(\dfrac{\sqrt{3}}{2}a \right)^2 - \left(\dfrac{1}{2}a \right)^2} = \sqrt{\dfrac{2}{4}a^2} = \dfrac{\sqrt{2}}{2}a$

(1) ❷　$\triangle MCD = \overline{CD} \times \overline{MH} \times \dfrac{1}{2} = a \times \dfrac{\sqrt{2}}{2}a \times \dfrac{1}{2} = \dfrac{\sqrt{2}}{4}a^2$

(2) 圖 2 中，$\overline{MB}$ 及 $\overline{NC}$ 的長與邊長 a 的正三角形的高相等，由 (1) ❶ 可知

$\dfrac{\sqrt{3}}{2}a$。又，因 M、N 分別是 $\overline{OA}$、$\overline{OD}$ 的中點，故根據截線定理，

$\overline{MN}$ 的長 $= \dfrac{1}{2}\overline{AD} = \dfrac{1}{2}a$

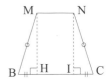

四邊形 MBCN 如右圖是一等腰梯形，故

$\overline{BH} = \overline{CI} = (\overline{BC} - \overline{HI}) \div 2 = \left(a - \dfrac{1}{2}a\right) \div 2 = \dfrac{1}{4}a$

對 $\triangle MBH$ 使用畢氏定理，$\overline{MH} = \sqrt{\left(\dfrac{\sqrt{3}}{2}a\right)^2 - \left(\dfrac{1}{4}a\right)^2} = \sqrt{\dfrac{11}{16}a^2} = \dfrac{\sqrt{11}}{4}a$

由上，可知四邊形 MBCN 的面積 $= \left(\dfrac{1}{2}a + a\right) \times \dfrac{\sqrt{11}}{4}a \times \dfrac{1}{2} = \dfrac{3\sqrt{11}}{16}a^2$

⌓ 自我測驗題

☐ 問題　如右圖有一邊長 4cm 的正四面體 ABCD。假設邊長 $\overline{AB}$ 的中點為
　　　　M，求 $\triangle MCD$ 的面積。

（佐賀縣）

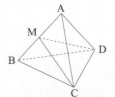

☐ 解　根據 瞬解58 (1) ❷，$\dfrac{\sqrt{2}}{4} \times 4^2 = 4\sqrt{2}$（$cm^2$）

 考古題挑戰！

問題 1　空間中有一如右圖的正四面體 ABCD。分別以 M、N 為邊 $\overline{AB}$、
$\overline{CD}$ 的中點，請問當 $\overline{MN} = \sqrt{2}$ 時，正四面體的邊長 a 是多少？

（巢鴨高等學校）

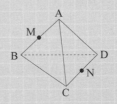

問題 2　如右圖有一全邊長皆為 4cm 的正四角錐 O - ABCD。假設 P 為邊
$\overline{OC}$ 的中點，Q 為邊 $\overline{OD}$ 的中點，則四邊形 ABPQ 的面積為 ☐ cm^2。

（福岡大學附屬大濠高等學校）

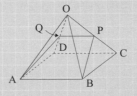

瞬解 **59** 特殊正四角錐與展開圖

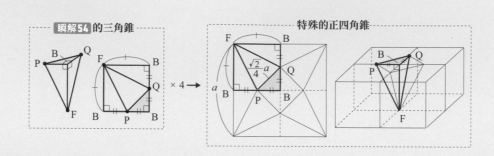

如上圖所示,將 4 個 瞬解54 中展開圖是正方形的三角形拼起來,做成正四角錐時,此四角錐存在以下性質:

(1) 正四角錐的高 = $\dfrac{1}{2}a$　　　(2) 底面之正方形的邊長 = $\dfrac{\sqrt{2}}{4}a$

(3) 表面積 = $\dfrac{1}{2}a^2$　　　(4) 體積 = $\dfrac{1}{48}a^3$

😎 本回的瞬解技巧主要是計算將正方形剪掉 2 個全等直角三角形後,取 4 個同樣的剩餘部分組成的正四角錐,但要注意,此技巧只適用於右圖中的 P、Q 分別是 $\overline{FR}$、$\overline{ER}$ 之中點的情況。

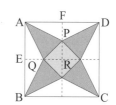

😀 所以若題目沒有說 P、Q 是 $\overline{FR}$、$\overline{ER}$ 中點的話就不能用嗎?

😎 不,只要做完後面的自我測驗題和考古題挑戰就會知道,譬如當題目告訴你右上的圖中 $\overline{AB}=4$,$\overline{FP}=\overline{EQ}=1$ 時,P、Q 就會是 $\overline{FR}$、$\overline{ER}$ 的中點;還有當 $\overline{AB}=4$,$\overline{PQ}=\sqrt{2}$ 的時候,由於 (2) 的底面正方形的邊長 = $\dfrac{\sqrt{2}}{4}\times4=\sqrt{2}$,所以也可以使用這個瞬解技巧。

😀 換言之,要從題目給定的前提條件來思考能不能使用這個瞬解技巧囉。

😎 就是這麼回事。至於此瞬解技巧的證明,相信 (1) 的部分上面的圖已經畫得很清楚了。下一頁我們來看看剩下的部分吧。

(2) 因 $\overline{PB} = \overline{QB} = \dfrac{1}{4}a$，可知△BPQ 是邊長比 $1:1:\sqrt{2}$ 的等腰直角三角形，

　　　故底面之正方形的邊 $\overline{PQ}$ 長為：$\sqrt{2}\,\overline{PB} = \dfrac{\sqrt{2}}{4}a$

(3) 只要將邊長 a 的正方形減去 4 個底邊長為 a、高為 $\dfrac{1}{4}a$ 的兩個全等等腰三角形即可，故

　　　表面積 $= a^2 - a \times \dfrac{1}{4}a \times \dfrac{1}{2} \times 4 = \dfrac{1}{2}a^2$

(4) 因底面積 $= \left(\dfrac{\sqrt{2}}{4}a\right)^2 = \dfrac{1}{8}a^2$，高 $= \dfrac{1}{2}a$，故體積 $= \dfrac{1}{3} \times \dfrac{1}{8}a^2 \times \dfrac{1}{2}a = \dfrac{1}{48}a^3$

自我測驗題

□ **問題**　右圖中，四邊形 ABCD 是邊長 $4\sqrt{2}$ cm 的正方形，△FAB、△GBC、△HCD、△EDA 分別是以邊 $\overline{AB}$、$\overline{BC}$、$\overline{CD}$、$\overline{DA}$ 為底邊的全等等腰三角形。假設 E、F、G、H 四點位於四邊形 ABCD 內，且這 4 個等腰三角形互不重疊。圖中的 ▨ 部分是正方形 ABCD 減去△FAB、△GBC、△HCD、△EDA 後剩下的部分，並以此做一個底面為正方形 EFGH 的正四角錐。已知正方形 EFGH 的邊長為 2cm，求此正四角錐的 **(1)** 表面積 **(2)** 體積。

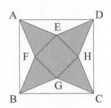

（都立白鷗高等學校）

□ **解**　因四邊形 ABCD 是邊長為 $4\sqrt{2}$ cm 的正方形，正四角錐之底面的正方形邊長等於

$\dfrac{\sqrt{2}}{4} \times 4\sqrt{2} = 2$cm，故可利用 **瞬解59** 。

(1) 表面積 $= \dfrac{1}{2} \times \left(4\sqrt{2}\right)^2 = \mathbf{16}\,(\mathbf{cm^2})$　　　**(2)** 體積 $= \dfrac{1}{48} \times \left(4\sqrt{2}\right)^3 = \dfrac{\mathbf{8\sqrt{2}}}{\mathbf{3}}\,(\mathbf{cm^3})$

考古題挑戰！

問題　如右圖所示，將邊長 $2\sqrt{2}$ cm 的正方形減去圖中斜線部分的全等等腰三角形，用剩下的部分做一個底面之正方形邊長為 1cm 的正四角錐，求此正四角錐的表面積和體積。

（青山學院高等部）

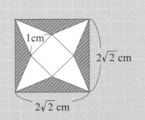

1cm

$2\sqrt{2}$ cm

$2\sqrt{2}$ cm

瞬解 **60** 錐台的體積

如圖1，沿一個與底面平行的平面切開圓錐，做成一個圓錐台；又如圖2，沿一個與底面平行的平面切開正四角錐，做成一個正四角錐台。此時圓錐台的體積和正四角錐台的體積皆為：

$$體積 = \frac{1}{3}h\left(a + b + \sqrt{ab}\right)$$

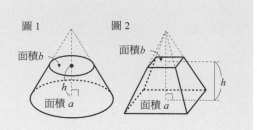

圖1　圖2
面積b　面積b
h
面積a　面積a

😀 首先解釋下基本知識。所謂的錐台，就是沿著與錐體底面平行的平面切開錐體後剩下的部分。例如圓錐切開就叫圓錐台，四角錐切開就叫做四角錐台。

我們先不使用瞬解技巧，算算看右圖3中的圓錐台體積。錐台體積的基本算法是像圖4那樣將錐台還原成被切開前的錐體，再用錐體體積減去多餘的部分。那麼，請問被切開前的圓錐高度是多少呢？

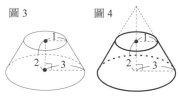

圖3　圖4

😟 請提示一下算法……。

😀 圖5中是不是有一組相似的三角形呢？只要利用這組相似三角形的對應邊寫出比例式，就能算出來囉。

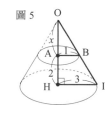

圖5

😀 因為△OAB∽△OHI，所以 $\overline{OA} : \overline{OH} = \overline{AB} : \overline{HI}$。然後因 $x : (x + 2) = 1 : 3$，所以 $3x = x + 2$，$x = 1$，圓錐的高是3！

😀 正確！所以圓錐台的體積就是：$\frac{1}{3}\pi \times 3^2 \times 3 - \frac{1}{3}\pi \times 1^2 \times 1 = \frac{26}{3}\pi$。用瞬解技巧驗算則是：

$\frac{1}{3} \times 2\left(9\pi + \pi + \sqrt{9\pi \times \pi}\right) = \frac{2}{3}(10\pi + 3\pi) = \frac{26}{3}\pi$，也能得到相同的答案。

其實要導出本回的瞬解技巧，必須將 $\dfrac{c}{\sqrt{a} - \sqrt{b}}$ 的分母有理化。遇到這種分數式，我們需要讓 $\sqrt{a} - \sqrt{b}$ 中間的正負號變成 $\sqrt{a} + \sqrt{b}$，故將分母和分子同乘以 $\sqrt{a} + \sqrt{b}$。

瞬解 60　有效的原因

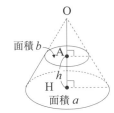

右圖中，切割前底面積為 a、高為 $\overline{OH}$ 的圓錐（假設體積為 V_1），跟被切掉的底面積為 b、高為 $\overline{OA}$ 的圓錐（假設 $\overline{OA} = h'$，體積為 V_2）相似。另一方面，由於相似圖形的面積比等於相似比的平方，故底面積 a 的圓錐和底面積 b 的圓錐之相似比即是 $\sqrt{a} : \sqrt{b}$。因此，由 $\overline{OH} : \overline{OA} = \sqrt{a} : \sqrt{b}$，

$$(h' + h) : h' = \sqrt{a} : \sqrt{b} \qquad \sqrt{a}\,h' = \sqrt{b}\,(h' + h) \qquad h'(\sqrt{a} - \sqrt{b}) = \sqrt{b}\,h$$

可知 $h' = \dfrac{\sqrt{b}\,h}{\sqrt{a} - \sqrt{b}} = \dfrac{\sqrt{b}\left(\sqrt{a} + \sqrt{b}\right)h}{\left(\sqrt{a} - \sqrt{b}\right)\left(\sqrt{a} + \sqrt{b}\right)} = \dfrac{\sqrt{ab}\,h + bh}{a - b}$。因此，所求之體積為：

$$V_1 - V_2 = \frac{1}{3}a\overline{OH} - \frac{1}{3}b\overline{OA} = \frac{1}{3}a(h' + h) - \frac{1}{3}bh' = \frac{1}{3}ah + \frac{1}{3}h'(a - b)$$

$$= \frac{1}{3}ah + \frac{1}{3} \times \frac{\sqrt{ab}\,h + bh}{a - b} \times (a - b) = \frac{1}{3}ah + \frac{1}{3}\sqrt{ab}\,h + \frac{1}{3}bh = \frac{1}{3}h\left(a + b + \sqrt{ab}\right)$$

同理，正四角錐台也適用此瞬解公式。

◖ 自我測驗題

☐ **問題**　求圖中的梯形 ABCD 以直線 l 為軸轉一圈所畫出的立體體積。（圓周率為 π）
（中央大學杉並高等學校）

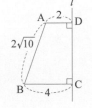

☐ **解**　所形成的立體為圓錐台。從點 A 畫 $\overline{BC}$ 的垂線，設垂線與 $\overline{BC}$ 之交點為 H，對 △ABH 使用畢氏定理，可知

$$\overline{AH} = \sqrt{\overline{AB}^2 - \overline{BH}^2} = \sqrt{\left(2\sqrt{10}\right)^2 - 2^2} = \sqrt{36} = 6$$

根據 瞬解60，所求之體積為：

$$\frac{1}{3} \times 6 \times \left(16\pi + 4\pi + \sqrt{16\pi \times 4\pi}\right) = 2 \times (20\pi + 8\pi) = \mathbf{56\pi}$$

 考古題挑戰！

問題　如右圖，將一個正四角錐沿著與底面平行的平面切開，做成一個高 15cm 的容器。求此容器的體積。
（早稻田實業高等部）

MEMO

數學

瞬解60

解答・
解説

問題 容器 A 有 9% 的食鹽水 400 克，容器 B 內有 4% 的食鹽水 240 克。從容器 A、B 各取出 x 克的食鹽水，將容器 A 取出的食鹽水倒入容器 B，從容器 B 取出的食鹽水倒入容器 A，充分混合後，最終兩個容器內的食鹽水濃度相同。求 x 的值。

（成蹊高等學校）

使用瞬解技巧

根據 瞬解 **1** (2)，$x = \dfrac{400 \times 240}{400 + 240} = \dfrac{\overset{5}{\cancel{400}} \times \overset{30}{\cancel{240}}}{\underset{1}{\cancel{640}}} = 150\,(\text{g})$

答〉 $x = 150$

不用瞬解技巧

假設兩容器中的食鹽水混合後的濃度為 y %，然後用燒杯圖整理，結果就如右圖。用各燒杯中的食鹽量建立聯立方程式：

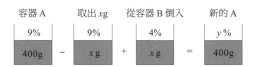

容器 A	取出 xg	從容器 B 倒入	新的 A
9%	9%	4%	y %
400g	x g	x g	400g

容器 B	取出 xg	從容器 A 倒入	新的 B
4%	4%	9%	y %
240g	x g	x g	240g

$$\begin{cases} 400 \times \dfrac{9}{100} - \dfrac{9}{100}x + \dfrac{4}{100}x = 400 \times \dfrac{y}{100} \\ 240 \times \dfrac{4}{100} - \dfrac{4}{100}x + \dfrac{9}{100}x = 240 \times \dfrac{y}{100} \end{cases}$$

解此方程式，得 $x = 150$，$y = 7.125$ **答〉** $x = 150$

問題 已知 x 的 2 次方程式 $x^2 + ax + b = 0$ 的解為 2、3，求 2 次方程式 $x^2 + bx - a = 0$ 的解。

（明治學院高等學校）

使用瞬解技巧

根據 瞬解 **2**，兩解之和 $= 2 + 3 = -a$，故 $a = -5$。兩解之積 $= 2 \times 3 = b$，故 $b = 6$。故可知 $x^2 + bx - a = 0$ 即 $x^2 + 6x + 5 = 0$，因式分解為 $(x+1)(x+5) = 0$ $x = -1$，-5

答〉 $x = -1$，-5

不用瞬解技巧

因 $x^2 + ax + b = 0$ 的解為 2 和 3，故可知 $x^2 + ax + b = 0$ 可寫成 $(x-2)(x-3) = 0$。展開等號左邊，得 $x^2 - 5x + 6 = 0$，比較 $x^2 + ax + b = 0$，即可知 $a = -5$，$b = 6$。所以 $x^2 + bx - a = 0$ 就是 $x^2 + 6x + 5 = 0$，因式分解為 $(x+1)(x+5) = 0$ $x = -1$，-5

答〉 $x = -1$，-5

問題1　已知右表中的 y 與 x 成正比，求 □ 內的數。（宮城縣）

x	$\cdots$	-4	$\cdots$	1	2	3	$\cdots$
y	$\cdots$	□	$\cdots$	3	6	9	$\cdots$

問題2　已知右表中的 y 與 x^2 成正比。求 □ 內的數。（福井縣）

x	0	1	2
y	0	3	□

使用瞬解技巧

解答1　根據 **瞬解 3** (1)，□ : (-4) = 3 : 1　　□ = -12　　　　答〉 -12

解答2　根據 **瞬解 3** (2)，□ : 2^2 = 3 : 1^2　　□ = 12　　　　答〉 **12**

不用瞬解技巧

解答1　將 $x=1$，$y=3$ 代入 $y=ax$，得 $3=a$，可知 $y=3x$。再代入 $x=-4$，得 □ = -12　　　　答〉 -12

解答2　將 $x=1$，$y=3$ 代入 $y=ax^2$，得 $3=a$，可知 $y=3x^2$。再代入 $x=2$，得 □ = 12　　　　答〉 **12**

問題　如右圖所示，在通過點 $(-2，-1)$ 的反比圖形上取一點 P。從點 P 畫一條與 y 軸垂直的直線，此線與 y 軸交於點 Q。假設原點為 O，求三角形 OPQ 的面積。　　　　（豐島岡女子學園高等學校）

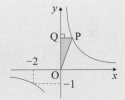

使用瞬解技巧

根據 **瞬解 4** (1)，比例常數 = $-2 \times (-1)$ = 2。從點 P 畫 x 軸的垂線，以交點為 R，則根據 **瞬解 4** (2)，可知長方形 OQPR 的面積為 2。因此，可求出三角形 OPQ 的面積為 1。

答〉 **1**

不用瞬解技巧

將 $x=-2$，$y=-1$ 代入 $y=\dfrac{a}{x}$，得 $-1=-\dfrac{a}{2}$，$a=2$。故可知反比的圖形方程式為 $y=\dfrac{2}{x}$。假設點 P 的 x 坐標為 $t(t>0)$，則 $P\left(t，\dfrac{2}{t}\right)$，故可算出三角形 OPQ 的面積為 $t \times \dfrac{2}{t} \times \dfrac{1}{2} = 1$

答〉 **1**

瞬解 5 ✏️ **考古題挑戰！** **解答・解說** `p.33`

問題 如右圖所示，直線 $y = \frac{4}{3}x + 25$ 與通過原點 O 的直線 l 垂直相交。

若兩線的交點為 P，求點 P 的 x 坐標。

（和洋國府台女子高等學校・改題）

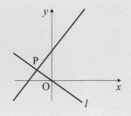

使用瞬解技巧

假設直線 l 的斜率為 a，根據 **瞬解 5** (4)，因 $\frac{4}{3} \times a = -1$，可知 $a = -\frac{3}{4}$，

直線 l 的方程式為 $y = -\frac{3}{4}x$。然後聯立 $y = \frac{4}{3}x + 25$ 和 $y = -\frac{3}{4}x$ 求 x 的坐標，

$\frac{4}{3}x + 25 = -\frac{3}{4}x$，$x = -12$　　※用 **瞬解 5** (3) 驗算：$\dfrac{0-25}{\frac{4}{3}-\left(-\frac{3}{4}\right)} = -12$　　**答〉 -12**

不用瞬解技巧

假設直線 $y = \frac{4}{3}x + 25$ 跟 x 軸、y 軸的交點分別為 A、B。因直線斜率為 $\frac{4}{3}$，可知 $\overline{AO} : \overline{OB} = 3 : 4$，

故根據畢氏定理，可知 △OAB 的邊長 $\overline{AO} : \overline{OB} : \overline{AB} = 3 : 4 : 5$，是一個直角三角形。另一方面，因 △OAB∽△POB（2 角相等），故 $\overline{OB} : \overline{OP} = \overline{AB} : \overline{AO} = 5 : 3$，可知 $25 : \overline{OP} = 5 : 3$，$\overline{OP} = 15$。接著從 P 畫 x 軸的垂線，設交點為 Q，則 △QPO∽△OAB（2 角相等）。由於 $\overline{QO} : \overline{OP} = \overline{OB} : \overline{BA} = 4 : 5$，可知 $\overline{QO} : 15 = 4 : 5$，$\overline{QO} = 12$。因此可算出 P 的 x 坐標為 -12。　　**答〉 -12**

瞬解 6 ✏️ **考古題挑戰！** **解說・解答** `p.35`

問題 請用 k 表示右圖中的三角形 OPQ 的面積。原點為 O。

（明治大學附屬明治高等學校・改題）

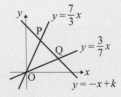

使用瞬解技巧

由 $\frac{7}{3}x = -x + k$，可知 P 的 x 坐標為 $x = \frac{3}{10}k$，P $\left(\frac{3}{10}k, \frac{7}{10}k\right)$。同理，由 $\frac{3}{7}x = -x + k$，

可知 Q 的 x 坐標為 $x = \frac{7}{10}k$，Q $\left(\frac{7}{10}k, \frac{3}{10}k\right)$。根據 **瞬解 6** (2)，

$\triangle OPQ = \frac{1}{2} \times \left|\frac{7}{10}k \times \frac{7}{10}k - \frac{3}{10}k \times \frac{3}{10}k\right| = \frac{1}{2} \times \left|\frac{2}{5}k^2\right| = \frac{1}{2} \times \frac{2}{5}k^2 = \frac{1}{5}k^2$　　**答〉 $\dfrac{1}{5}k^2$**

由 $\frac{7}{3}x = -x + k$，可知 P 的 x 坐標為 $x = \frac{3}{10}k$，P $\left(\frac{3}{10}k, \frac{7}{10}k\right)$。同理，由 $\frac{3}{7}x = -x + k$，

可知 Q 的 x 坐標為 $x = \frac{7}{10}k$，得 Q $\left(\frac{7}{10}k, \frac{3}{10}k\right)$。

假設直線 $\overleftrightarrow{PQ}$ 與 x 軸和 y 軸的交點分別為 R、S，將 $y = 0$ 代入直線 $\overleftrightarrow{PQ}$ 的方程式，可知 R 的 x 坐標為 k，
而 S 的 y 坐標即是直線 $\overleftrightarrow{PQ}$ 的 y 截距 k。
由 $\triangle OPQ = \triangle ORS - \triangle OPS - \triangle OQR$

$$\triangle OPQ = k \times k \times \frac{1}{2} - k \times \frac{3}{10}k \times \frac{1}{2} - k \times \frac{3}{10}k \times \frac{1}{2} = \frac{1}{2}k^2 - \frac{3}{20}k^2 - \frac{3}{20}k^2 = \frac{1}{5}k^2$$

答〉 $\frac{1}{5}k^2$

瞬解 7 **考古題挑戰！** 解答・解説 p.37

問題 右圖的 $\triangle ABC$ 面積被通過原點的直線 l 平分。假設直線 l 與直線 $\overleftrightarrow{AC}$ 的交點為 P，求 P 的坐標。

（國學院久我山高等學校・改題）

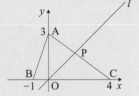

使用瞬解技巧

假設 P 的 x 坐標為 p，根據 **瞬解 7** (2)，$\dfrac{\overline{CP}}{\overline{CA}} \times \dfrac{\overline{CO}}{\overline{CB}} = \dfrac{4-p}{4-0} \times \dfrac{4-0}{4-(-1)} = \dfrac{1}{2}$

由 $\dfrac{4-p}{4} \times \dfrac{4}{5} = \dfrac{1}{2}$，$\dfrac{4-p}{5} = \dfrac{1}{2}$　　$2(4-p) = 5$　　$p = \dfrac{3}{2}$

因直線 $\overleftrightarrow{AC}$ 的方程式為 $y = -\dfrac{3}{4}x + 3$，故可知 P 的 y 坐標 $= \dfrac{15}{8}$

答〉 P $\left(\dfrac{3}{2}, \dfrac{15}{8}\right)$

不用瞬解技巧

因已知 $\triangle ABC$ 的面積為 $\{4 - (-1)\} \times 3 \times \dfrac{1}{2} = \dfrac{15}{2}$，故 $\triangle OPC = \dfrac{15}{2} \times \dfrac{1}{2} = \dfrac{15}{4}$

然後假設 P 的 x 坐標為 p，由直線 $\overleftrightarrow{AC}$ 的方程式 $y = -\dfrac{3}{4}x + 3$，可知 P $\left(p, -\dfrac{3}{4}p + 3\right)$。

然後計算 $\triangle OPC$ 的面積，

$$4 \times \left(-\dfrac{3}{4}p + 3\right) \times \dfrac{1}{2} = \dfrac{15}{4} \quad\quad 2\left(-\dfrac{3}{4}p + 3\right) = \dfrac{15}{4} \quad\quad -\dfrac{3}{2}p + 6 = \dfrac{15}{4} \quad\quad p = \dfrac{3}{2}$$

另一方面，P 的 y 坐標則是 $-\dfrac{3}{4} \times \dfrac{3}{2} + 3 = \dfrac{15}{8}$

答〉 P $\left(\dfrac{3}{2}, \dfrac{15}{8}\right)$

問題 如右圖所示，坐標平面上有一梯形，且 $\overline{AB} = 4$，$\overline{OC} = 20$，$\overline{OA} = \overline{BC} = 10$，點 A 坐標為 $(8, 6)$。求通過點 B 且平分此梯形的直線之方程式。

（明治學院高等學校・改題）

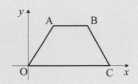

使用瞬解技巧

因 A$(8, 6)$，$\overline{AB} = 4$，可知 B$(12, 6)$，再由 $\overline{OC} = 20$，可知 C$(20, 0)$。根據 **瞬解 8** **(3)**，

因所求之直線通過點 B 和 $\left(\dfrac{0+8+12+20}{4}, \dfrac{0+6+6+0}{4} \right) = (10, 3)$，故將 B$(12, 6)$，$(10, 3)$ 代入

$y = ax + b$，$a = \dfrac{3}{2}$，$b = -12$，可算出直線方程式為 $y = \dfrac{3}{2}x - 12$

答 $y = \dfrac{3}{2}x - 12$

不用瞬解技巧

因 A$(8, 6)$，$\overline{AB} = 4$，可知 B$(12, 6)$，再由 $\overline{OC} = 20$，可知 C$(20, 0)$。另，梯形 OABC

之面積為 $(4 + 20) \times 6 \times \dfrac{1}{2} = 72$，一半就是 36。另一方面，因△OAB 的面積為 $4 \times 6 \times \dfrac{1}{2} = 12$，

可知所求之直線通過點 B 和邊 $\overline{OC}$ 上的某點。在邊 $\overline{OC}$ 上取一點 P$(p, 0)$，

使△BPC $= 36$，則由 $(20 - p) \times 6 \times \dfrac{1}{2} = 36$，可知 $p = 8$

由上，因已知所求之直線通過 B$(12, 6)$，P$(8, 0)$，故將此二點代入 $y = ax + b$，

得 $a = \dfrac{3}{2}$，$b = -12$，可知直線方程式為 $y = \dfrac{3}{2}x - 12$

答 $y = \dfrac{3}{2}x - 12$

問題 如右圖所示，在每格間距為 1cm 的網點紙上，於直線和橫線的交點畫上黑點（·）。在這些點中取出兩點 A、B，且 $\overline{AB} = 4$cm。接著再取一個點 C，使 $\angle CAB = 90°$，$\overline{AC} = n$cm（n 為正整數），並將 A、B、C 三點連成一個直角三角形。假設直角三角形 ABC 的內部和邊上的黑點個數為 N。求 $n = 8$ 時 N 的個數。

（千葉縣・改題）

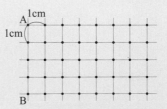

若以 B 為原點，將 C(8, 4) 代入 $y = ax$，得 $a = \dfrac{1}{2}$，可知直線 $\overleftrightarrow{BC}$ 的方程式為 $y = \dfrac{1}{2}x$

當 $0 \leqq x \leqq 8$ 時，線段 $\overline{BC}$ 上的格子點為 $x = 0$，2，4，6，8 這 5 個。因此，根據 **瞬解 9**：

$$N = (4+1) \times (8+1) \times \dfrac{1}{2} + 5 \times \dfrac{1}{2} = 25 \,(\text{個})$$

答〉**25 個**

畫出當 $n = 8$ 時的網格，實際計算格子點的數量。如右圖可算出共有 25 個。

答〉**25 個**

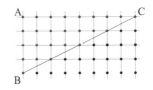

瞬解 10 **考古題挑戰！** **解答・解説**

p.43

問題 對於函數 $y = \dfrac{1}{2}x^2$，x 的值從 a 增加到 -1 時的變化率，

跟 x 從 $a+2$ 增加到 $a+5$ 時的變化率相等。求 a 的值。

（法政大學高等學校）

根據 **瞬解 10** (2)，可知 $\dfrac{1}{2}(a-1) = \dfrac{1}{2}(a+2+a+5)$。等號兩邊同乘以 2，得 $a - 1 = a + 2 + a + 5$，算出 $a = -8$

答〉$a = -8$

因 $y = \dfrac{1}{2}x^2$，當 $x = a$ 時 $y = \dfrac{1}{2}a^2$，當 $x = -1$ 時 $y = \dfrac{1}{2}$，故 x 的增加量為 $-1 - a$，

y 的增加量為 $\dfrac{1}{2} - \dfrac{1}{2}a^2$。同理，當 $x = a+2$ 時 $y = \dfrac{1}{2}(a+2)^2$，當 $x = a+5$ 時 $y = \dfrac{1}{2}(a+5)^2$，

x 的增加量為 $a + 5 - (a+2) = 3$，y 的增加量為 $\dfrac{1}{2}(a+5)^2 - \dfrac{1}{2}(a+2)^2 = 3a + \dfrac{21}{2}$

由於變化率恆相等，故：

$$\dfrac{\dfrac{1}{2} - \dfrac{1}{2}a^2}{-1 - a} = \dfrac{3a + \dfrac{21}{2}}{3} \quad \dfrac{-\dfrac{1}{2}(a+1)(a-1)}{-(a+1)} = \dfrac{3a + \dfrac{21}{2}}{3} \quad \dfrac{1}{2}(a-1) = \dfrac{1}{3}\left(3a + \dfrac{21}{2}\right)，可算出 a = -8$$

答〉$a = -8$

問題1 如右圖所示，函數 $y = -\dfrac{1}{4}x^2 \cdots$① 的圖形和直線 l 相交於 A、B 兩點，且點 A、B 的 x 坐標分別為 -4、8。求直線 l 的方程式。 （宮崎縣）

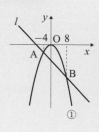

問題2 當 a 為正的常數時，函數 $y = ax^2$ 的圖形上有兩點 A、B。A、B 的 x 坐標分別為 -1、2，且直線 $\overleftrightarrow{AB}$ 的斜率為 $\dfrac{1}{2}$。求 a 的值。

（筑波大學附屬駒場高等學校・改題）

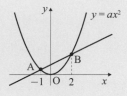

使用瞬解技巧

解答1 根據 瞬解**11** (1)(2)，斜率 $= -\dfrac{1}{4}(-4+8) = -1$，$y$ 截距 $= -\left(-\dfrac{1}{4}\right) \times (-4) \times 8 = -8$

答〉 $y = -x - 8$

解答2 根據 瞬解**11** (1)，$a(-1+2) = \dfrac{1}{2}$。解此方程式，得 $a = \dfrac{1}{2}$

答〉 $a = \dfrac{1}{2}$

不用瞬解技巧

解答1 已知點 A 和 B 的坐標為 A$(-4, -4)$，B$(8, -16)$，將此二坐標代入直線 l 的方程式，解 a、b 的聯立方程式，算出 $a = -1$，$b = -8$

答〉 $y = -x - 8$

解答2 已知點 A 和 B 的坐標為 A$(-1, a)$，B$(2, 4a)$。因變化率 = 直線 $\overleftrightarrow{AB}$ 的斜率，故

$\dfrac{4a - a}{2 - (-1)} = \dfrac{1}{2}$，解此方程式，得 $a = \dfrac{1}{2}$

答〉 $a = \dfrac{1}{2}$

問題 如圖所示，函數 $y = ax^2$ 上有 3 點 A、B、C，點 A 的坐標為 $(-4, 4)$，另兩點 B、C 的 x 坐標分別為 8、6。求 △ABC 的面積。

（近畿大學附屬高等學校）

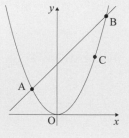

使用瞬解技巧

將 A$(-4, 4)$ 代入 $y = ax^2$，可知 $4 = 16a$，$a = \dfrac{1}{4}$。根據 瞬解**12**，

$\triangle ABC = \dfrac{1}{2} \times \dfrac{1}{4} \times \left\{8 - (-4)\right\} \times (8 - 6) \times \left\{6 - (-4)\right\} = 30$

答〉 **30**

瞬解13 **考古題挑戰！** **解答・解説**

p.49

問題　如圖所示，拋物線 $y = ax^2$ 的圖形上有 A、B、C、D 四個點，此四點之 x 坐標依序為 -2、1、t、$t + 5$。
求 $\overline{AB} /\!/ \overline{CD}$ 時，t 的值是多少？

（中央大學附屬高等學校）

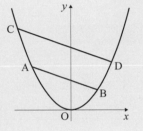

使用瞬解技巧

根據 **瞬解13** (**2**)，$(t + 5) + t = 1 + (-2)$，可知 $t = -3$

答〉 **$t = -3$**

其他解法　（D 的 x 坐標）$-$（B 的 x 坐標）$=$（A 的 x 坐標）$-$（C 的 x 坐標），
故 $(t + 5) - 1 = -2 - t$，可知 $t = -3$

答〉 **$t = -3$**

不用瞬解技巧

A、B、C、D 各點的坐標分別是：A($-2, 4a$)，B($1, a$)，C(t, at^2)，D($t + 5, a(t + 5)^2$)。

因 $\overline{AB}$ 的斜率與 A、B 兩點的變化率相等，故可知 $\dfrac{a - 4a}{1 - (-2)} = -a$

同理，可知 $\overline{CD}$ 的斜率為 $\dfrac{a(t + 5)^2 - at^2}{(t + 5) - t} = \dfrac{10at + 25a}{5} = 2at + 5a$

由 $\overline{AB} /\!/ \overline{CD}$ 可知 $\overline{AB}$ 和 $\overline{CD}$ 的斜率相等，故：

$2at + 5a = -a$　　$2t + 5 = -1 (a \neq 0)$　　$t = -3$

答〉 **$t = -3$**

問題 如右圖所示，在函數 $y = 2x^2$ 和函數 $y = \frac{1}{2}x^2$ 的圖形上取 A、B、C、D 四點，使四邊形 ABCD 為正方形。且 $\overline{AB}$ 與 x 軸平行。若坐標軸的單位長是 1cm，則正方形 ABCD 的面積是 ☐ cm²。　　　　(筑波大學附屬高等學校)

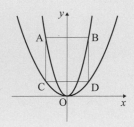

使用瞬解技巧

根據 **瞬解14**，可知點 D 的 x 坐標 $= \dfrac{2}{2 - \frac{1}{2}} = 2 \div \frac{3}{2} = \frac{4}{3}$。另一方面，因點 C 的 x 坐標是 $-\frac{4}{3}$，故正方形

的邊長 $= \dfrac{4}{3} - \left(-\dfrac{4}{3}\right) = \dfrac{8}{3}$ ，可算出 ☐ $= \dfrac{64}{9}$

答〉 $\dfrac{64}{9}$

不用瞬解技巧

設點 D 的 x 坐標為 p，則 $D(p, \frac{1}{2}p^2)$、$B(p, 2p^2)$、$A(-p, 2p^2)$。因四邊形 ABCD

是正方形，故 $\overline{BD} = \overline{AB}$，

$$2p^2 - \frac{1}{2}p^2 = p - (-p) \qquad \frac{3}{2}p^2 = 2p \qquad 3p^2 - 4p = 0 \qquad p(3p-4) = 0 \qquad p = \frac{4}{3}\,(p \neq 0)$$

因此，正方形的邊長 $= 2p = \dfrac{8}{3}$ ，可知 ☐ $= \dfrac{64}{9}$

答〉 $\dfrac{64}{9}$

問題 如圖所示，拋物線 $y = \frac{2}{3}x^2$ 與一斜率為 1 的直線交於 A、B 兩點。且點 A 的 x 坐標小於點 B 的 x 坐標。接著，再從點 B 畫一條 y 軸的垂線，與 y 軸交於點 C。另外，再在拋物線上取一個 x 坐標為正的點 D。結果四邊形 ACBD 為平行四邊形。求點 D 的坐標。　　　　(江戶川學園取手高等學校)

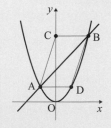

使用瞬解技巧

設點 D 的 x 坐標為 $d\,(d > 0)$，則根據拋物線的對稱性，可知 A 的 x 坐標為 $-d$，

再根據 **瞬解15** (1)，可知 B 的 x 坐標為 $2d$。根據 **瞬解11** (1)，因 $\frac{2}{3}(-d + 2d) = 1$ ，故 $d = \frac{3}{2}$

答〉 $D\left(\dfrac{3}{2}, \dfrac{3}{2}\right)$

不用瞬解技巧

設點 D 的 x 坐標為 $d\,(d > 0)$，則 D $\left(d, \dfrac{2}{3}d^2\right)$、A $\left(-d, \dfrac{2}{3}d^2\right)$。

另一方面，因 $\overline{AD} = \overline{BC}$，故可知 B 的 x 坐標為 $2d$，B $\left(2d, \dfrac{8}{3}d^2\right)$。

由於直線 $\overleftrightarrow{AB}$ 的斜率為 1，故 $\dfrac{\dfrac{8}{3}d^2 - \dfrac{2}{3}d^2}{2d - (-d)} = \dfrac{2d^2}{3d} = 1$。等號兩邊同乘以 $3d$，

$$2d^2 = 3d \qquad 2d^2 - 3d = 0 \qquad d(2d - 3) = 0 \qquad d = \dfrac{3}{2}\,(d \neq 0)$$

答〉 D $\left(\dfrac{3}{2}, \dfrac{3}{2}\right)$

瞬解 16　 考古題挑戰！　解答・解説

p.55

問題　在以點 O 為原點的坐標平面上，有一平方成正比的函數 $y = \dfrac{\sqrt{3}}{2}x^2$ 的圖形拋物線 G。

在拋物線 G 上取兩點 A、B，使三角形 OAB 為正三角形。求點 A、B 的坐標。（點 A 的 x 坐標為正）

（甲陽學院高等學校）

使用瞬解技巧

根據 瞬解16 (1) $\dfrac{\sqrt{3}}{2} \times$（點 A 的 x 坐標）$= \sqrt{3}$，故可知點 A 的 x 坐標為 2，

y 坐標 $= \dfrac{\sqrt{3}}{2} \times 2^2 = 2\sqrt{3}$。另一方面，根據拋物線的對稱性，可知 B 的 x 坐標為 -2，y 坐標為 $2\sqrt{3}$。

答〉 A $\left(2,\ 2\sqrt{3}\right)$，B $\left(-2,\ 2\sqrt{3}\right)$

不用瞬解技巧

如右圖所示，從點 A 畫 x 軸的垂線，設交點為 H。

設點 A 的 x 坐標為 t，則 A 的坐標可表示為 A $\left(t, \dfrac{\sqrt{3}}{2}t^2\right)$。

因 $\triangle OAH$ 是 $30°$、$60°$、$90°$ 的直角三角形，故 $\overline{OH} : \overline{AH} = 1 : \sqrt{3}$，

$t : \dfrac{\sqrt{3}}{2}t^2 = 1 : \sqrt{3}$

由 $\dfrac{\sqrt{3}}{2}t^2 = \sqrt{3}t$，$\sqrt{3}t^2 - 2\sqrt{3}t = 0$　$\sqrt{3}t(t - 2) = 0$

因 $t > 0$，故 $t = 2$

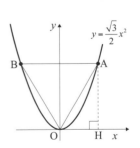

所以，可知 A 的 y 坐標為 $y = \dfrac{\sqrt{3}}{2} \times 2^2 = 2\sqrt{3}$

另一方面，根據拋物線的對稱性，可知 B 的 x 坐標為 -2，y 坐標為 $2\sqrt{3}$。

答〉 A $\left(2,\ 2\sqrt{3}\right)$，B $\left(-2,\ 2\sqrt{3}\right)$

問題 右圖中，O 為原點，A、E 是函數 $y = ax^2$（a 為常數）圖形上的點，六邊形 OABCDE 是正六邊形。
請問若點 C 的坐標為（0,6），a 的值是多少。 （愛知縣 A）

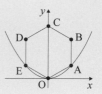

使用瞬解技巧

用對角線將正六邊形分成 6 等分，因 C(0,6)，可知正六邊形的邊長為 3。

根據 瞬解**17**（1），可算出 $a = \dfrac{2}{3 \times 3} = \dfrac{2}{9}$

答〉 $a = \dfrac{2}{9}$

不用瞬解技巧

用對角線將正六邊形分成 6 等分，因 C(0,6)，可知正六邊形的邊長為 3。

從點 A 畫 x 軸的垂線，設與 x 軸的交點為 H，則△OAH 是邊長比 $1 : 2 : \sqrt{3}$ 的直角三角形，故

$\overline{OA} : \overline{AH} = 2 : 1$，$\overline{AH} = \dfrac{1}{2}\overline{OA} = \dfrac{3}{2}$，$\overline{OH} = \sqrt{3}\overline{AH} = \dfrac{3\sqrt{3}}{2}$，可知 A$\left(\dfrac{3\sqrt{3}}{2}, \dfrac{3}{2}\right)$。

將 A 點坐標代入 $y = ax^2$，$\dfrac{3}{2} = a \times \left(\dfrac{3\sqrt{3}}{2}\right)^2$，得 $\dfrac{3}{2} = \dfrac{27}{4}a$，可算出 $a = \dfrac{2}{9}$

答〉 $a = \dfrac{2}{9}$

問題 右圖的拋物線 $y = ax^2$ 通過點（$-3, 3$）。兩圓的圓心 P、Q 為拋物線上的點，且兩點的 x 坐標皆為正。已知圓 P 與 x 軸相切。另 y 軸、直線 l、以及平行於 x 軸的直線 m 皆為兩圓共同的切線。請回答下列問題。

[1] 求圓心 P 的坐標。
[2] 求直線 l 的截距。 （城北高等學校）

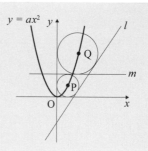

使用瞬解技巧

[1] 將（$-3, 3$）代入 $y = ax^2$，得 $3 = 9a$，可知 $a = \dfrac{1}{3}$。根據 瞬解**18**（1），P 的 x 坐標為 3，

y 坐標為 $\dfrac{1}{3} \times 3^2 = 3$

答〉 **P(3, 3)**

[2] 根據 瞬解**18**（2），可知 Q 的 x 坐標為 6。根據 瞬解**18**（3），因直線 l 的截距與通過 P、Q 兩點的直

線截距一致，故根據 瞬解**11**（2），$-\dfrac{1}{3} \times 3 \times 6 = -6$

答〉 **-6**

[1] 將 $(-3, 3)$ 代入 $y = ax^2$，得 $3 = 9a$，可知 $a = \dfrac{1}{3}$。設點 P 的 x 坐標為 $p\,(p > 0)$，

則 y 坐標為 $\dfrac{1}{3}p^2$。從 P 畫 x 軸和 y 軸的垂線，則此二垂線長皆與 P 的半徑相等，

故 P 的 x 坐標等於 y 坐標：

$$\dfrac{1}{3}p^2 = p \qquad p^2 = 3p \qquad p^2 - 3p = 0 \qquad p(p-3) = 0 \qquad \text{因 } p > 0\text{，故 } p = 3 \qquad\qquad \text{答}\rangle \ \textbf{P(3, 3)}$$

[2] 設點 Q 的 x 坐標為 $q\,(q > 0)$，則 y 坐標為 $\dfrac{1}{3}q^2$。由圖可知，Q 的 y 坐標與圓 P 的直徑 6

和圓 Q 的半徑 q 的和一致，故 $6 + q = \dfrac{1}{3}q^2$。等號兩邊同乘以 3，

$$18 + 3q = q^2 \qquad q^2 - 3q - 18 = 0 \qquad (q-6)(q+3) = 0 \qquad \text{因 } q > 0\text{，故 } q = 6\text{，可知 Q(6, 12)。}$$

另一方面，因通過 P、Q 兩點的直線是 y 軸和直線 l 之夾角的角平分線，故直線 $\overleftrightarrow{PQ}$ 的截距跟直線 l 的截距相同。因此，將 P(3, 3)，Q(6, 12) 代入 $y = ax + b$，得 $a = 3$，$b = -6$，算出截距等於 -6。

$$\text{答}\rangle \ \textbf{-6}$$

瞬解 19 ✎ **考古題挑戰！** **解答・解說** p.61

問題 如圖所示，坐標平面上有一系列由拋物線 $y = ax^2$ 上的點連成折線 $\overline{OP_1}\cdots\overline{P_5P_6}$。線段 $\overline{OP_1}$、$\overline{P_1P_2}$、$\overline{P_2P_3}$、$\cdots$、$\overline{P_5P_6}$ 的斜率為 $\dfrac{1}{2}$ 和 $-\dfrac{1}{2}$ 交錯。求 P_2 和 P_3 的 x 坐標。 （近畿大學附屬高等學校・改題）

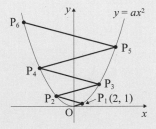

根據 ，P_2 的 x 坐標 $= -2 \times (P_1$ 的 x 坐標$) = -4$，可算出 P_3 的 x 坐標 $= 3 \times (P_1$ 的 x 坐標$) = 6$

$$\text{答}\rangle \ \textbf{P}_2 \textbf{ 的 } \textbf{\textit{x}} \textbf{ 坐標} = \textbf{-4}\textbf{，} \textbf{P}_3 \textbf{ 的 } \textbf{\textit{x}} \textbf{ 坐標} = \textbf{6}$$

將 $P_1(2, 1)$ 代入拋物線方程式 $y = ax^2$，可得 $a = \dfrac{1}{4}$，故 $y = \dfrac{1}{4}x^2$；將 $P_1(2, 1)$ 代入

$y = -\dfrac{1}{2}x + b$，得 $b = 2$，可算出直線 $\overleftrightarrow{P_1P_2}$ 的方程式為 $y = -\dfrac{1}{2}x + 2$。解方程式 $\dfrac{1}{4}x^2 = -\dfrac{1}{2}x + 2$，

可知 P_2 的 x 坐標為 -4。同理，由 $P_2(-4, 4)$ 可知直線 $\overleftrightarrow{P_2P_3}$ 的方程式為 $y = \dfrac{1}{2}x + 6$，解方程式

$\dfrac{1}{4}x^2 = \dfrac{1}{2}x + 6$，可知 P_3 的 x 坐標為 6。 $\qquad\qquad \text{答}\rangle \ \textbf{P}_2 \textbf{ 的 } \textbf{\textit{x}} \textbf{ 坐標} = \textbf{-4}\textbf{，} \textbf{P}_3 \textbf{ 的 } \textbf{\textit{x}} \textbf{ 坐標} = \textbf{6}$

問題 如右圖所示，拋物線 $y = x^2$ 上有兩點 A、B，點 A 的 x 坐標為 -1，直線 $\overleftrightarrow{AB}$ 的斜率為 1。直線 $\overleftrightarrow{OA}$、$\overleftrightarrow{OB}$ 分別與拋物線 $y = \dfrac{3}{2}x^2$ 交於點 C、D。請用最簡單整數比回答 △OAB 和 △OCD 的面積比。 （青山學院高等部）

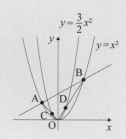

使用瞬解技巧

根據 **瞬解20**，可知 △OAB 和 △OCD 的相似比為 $\dfrac{3}{2}$: $1 = 3 : 2$。因相似圖形的面積比等於相似比的平方，故可知面積比為 9 : 4。

答〉**9 : 4**

不用瞬解技巧

因 A(-1, 1) 且直線 $\overleftrightarrow{AB}$ 的斜率為 1，可知直線 $\overleftrightarrow{AB}$ 的方程式為 $y = x + 2$，與 $y = x^2$ 聯立，可算出 B 的 x 坐標為 2，B(2, 4)。又，因直線 $\overleftrightarrow{OA}$ 的方程式為 $y = -x$，直線 $\overleftrightarrow{OB}$ 的方程式為 $y = 2x$，

兩者分別與 $y = \dfrac{3}{2}x^2$ 聯立，可算出 C 的 x 坐標為 $-\dfrac{2}{3}$，C$\left(-\dfrac{2}{3}, \dfrac{2}{3}\right)$；D 的 x 坐標為 $\dfrac{4}{3}$，D$\left(\dfrac{4}{3}, \dfrac{8}{3}\right)$。

此時，因點 C 到 D 的 x 坐標增加量為 $\dfrac{4}{3} - \left(-\dfrac{2}{3}\right) = 2$，$y$ 坐標的增加量為 $\dfrac{8}{3} - \dfrac{2}{3} = 2$

可知直線 $\overleftrightarrow{CD}$ 的斜率＝變化率＝1，故 $\overleftrightarrow{AB}$ // $\overleftrightarrow{CD}$。

此時，對於 △OAB 和 △OCD，因 ∠O 為共角，∠OAB ＝ ∠OCD（平行線的同位角），有 2 角相等，

故 △OAB ∽ △OCD。$\overline{OB} : \overline{OD} =$（B 的 x 坐標）:（D 的 x 坐標）$= 2 : \dfrac{4}{3} = 3 : 2$，

由於相似圖形的面積比等於相似比的平方，可知面積比為 9 : 4。

答〉**9 : 4**

問題 如右圖所示，在直徑為 $\overline{AB}$ 的半圓 $\overparen{AB}$ 上取一點 C，並畫出直徑為 $\overline{AC}$ 的半圓與直徑為 $\overline{BC}$ 的半圓。$\overline{AC} = 8cm$，$\overline{BC} = 6cm$ 時，求斜線部分的面積。（假設圓周率為 π） （和洋國府台女子高等學校）

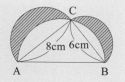

使用瞬解技巧

因 $\overline{AB}$ 是直徑，∠ACB ＝ 90°。根據 **瞬解21** (3)，斜線部分 ＝ △ABC ＝ 24（cm²）

答〉**24 cm²**

不用瞬解技巧

因 $\overline{AB}$ 是直徑，$\angle ACB = 90°$。根據畢氏定理，可知 $\overline{AB} = 10$cm。而斜線部分面積就等於以 $\overline{AC}$ 為直徑的半圓＋以 $\overline{BC}$ 為直徑的半圓－以 $\overline{AB}$ 為直徑的半圓＋△ABC，故：

$$\frac{1}{2}\pi \times 4^2 + \frac{1}{2}\pi \times 3^2 - \frac{1}{2}\pi \times 5^2 + 8 \times 6 \times \frac{1}{2} = 24 \text{（cm}^2\text{）}$$

<答> **24 cm²**

瞬解 22 **考古題挑戰！** 解答・解説 　　　　　　p.67

問題 有一梯形 ABCD 如右圖。點 P 從 D 出發，以每秒 1cm 的速度沿著梯形的邊移動，通過 A、B 兩點移動到 C。假設點 P 從頂點 D 出發 x 秒後的△CDP 面積為 y cm²。請用 x 的函數式分別表示點 P 在邊 $\overline{AB}$ 和邊 $\overline{BC}$ 上移動時的 y。

（兵庫縣・改題）

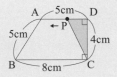

使用瞬解技巧

因為當點 P 在頂點 A 上時，$x = 5$，$y = 10$，故此點可表示為 A(5, 10)。

同理，因 B(10, 16)、C(18, 0)，故根據 **瞬解22** (3)，當點 P 在邊 $\overline{AB}$ 上移動時，

將 A、B 兩點分別代入 $y = ax + b$，可算出 $y = \frac{6}{5}x + 4$；當點 P 在邊 $\overline{BC}$ 上移動時，

將 B、C 兩點分別代入 $y = ax + b$，可算出 $y = -2x + 36$

<答> **在邊 $\overline{AB}$ 上：$y = \frac{6}{5}x + 4$，在邊 $\overline{BC}$ 上：$y = -2x + 36$**

不用瞬解技巧

如右圖所示，當點 P 在 $\overline{AB}$ 上移動時，分別從 A 畫邊 $\overline{BC}$ 的垂線 $\overline{AH}$、從 P 畫邊 $\overline{DC}$ 的垂線 $\overline{PR}$，並以兩條垂線的交點為 Q。因△APQ∽△ABH（因∠A 共角，$\angle AQP = \angle AHB = 90°$，有 2 組角相等），故 $\overline{AP} : \overline{AB} = \overline{PQ} : \overline{BH}$。此時，因 $\overline{AD} + \overline{AP} = x$ cm，故 $\overline{AP} = (x - 5)$ cm，$(x - 5) : 5 = \overline{PQ} : 3$，可知：

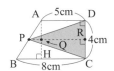

$$\overline{PQ} = \frac{3}{5}x - 3，\overline{PR} = \overline{PQ} + \overline{QR} = \left(\frac{3}{5}x - 3\right) + 5 = \frac{3}{5}x + 2$$

根據以上，可算出當點 P 在邊 $\overline{AB}$ 上移動時，$y = 4 \times \left(\frac{3}{5}x + 2\right) \times \frac{1}{2} = \frac{6}{5}x + 4$

另一方面，當點 P 在邊 $\overline{BC}$ 上移動時，因 $\overline{AD} + \overline{AB} + \overline{BP} = x$ cm，故 $\overline{PC} = (5 + 5 + 8) - x = (18 - x)$cm，

可算出 $y = (18 - x) \times 4 \times \frac{1}{2} = -2x + 36$

<答> **在邊 $\overline{AB}$ 上：$y = \frac{6}{5}x + 4$，在邊 $\overline{BC}$ 上：$y = -2x + 36$**

問題 當右圖中 $l \parallel m$ 時，求 $\angle x$ 的大小。

（千葉縣）

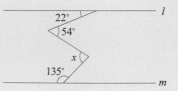

使用瞬解技巧

根據 瞬解23 (3)，因 $22 + x = 54 + (180 - 135)$，故 $x = 77°$　　　答〉 **77°**

不用瞬解技巧

如右圖所示，畫 2 條與直線 l 和 m 平行的輔助線。利用平行線內錯角
相等的性質，可求出 $x = 32 + 45 = 77°$

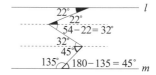

答〉 **77°**

問題1　如下圖所示，若 D 為 $\angle ABC$ 的角平分
線和 $\angle ACT$ 的角平分線的交點，求 $\angle BDC$ 的大小。

（駿台甲府高等學校）

問題2　如下圖所示，$\triangle ABC$ 的 $\angle A = 88°$，且 D
為 $\angle B$ 和 $\angle C$ 之外角的角平分線交點，求 $\angle BDC$
的大小。

（江戶川學園取手高等學校）

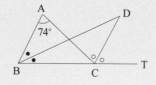

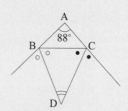

使用瞬解技巧

解答1　根據 瞬解24 (4)，$\angle BDC = \dfrac{74}{2} = 37°$　　　答〉 **37°**

解答2　根據 瞬解24 (6)，$\angle BDC = \dfrac{180 - 88}{2} = 46°$　　　答〉 **46°**

解答1 設 ● = a，○ = b，對於△ABC 的∠C 之外角，因 74 + 2a = 2b，可知 2b − 2a = 74，b − a = 37°…①。另一方面，對於△DBC 的∠C 之外角，因∠BDC + a = b，可得∠BDC = b − a。將①代入，得 ∠BDC = 37°

答〉**37°**

解答2 設 ○ = a，● = b。因△ABC 的外角和 = 360°，故

$$2a + 2b + (180 - 88) = 360° \qquad 2a + 2b = 268 \qquad a + b = 134° \cdots ①$$

因∠BDC = 180 − (a + b)，代入①，得∠BDC = 46°

答〉**46°**

瞬解25 考古題挑戰！ 解答・解説

p.73

問題 如右圖有一△ABC。從頂點 B、C 分別向 $\overline{AC}$、$\overline{AB}$ 畫垂線，與 $\overline{AC}$、$\overline{AB}$ 交於 D、E，且線段 $\overline{BD}$ 和線段 $\overline{CE}$ 的交點為 F。請問當 $\overline{AC}$ = 6cm，$\overline{BE}$ = 5cm，∠ABC = 45° 時，線段 $\overline{AF}$ 有多長？

（茨城縣）

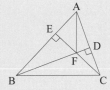

使用瞬解技巧

根據 **瞬解25** (2)，如右圖所示，可畫出兩個以 $\overline{AF}$ 及 $\overline{BC}$ 為直徑的四點共圓。因 ∠ABC = 45°，可知△EBC 為等腰直角三角形，∠BCE = 45°。根據圓周角定理， ∠BCE = ∠BDE = ∠EAF = 45°，

故可知△AEF 是邊長比 1：1：$\sqrt{2}$ 的等腰直角三角形。另一方面，對△AEC 使用 畢氏定理，可知 $\overline{AE} = \sqrt{\overline{AC}^2 - \overline{EC}^2} = \sqrt{6^2 - 5^2} = \sqrt{11}$（cm），故

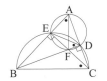

$$\overline{AF} = \sqrt{2}\,\overline{AE} = \sqrt{22}\text{（cm）}$$

答〉$\sqrt{22}$ **cm**

不用瞬解技巧

因∠BEC = ∠BDC = 90°，由圓周角定理反推，可知 B、C、D、E 四點同在一以 $\overline{BC}$ 為直徑的圓上。又， 因∠AEF = ∠ADF = 90°，可知點 E 和 D 同在一以 $\overline{AF}$ 為直徑的圓上。根據以上，可如上面瞬解解法的圖 所示畫出 2 個四點共圓。因∠ABC = 45°，

可知△EBC 是等腰直角三角形，∠BCE = 45°。根據圓周角定理，∠BCE = ∠BDE = ∠EAF = 45°

故可知△AEF 是邊長比 1：1：$\sqrt{2}$ 的等腰直角三角形。另一方面，

對△AEC 使用畢氏定理，可知 $\overline{AE} = \sqrt{6^2 - 5^2} = \sqrt{11}$（cm），故 $\overline{AF} = \sqrt{2}\,\overline{AE} = \sqrt{22}$（cm）

答〉$\sqrt{22}$ **cm**

問題 右圖中，△ABC 和△CDE 分別是邊長 1cm 和 2cm 的正三角形，且 B、C、D 三點在同一直線上。若線段 $\overline{BE}$ 和 $\overline{AD}$ 的交點為 P，線段 $\overline{CE}$ 和 $\overline{AD}$ 的交點為 Q，求 $\overline{QE}$ 的長度。 （成蹊高等學校）

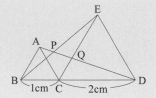

使用瞬解技巧

根據 瞬解 **26** (2)，可知△EDQ ∽ △CAQ，則 $\overline{QE} : \overline{QC} = \overline{ED} : \overline{CA} = 2 : 1$，故

$$\overline{QE} = \overline{EC} \times \frac{2}{2+1} = 2 \times \frac{2}{3} = \frac{4}{3} \text{（cm）}$$

答〉$\frac{4}{3}$ cm

不用瞬解技巧

對於△EDQ 和△CAQ，因∠EQD =∠CQA（對頂角），且 $\overline{AC}$ ∥ $\overline{ED}$（因同位角相等，故∠ACB =∠EDC = 60°），故∠QED =∠QCA（平行線的內錯角），因 2 組角相等，所以△EDQ ∽ △CAQ

由此，可知 $\overline{QE} : \overline{QC} = \overline{ED} : \overline{CA} = 2 : 1$，$\overline{QE} = \overline{EC} \times \frac{2}{2+1} = 2 \times \frac{2}{3} = \frac{4}{3}$（cm）

答〉$\frac{4}{3}$ cm

問題 右圖中，△ABC 是邊長 8cm 的正三角形，點 D、E 分別是邊 $\overline{BC}$、$\overline{CA}$ 上的點。已知 $\overline{BD} = 2\text{cm}$，∠ADE = 60°，求 $\overline{CE}$ 的長。 （高知縣）

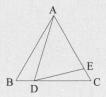

使用瞬解技巧

根據 瞬解 **27** (2)，可知 $\overline{BD} \times \overline{CD} = \overline{AB} \times \overline{CE}$，故 $12 = 8\overline{CE}$，$\overline{CE} = \frac{3}{2}$（cm）

答〉$\frac{3}{2}$ cm

不用瞬解技巧

對於△ABD 和△DCE，根據前提，∠B =∠C = 60° …① 根據三角形外角的性質，

∠ABD +∠BAD =∠ADE +∠CDE …② 另一方面，根據前提，∠ABD =∠ADE = 60° …③

根據②、③，∠BAD =∠CDE …④ 根據①、④，因 2 組角相等，故△ABD ∽ △DCE

因此，$\overline{AB} : \overline{DC} = \overline{BD} : \overline{CE}$，求 $8 : 6 = 2 : \overline{CE}$ 的解，得 $\overline{CE} = \frac{3}{2}$（cm）

答〉$\frac{3}{2}$ cm

問題　右圖中，△ABC 的三個內角都是銳角，且 $\overline{AB} < \overline{AC}$。從頂點 A 畫 $\overline{BC}$ 的垂線，此垂線與 $\overline{BC}$ 的交點為 D，邊 $\overline{BC}$ 和邊 $\overline{AB}$ 的中點分別為 E、F。連接點 D 和點 F，以及點 E 和點 F。

請問當 ∠DFE = 19°，∠ACB = 48° 時，∠DAF 是幾度？　　（都立日比谷高等學校）

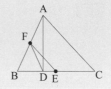

使用瞬解技巧

根據 瞬解 28 (1)，$\overline{AF} = \overline{DF}$，故可知△FAD 是等腰三角形。因此，可假設 ∠DAF = ∠ADF = x。另一方面，根據截線定理，$\overline{FE}$ // $\overline{AC}$，故可由平行線同位角定理得知∠FED = ∠ACB = 48°。因△FDE 的內角和等於 180°，故 19 + 48 + 90 + x = 180°，可算出 x = 23°

答〉**23°**

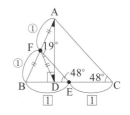

不用瞬解技巧

從 F 畫邊 $\overline{BC}$ 的垂線，設兩線交點為 H，則因 $\overline{AD}$ // $\overline{FH}$（同位角 90° 相等），故 $\overline{BH} : \overline{HD} = \overline{BF} : \overline{FA} = 1 : 1$。對於△FBD，由於線段 FH 是底邊的垂直平分線，故可知△FBD 是 $\overline{FB} = \overline{FD}$ 的等腰三角形。又，因 $\overline{FD} = \overline{FB} = \overline{FA}$，可知 △FAD 也是等腰三角形，可設∠DAF = ∠ADF = x。另一方面，根據截線定理，$\overline{FE}$ // $\overline{AC}$，因為是平行線的同位角，故可知∠FED = ∠ACB = 48°。因△FDE 的內角和等於 180°，故 19 + 48 + 90 + x = 180°，x = 23°　　　　答〉**23°**

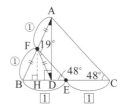

瞬解補充

瞬解 28 (1) 有效的原因

在 p.79 中是利用了長方形來證明此瞬解技巧的有效性，但除此之外也可以利用圓來證明。如右圖，畫直角三角形 ABC 的外接圓，則因 ∠B = 90°，$\overline{AM}$ = $\overline{CM}$，可知邊 $\overline{AC}$ 是圓的直徑，而 M 剛好是圓的圓心。另一方面，由 M 和 B 連成的線段 $\overline{MB}$ 則是圓的半徑，故 $\overline{AM} = \overline{CM} = \overline{BM}$

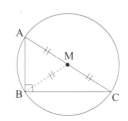

問題 對於右圖的△ABC，$\overline{AB} = 4$，$\overline{AC} = 2$，∠BAC 的角平分線和邊 $\overline{BC}$ 的交點為 D，且 $\overline{DA} = \overline{DB}$。求此時 $\overline{DC}$ 的長。

（東邦大學附屬東邦高等學校）

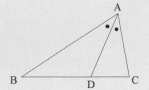

使用瞬解技巧

根據 瞬解29 (1)，可知 $\overline{BD} : \overline{DC} = \overline{AB} : \overline{AC} = 2 : 1$，設 $\overline{DC} = x$，則 $\overline{BD} = \overline{AD} = 2x$

根據 瞬解29 (2)，

$(2x)^2 = 4 \times 2 - 2x \times x$ $\qquad 4x^2 = 8 - 2x^2$ $\qquad x^2 = \dfrac{4}{3}$ $\qquad$ 因 $x > 0$，故 $x = \dfrac{2}{\sqrt{3}} = \dfrac{2\sqrt{3}}{3}$ $\qquad$ 答〉$\dfrac{2\sqrt{3}}{3}$

不用瞬解技巧

從 D 畫邊 $\overline{AB}$ 的垂線，設兩線交點為 E，因△DAB 是 $\overline{DA} = \overline{DB}$ 的等腰三角形，故 $\overline{DE}$ 也是 $\overline{AB}$ 的垂直平分線，可知 $\overline{AE} = 2$。此時，對於△AED 和△ACD，因 $\overline{AE} = \overline{AC} = 2$，$\overline{AD}$ 為共邊，

∠EAD =∠CAD（前提），因 2 組對應邊及其夾角相等，故

△AED ≡ △ACD，可知∠AED =∠ACD = 90°

因此，由於∠EAD = ∠CAD = ∠ABD = (180 − 90) ÷ 3 = 30°，

可知△ACD 是邊長比 $1 : 2 : \sqrt{3}$ 的直角三角形，

故由 $\overline{DC} : \overline{AC} = 1 : \sqrt{3}$，可知 $\overline{DC} = \dfrac{\overline{AC}}{\sqrt{3}} = \dfrac{2}{\sqrt{3}} = \dfrac{2\sqrt{3}}{3}$ $\qquad$ 答〉$\dfrac{2\sqrt{3}}{3}$

問題 右圖的四邊形 ABCD 是平行四邊形。

點 E 為線段 $\overline{BC}$ 上的點，且三角形 ABE 是正三角形。另 F 為線段 $\overline{AB}$ 的中點，G 為線段 $\overline{AE}$ 與線段 $\overline{CF}$ 的交點。請問當 $\overline{AB} = 6cm$，$\overline{AD} = 7cm$ 時，線段 $\overline{AG}$ 的長是多少。

（神奈川縣）

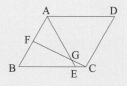

使用瞬解技巧

由△ABE 是正三角形，可知 $\overline{AE} = \overline{AB} = 6cm$，所以只要知道 $\overline{AG} : \overline{GE}$ 即可。

根據 瞬解30 (1)，$\dfrac{\overline{AF}}{\overline{FB}} \times \dfrac{\overline{BC}}{\overline{CE}} \times \dfrac{\overline{EG}}{\overline{GA}} = 1$，故 $\dfrac{3}{3} \times \dfrac{7}{1} \times \dfrac{\overline{EG}}{\overline{GA}} = 1$，簡化得 $\dfrac{7}{1} \times \dfrac{\overline{EG}}{\overline{GA}} = 1$，

可知 $\overline{GA} : \overline{EG} = 7 : 1$。因此，$\overline{AG} = \overline{AE} \times \dfrac{7}{7+1} = \dfrac{21}{4}$（cm） $\qquad$ 答〉$\dfrac{21}{4}$ cm

如右圖，假設線段 $\overline{FC}$ 的延長線與邊 $\overline{AD}$ 的延長線交點為 H。

對於△AGH 和△EGC，∠AGH = ∠EGC（對頂角），

由於∠AHG = ∠ECG（平行線內錯角），△AGH ∽△EGC（2 組角相等），

故 $\overline{AG}:\overline{EG} = \overline{AH}:\overline{EC}$

另一方面，對於△AFH 和△BFC，因∠AFH = ∠BFC（對頂角）、

∠FAH = ∠FBC（平行線內錯角）、$\overline{AF} = \overline{BF}$（前提），有 1 組對應邊及其兩邊相鄰角相等，

故△AFH ≡ △BFC，$\overline{AH} = \overline{BC} = 7\text{cm}$，可知 $\overline{AG}:\overline{EG} = 7:1$

由上可算出 $\overline{AG} = \overline{AE} \times \dfrac{7}{7+1} = \dfrac{21}{4}$（cm）

答〉$\dfrac{21}{4}$ **cm**

瞬解 31 考古題挑戰！ 解答・解説

p.85

問題 如右圖所示，有一 $\overline{AD}$ // $\overline{BC}$ 的梯形 ABCD。假設有一通過邊 $\overline{AB}$ 之中點 M 且與邊 $\overline{BC}$ 平行的直線與邊 $\overline{CD}$ 交於點 N，線段 $\overline{MN}$ 與線段 $\overline{BD}$ 的交點為 P，線段 $\overline{MN}$ 與線段 $\overline{AC}$ 的交點為 Q，請問線段 $\overline{PQ}$ 的長是多少。

（山口縣）

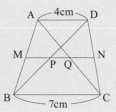

使用瞬解技巧

根據 瞬解31 (3)，$\overline{PQ} = \dfrac{1}{2} \times (7-4) = \dfrac{3}{2}$（cm）

答〉$\dfrac{3}{2}$ **cm**

不用瞬解技巧

因 $\overline{AD}$ // $\overline{MN}$ // $\overline{BC}$，$\overline{AM}:\overline{MB} = \overline{DP}:\overline{PB} = \overline{AQ}:\overline{QC} = \overline{DN}:\overline{NC} = 1:1$。對於△ABC，M 是邊 $\overline{AB}$ 的中點，Q 是邊 $\overline{AC}$ 的中點，故根據三角形的截線定理，$\overline{MQ} = \dfrac{1}{2}\overline{BC} = \dfrac{7}{2}$（cm）

同理，對於△BAD，M 是邊 $\overline{AB}$ 的中點，P 是邊 $\overline{BD}$ 的中點，故根據三角形的截線定理，可知

$\overline{MP} = \dfrac{1}{2}\overline{AD} = 2$（cm）。由上可算出 $\overline{PQ} = \overline{MQ} - \overline{MP} = \dfrac{7}{2} - 2 = \dfrac{3}{2}$（cm）

答〉$\dfrac{3}{2}$ **cm**

問題　如右圖所示，梯形 ABCD 之上底 $\overline{AD}$ 和下底 $\overline{BC}$ 的長分別為 6、8，E 為對角線之交點，F、G 分別為通過 E 且與上底 $\overline{AD}$ 平行之直線與邊 $\overline{AB}$、$\overline{CD}$ 之交點。求線段 $\overline{FG}$ 的長度。　（東京學藝大學附屬高等學校）

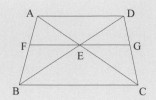

使用瞬解技巧

根據 瞬解32 (2) ❷，$\overline{FG} = \dfrac{2 \times 6 \times 8}{6 + 8} = \dfrac{48}{7}$　　　　　　　答〉$\dfrac{48}{7}$

不用瞬解技巧

由圖 1 可知，△ADE∽△CBE（2 組角相等），

故 $\overline{DE} : \overline{BE} = \overline{AD} : \overline{CB} = 6 : 8 = 3 : 4$，可知 $\overline{DE} : \overline{DB} = 3 : 7$

另一方面，由圖 2 可知，△DEG∽△DBC（2 組角相等），故

$$\overline{EG} : \overline{BC} = \overline{DE} : \overline{DB} \qquad \overline{EG} : 8 = 3 : 7 \qquad \overline{EG} = \frac{24}{7}$$

同理，因△AFE∽△ABC（2 組角相等），故

$$\overline{FE} : \overline{BC} = \overline{AE} : \overline{AC} = \overline{DE} : \overline{DB} \qquad \overline{FE} : 8 = 3 : 7 \qquad \overline{FE} = \frac{24}{7}$$

$$\overline{FG} = \overline{FE} + \overline{EG} = \frac{48}{7} \qquad\qquad\qquad 答〉\frac{48}{7}$$

圖 1

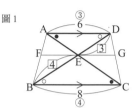

圖 2

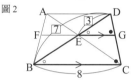

問題1　對邊長為 2 的正五邊形 ABCDE 畫對角線 $\overline{AC}$、$\overline{AD}$、$\overline{CE}$，假設 $\overline{AD}$ 與 $\overline{CE}$ 的交點為 F。求 $\overline{AD}$ 的長。

（國學院久我山高等學校）

問題2　右圖是以直徑為線段 $\overline{AB}$ 的圓 O 為底面，母線為線段 $\overline{AC}$ 的圓錐。已知 $\overline{AB} = 6cm$，$\overline{AC} = 10cm$。如圖所示從點 A 沿著圓錐表面通過線段 $\overline{BC}$ 畫一圈回到點 A。請問所有可能畫出的線中，長度最短和最長的各是多長。（假設圓周率為 π）

（神奈川縣・改題）

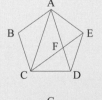

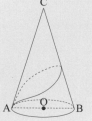

解答1 根據 **瞬解33**，$\overline{AD} = 2 \times \dfrac{1+\sqrt{5}}{2} = 1 + \sqrt{5}$ **答** $1 + \sqrt{5}$

解答2 根據 **瞬解47** (1) ❶，可知圓錐展開後的扇形圓心角是

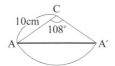

$360 \times \dfrac{3}{10} = 108°$。所求之長即右圖的 $\overline{AA'}$，與邊長 10cm 的

正五邊形對角線相等，故根據 **瞬解33**，

$10 \times \dfrac{1+\sqrt{5}}{2} = 5(1+\sqrt{5}) = (5 + 5\sqrt{5})$ cm **答** **$(5 + 5\sqrt{5)}$ cm**

解答1 因正五邊形的內角為 108°，且△BAC、△EAD、△DCE 皆為底角相等的等腰三角形，可知
$\angle BAC = \angle EAD = (180 - 108) \div 2 = 36°$，$\angle DAC = 108 - 36 \times 2 = 36°$。另一方面，因
$\angle ADC = 108 - 36 = 72°$，$\angle AEF = 108 - 36 = 72°$，故對於△ACD 和△AFE，因$\angle DAC = \angle EAF = 36°$，
$\angle ADC = \angle AEF = 72°$，2 組角相等，可知△ACD∽△AFE。所以，$\overline{AD} : \overline{AE} = \overline{CD} : \overline{FE}$，設 $\overline{AD} = \overline{CE} = x$，
則 $\overline{FE} = \overline{CE} - \overline{CF} = x - 2$（△CFD 是 $\overline{CF} = \overline{CD} = 2$ 的等腰三角形），故：

$x : 2 = 2 : (x - 2)$ $\quad x(x - 2) = 4$ $\quad x^2 - 2x - 4 = 0$ $\quad x = \dfrac{2 \pm 2\sqrt{5}}{2} = 1 \pm \sqrt{5}$，因 $x > 0$，故可知

$x = 1 + \sqrt{5}$ **答** $1 + \sqrt{5}$

解答2 假設圓錐展開後的扇形圓心角為 $a°$，因扇形的弧長和底面的圓周相等，

故 $2\pi \times 10 \times \dfrac{a}{360} = 2\pi \times 3$，可知 $a = 108°$

所求之長即右圖的 $\overline{AA'}$，如圖所示取一點 D，

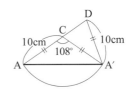

對於△AA'D 和△A'DC，$\angle D$ 是共角…①
因$\angle DCA' = \angle A'DC = 72°$，$\angle DA'C = 36°$…②
$\angle A'AD = \angle CA'D = (180 - 108) \div 2 = 36°$…③
由②、③，$\angle DA'C = \angle A'AD = 36°$…④
由①、④，因 2 組角相等，△AA'D∽△A'DC。因此，$\overline{AA'} : \overline{A'D} = \overline{A'D} : \overline{DC}$
設 $\overline{AA'} = \overline{AD} = x$（△AA'D 是等腰三角形），由於 $x : 10 = 10 : (x - 10)$，故 $x(x - 10) = 100$，
得 $x^2 - 10x - 100 = 0$。利用公式解求解，

$x = \dfrac{10 \pm 10\sqrt{5}}{2} = 5 \pm 5\sqrt{5}$，因 $x > 0$，故 $x = 5 + 5\sqrt{5}$ cm **答** **$5 + 5\sqrt{5}$ cm**

問題 如右圖所示，以平行四邊形 ABCD 的對角線交點為 O，邊 $\overline{AB}$ 的中點 為 P，連接 P 和 D，$\overline{PD}$ 與對角線 $\overline{AC}$ 的交點為 Q。請問當平行四邊形的面積 為 60cm² 時，四邊形 PBOQ 的面積是多少？ （駒澤大學附屬高等學校）

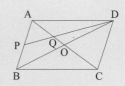

使用瞬解技巧

因 P 是 $\overline{AB}$ 中點，O 是 $\overline{BD}$ 中點，可知點 Q 是 △ABD 的重心。從 B 畫一條通過 Q 的直線連到 $\overline{AD}$，根 據 瞬解34 (2)，可知 △ABD：四邊形 PBOQ = 6：2 = 3：1。則 △ABD 的面積為 60 ÷ 2 = 30（cm²），故 可算出四邊形 PBOQ 的面積是 30 ÷ 3 = 10（cm²）

答〉 **10 cm²**

其他解法 利用 瞬解35 。
因 Q 是 △ABD 的重心，故根據 瞬解34 (1)，可知 $\overline{AQ}$：$\overline{QO}$ = 2：1。此時，因

$\triangle ABO = \dfrac{1}{4}$ 平行四邊形 ABCD $= \dfrac{1}{4} \times 60 = 15$（cm²），根據 瞬解35 ，可知

$\triangle APQ = 15 \times \dfrac{1}{2} \times \dfrac{2}{3} = 5$（cm²），故四邊形 PBOQ = 15 − 5 = 10（cm²）

答〉 **10 cm²**

不用瞬解技巧

對於 △APQ 和 △CDQ，因 ∠PAQ = ∠DCQ（平行線內錯角），∠AQP = ∠CQD（對頂角），有 2 組角相等， 故 △APQ∽△CDQ。因此，可知 $\overline{AQ}$：$\overline{CQ}$ = $\overline{AP}$：$\overline{CD}$ = 1：2
另一方面，因 $\overline{AO}$：$\overline{CO}$ = 1：1，故線段 $\overline{AC}$ 內的線段比為：

可知 $\overline{AQ}$：$\overline{QO}$ = 2：1。此時，連接點 P 和 O，則由於 △APQ 和 △OPQ 等 高，故面積比與底邊的邊長比相等，可知
△APQ：△OPQ = $\overline{AQ}$：$\overline{QO}$ = 2：1。同理，
由 △APO：△BPO = $\overline{AP}$：$\overline{PB}$ = 1：1，△APO：△BPO = 1：1 = 3：3，可知
△APQ：△OPQ：△BPO = 2：1：3。

此時，因 $\triangle ABO = \dfrac{1}{4}$ 平行四邊形 ABCD $= \dfrac{1}{4} \times 60 = 15$（cm²），

可算出四邊形 PBOQ = $15 \times \dfrac{1+3}{2+1+3} = 15 \times \dfrac{2}{3} = 10$（cm²）

答〉 **10 cm²**

問題 如右圖所示，在△ABC的邊 $\overline{AB}$ 上取一點 D，在邊 $\overline{AC}$ 取一點
E。請問當△ABC 的面積是 198cm² 時，△AED 的面積是幾 cm² ？

(鹿兒島縣)

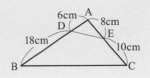

使用瞬解技巧

根據 瞬解35 ，△AED = △ABC × $\dfrac{\overline{AD}}{\overline{AB}}$ × $\dfrac{\overline{AE}}{\overline{AC}}$ = 198 × $\dfrac{6}{24}$ × $\dfrac{8}{18}$ = 22（cm²） 答〉 **22 cm²**

不用瞬解技巧

連接點 E 和 B，因△AED 和△BED 等高，故面積比與底邊的邊長比相等，
可知△AED：△BED = $\overline{AD}$：$\overline{BD}$ = 1：3。同理，
△ABE：△CBE = $\overline{AE}$：$\overline{CE}$ = 4：5，可知△ADE：△ABC = 1：(4 + 5) = 1：9

由上，可算出△ADE = △ABC × $\dfrac{1}{9}$ = 198 × $\dfrac{1}{9}$ = 22（cm²）　　答〉 **22 cm²**

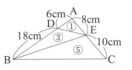

問題 右圖是一邊 $\overline{AD}$ 和邊 $\overline{BC}$ 平行的梯形 ABCD。M、N 兩點分別是邊 $\overline{AB}$
和邊 $\overline{CD}$ 上的點，且線段 $\overline{MN}$ 與邊 $\overline{BC}$ 平行。請問當 $\overline{AD}$ = 1cm， $\overline{BC}$ = 7cm，
梯形 AMND 和梯形 MBCN 的面積相等時，線段 $\overline{MN}$ 的長是多少？

(神奈川縣立橫濱翠嵐高等學校・改題)

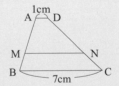

使用瞬解技巧

根據 瞬解36 (2)， $\overline{MN} = \sqrt{\dfrac{1^2 + 7^2}{2}} = \sqrt{\dfrac{50}{2}} = \sqrt{25} = 5$（cm）　　答〉 **5 cm**

不用瞬解技巧

如右圖所示，設邊 $\overline{AB}$ 和 $\overline{DC}$ 的延長線交點為 P， $\overline{MN}$ = x cm。
因△PAD∽△PMN∽△PBC（2 組角相等），而相似三角形的面積比等於相似
比的平方，故△PAD：△PMN：△PBC = 1^2：x^2：7^2 = 1：x^2：49
因梯形 AMND = 梯形 MBCN，故△PMN − △PAD = △PBC − △PMN，
$x^2 - 1 = 49 - x^2$ 　　$2x^2 = 50$ 　　$x^2 = 25$ 　　因 x > 0，故 x = 5 　　答〉 **5 cm**

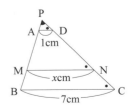

問題　在半徑為 5 的圓 O 上取 A ～ H 將圓周分成 8 等分，然後畫一個正八邊形。求正八邊形 ABCDEFGH 的面積。　（德島縣・改題）

使用瞬解技巧

根據 **瞬解37** (3) **❷**，$2\sqrt{2} \times 5^2 = 50\sqrt{2}$

答 $50\sqrt{2}$

不用瞬解技巧

如右圖所示，用對角線將正八邊形分成 8 等分，則∠BOC = 360 ÷ 8 = 45°

從 B 畫 $\overline{CO}$ 的垂線，設兩線交點為 H，因△BHO 是邊長比 $1:1:\sqrt{2}$ 的直角三角形，

故 $\overline{BH} : 5 = 1 : \sqrt{2}$，可知 $\overline{BH} = \dfrac{5}{\sqrt{2}} = \dfrac{5\sqrt{2}}{2}$

因此，正八邊形 ABCDEFGH 的面積為 $5 \times \dfrac{5\sqrt{2}}{2} \times \dfrac{1}{2} \times 8 = 50\sqrt{2}$

答 $50\sqrt{2}$

問題1　如右圖所示，有一圓內接四邊形 ABCD。假設直線 $\overleftrightarrow{BA}$ 與直線 $\overleftrightarrow{CD}$ 的交點為 E，直線 $\overleftrightarrow{BC}$ 與直線 $\overleftrightarrow{AD}$ 的交點為 F，求 x 的值。　（市川高等學校）

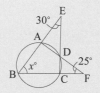

問題2　如右圖所示，圓 O 內有一圓內接三角形 ABC，且點 A 之切線與直線 $\overleftrightarrow{BC}$ 交於點 T。請問若∠ATB = 38°，∠TAB 的角度是多少？　（相洋高等學校）

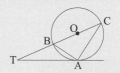

使用瞬解技巧

解答1　根據 **瞬解38** (1) **❶**，∠ADC = $(180 - x)°$，因對頂角相等，故∠EDF 也是 $(180 - x)°$。根據 **瞬解24** (1)，$x + 30 + 25 = 180 - x$，求 x 的解得 $x = 62.5$

答 $x = 62.5$

解答2　假設∠TAB = x，根據 **瞬解38** (2)，∠ACT = x。此時，因∠BAC = 90°，且△CTA 的內角和等於 180°，故 $38 + x + 90 + x = 180°$，$x = 26°$

答 26°

問題1 對於△EBC 的∠C 之外角，根據外角的性質，可知∠DCF = (30 + x)°，
∠FDC = 180 − 30 − x − 25 = (125 − x)°。此時，假設圓心為 O，則圓周角 ABC 對應之圓心角為 2x°，
圓周角 ADC 對應之圓心角為 (360 − 2x)°。故可知
∠ADC = (360 − 2x) ÷ 2 = (180 − x)°。因直線的角度為 180°，故
∠FDC + ∠ADC = (125 − x) + (180 − x) = 180，求 x 的解，x = 62.5

答〉 **x = 62.5**

問題2 連接點 O 和點 A，則∠OAT = 90°，可知∠AOT = 180 − 38 − 90 = 52°
另一方面，因△OAB 是 $\overline{OA} = \overline{OB}$ 的等腰三角形，故可知∠OAB = (180 − 52) ÷ 2 = 64°
因此，可算出∠TAB = 90 − 64 = 26°

答〉 **26°**

瞬解 **39** 考古題挑戰！ 解答・解説

p.101

問題 如右圖所示，以線段 $\overline{AB}$ 為直徑的半圓 O 的 $\overset{\frown}{AB}$ 上有 C、D 兩點，

且 $\overset{\frown}{CD} = \overset{\frown}{BD} = \frac{1}{6}\overset{\frown}{AB}$。線段 $\overline{AD}$ 與線段 $\overline{OC}$ 的交點為 E。

請用 x 表示∠AEC 的大小。

（東京都）

使用瞬解技巧

根據 瞬解39 (2)， $180 \times \dfrac{4+1+4}{6+6} = 135°$

答〉 **135°**

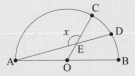

因 x 是△AOE 的∠E 之外角，故 x = ∠BAD + ∠AOC

因 $\overset{\frown}{BD}$ 對應之圓心角 DOB 為 $360 \times \dfrac{1}{6+6} = 30°$，故可知 $\overset{\frown}{BD}$ 對應之圓周角 BAD

為 15°。另一方面，因∠AOC 是 $\overset{\frown}{AC}$ 對應之圓心角，故可知角度為

$360 \times \dfrac{4}{6+6} = 120°$。因此，x = 15 + 120 = 135°

答〉 **135°**

問題1　右圖中，直線 $\overleftrightarrow{PA}$ 和 $\overleftrightarrow{PB}$ 分別和圓 O 切於點 A、B。在圓 O 的圓周上取一不跟 A 和 B 重疊的點 C，然後連接點 A 和點 C、點 B 和點 C。若已知∠ACB < 90°，請問當∠APB = 46°時，∠ACB 是幾度？　　（都立西高等學校）

問題2　如右圖所示，有一 $\overline{AD} = 3$、$\overline{BC} = 7$、$\overline{AD}$ ∥ $\overline{BC}$、$\overline{AB} = \overline{DC}$ 的梯形 ABCD，且梯形內有一內接圓 O。求圓 O 的半徑。

（桐蔭學園高等學校）

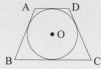

使用瞬解技巧

解答1　根據 **瞬解40** (1) ❷，∠ACB = 90 − $46×\dfrac{1}{2}$ = 67°　　**答〉67°**

解答2　設圓 O 的半徑為 r，從圓心畫邊 $\overline{AD}$ 和邊 $\overline{AB}$ 的垂線，且兩線分別與 $\overline{AD}$、$\overline{BC}$ 交於 E、F，則根據 **瞬解40** (3)，

$r^2 = \overline{AE} × \overline{BF} = \dfrac{3}{2} × \dfrac{7}{2} = \dfrac{21}{4}$ 。因 $r > 0$，$r = \dfrac{\sqrt{21}}{2}$　　**答〉$\dfrac{\sqrt{21}}{2}$**

不用瞬解技巧

解答1　右圖中，因四邊形 APBO 的內角和等於 360°，可知∠AOB = 360 − 90 − 90 − 46 = 134°。因此，根據圓周角定理，可算出∠ACB = 134 ÷ 2 = 67°　　**答〉67°**

解答2　如圖1畫出各點後，因 $\overline{AE} = \overline{AG} = \dfrac{3}{2}$，

$\overline{BF} = \overline{BG} = \dfrac{7}{2}$，可知 $\overline{AB} = \dfrac{3}{2} + \dfrac{7}{2} = 5$

如圖2畫出各點，設圓 O 的半徑為 r，則因 △ABH ≡ △DCI，$\overline{BH} = (7 − 3) ÷ 2 = 2$

對△ABH 使用畢氏定理，$(2r)^2 + 2^2 = 5^2$，$r = \dfrac{\sqrt{21}}{2}$（$r > 0$）　　**答〉$\dfrac{\sqrt{21}}{2}$**

圖1　　圖2

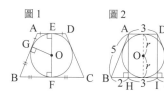

問題　如右圖所示，有 2 圓外切於點 P。另有 2 條通過點 P 的直線，如圖所見與 2 圓相交於 A、B 和 C、D。請問當∠DPB = 50°，∠PBD = 70°時，∠ACP 的角度為何？

（修道高等學校）

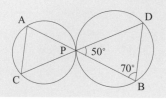

使用瞬解技巧

根據 **瞬解41**，可知 $\overline{AC}$ ∥ $\overline{DB}$，故由平行線內錯角性質，∠ACP = ∠BDP = 60°

答〉 **60°**

不用瞬解技巧

如右圖所示，畫出 2 圓共同的切線 $\overleftrightarrow{QR}$，根據弦切角定理（有效的原因請參照 p.106），∠ACP = ∠QPA，∠BDP = ∠RPB。另一方面，由於對頂角相等，故∠QPA = ∠RPB，可求出∠ACP = ∠BDP = 60°

答〉 **60°**

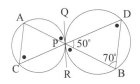

瞬解 42　考古題挑戰！　解答‧解説

p.107

問題　如右圖所示，半徑 2 的圓 O 與半徑 r 的圓 O′ 外切，直線 l 與此 2 圓切於 P、Q 兩點。

[1] 若∠POO′ = 60°，求半徑 r 的長度。

[2] 同 [1]，求 2 圓和直線 l 圍出的斜線部分面積。（圓周率為 π）

（日本大學第二高等學校）

使用瞬解技巧

[1] 根據 **瞬解42**（1），求 r : 2 = 1 : 3 的解，$r = \dfrac{2}{3}$

答〉 $\dfrac{2}{3}$

[2] 根據 **瞬解42**（2），可知 $\overline{PQ} = 2\sqrt{3} \times \dfrac{2}{3} = \dfrac{4\sqrt{3}}{3}$。由右圖可知，所求之面積即梯形 O′QPO 減去圓心角 60° 及 120° 的扇形：

$$\left(\frac{2}{3} + 2\right) \times \frac{4\sqrt{3}}{3} \times \frac{1}{2} - \pi \times 2^2 \times \frac{60}{360} - \pi \times \left(\frac{2}{3}\right)^2 \times \frac{120}{360} = \frac{16\sqrt{3}}{9} - \frac{22}{27}\pi$$

答〉 $\dfrac{16\sqrt{3}}{9} - \dfrac{22}{27}\pi$

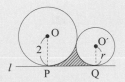

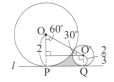

不用瞬解技巧

[1] 如右圖所示，平移線段 $\overline{PQ}$ 畫出△ORO′，則 $\overline{OR} : \overline{OO′} = 1 : 2$，

故 $(2 - r) : (2 + r) = 1 : 2$

求 r 的解，得 $r = \dfrac{2}{3}$

答〉 $\dfrac{2}{3}$

[2] 對 [1] 圖中的△ORO′ 使用畢氏定理，計算 $\overline{PQ}$ 的長，可知

$$\overline{PQ} = \overline{RO′} = \sqrt{\left(2 + \frac{2}{3}\right)^2 - \left(2 - \frac{2}{3}\right)^2} = \sqrt{\left(\frac{8}{3}\right)^2 - \left(\frac{4}{3}\right)^2} = \frac{4\sqrt{3}}{3}$$

而所求之面積即梯形減去圓心角 60° 和 120° 的扇形：

$$\left(\frac{2}{3} + 2\right) \times \frac{4\sqrt{3}}{3} \times \frac{1}{2} - \pi \times 2^2 \times \frac{60}{360} - \pi \times \left(\frac{2}{3}\right)^2 \times \frac{120}{360} = \frac{16\sqrt{3}}{9} - \frac{22}{27}\pi$$

答〉 $\dfrac{16\sqrt{3}}{9} - \dfrac{22}{27}\pi$

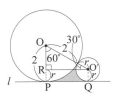

問題 ∠B = 90° 的直角三角形 ABC 內有三個內接圓。這三圓彼此外切，切點 P、Q、R 切於邊 $\overline{AB}$。切於點 P、Q 的圓半徑分別為 9、4，且 $2\overline{PQ} = \overline{QR}$。求 $\overline{PQ}$ 的長，以及切於點 R 的圓的半徑。 （東海高等學校）

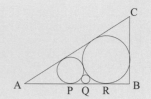

使用瞬解技巧

根據 瞬解 **43** (2)，$\overline{PQ}$ 的長為 $2\sqrt{9 \times 4} = 2 \times 6 = 12$

另一方面，假設切於點 R 的圓半徑為 r，則 $\overline{QR} = 2\sqrt{4r} = 4\sqrt{r} = 2\overline{PQ} = 24$，

故由 $\sqrt{r} = 6$ 可算出 $r = 36$

答〉 **$\overline{PQ}$：12，半徑：36**

不用瞬解技巧

如右圖所示，取圓心 O，O´，O″ 以及點 S、T。
對 △OSO´ 使用畢氏定理，可知

$$\overline{PQ} = \overline{SO'} = \sqrt{(9+4)^2 - (9-4)^2} = 12$$

因此，$\overline{QR} = 2 \times 12 = 24$，
再對 △O″O´T 使用畢氏定理，

$$(r-4)^2 + 24^2 = (r+4)^2 \qquad -16r = -576 \qquad r = 36$$

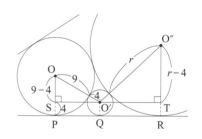

答〉 **$\overline{PQ}$：12，半徑：36**

問題1 右圖中，A、B、C、D 是圓 O 上的點，點 P 為弦 $\overline{AC}$ 和弦 $\overline{BD}$ 的交點。求 $\overline{AP} = 6cm$，$\overline{BP} = 4cm$，$\overline{CP} = 2cm$ 時，$\overline{DP}$ 的長是多少？ （明治大學附屬中野高等學校）

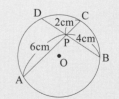

問題2 如圖所示，平面上有一圓心為點 O 的圓，直線 $\overleftrightarrow{AO}$ 與圓的交點離點 A 由近到遠依序是 B、C。從 A 畫一條此圓的切線，切點為 D。求 $\overline{AB} = 2$，$\overline{AD} = 4$ 時，圓的半徑是多少？ （洛南高等學校）

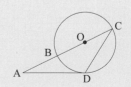

解答1 根據 **瞬解44**（1），$\overline{DP} \times 4 = 2 \times 6$，故 $\overline{DP} = 3$(cm)　　　　答〉**3 cm**

解答2 假設所求之半徑為 r，根據 **瞬解44**（3），$2 \times (2+2r) = 4^2$，求 r 的解得 $r = 3$　　答〉**3**

不用瞬解技巧

解答1 分別連接點 A 和 D、點 B 和 C。

對於 △APD 和 △BPC，∠ADP = ∠BCP（$\overset{\frown}{AB}$ 對應之圓周角）…①

∠DPA = ∠CPB（對頂角）…②

由①、②，因有 2 組角相等，故 △APD∽△BPC

因此，$\overline{DP} : \overline{CP} = \overline{AP} : \overline{BP}$，求 $\overline{DP} : 2 = 6 : 4$ 的解，

可算出 $\overline{DP} = 3$（cm）　　　　　　答〉**3 cm**

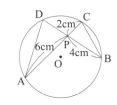

解答2 分別連接點 B 和 D、點 O 和 D。

對於 △ABD 和 △ADC，∠A 是共角 …①

因 ∠ODB + ∠BDA = ∠ODB + ∠CDO = 90°，∠BDA = ∠CDO…②

此時，因 △ODC 是 $\overline{OD} = \overline{OC}$ 的等腰三角形，

　　∠CDO = ∠DCO = ∠DCA …③

由②、③可知，∠BDA = ∠DCA[※] …④

由①、④可知，因有 2 組角相等，故 △ABD∽△ADC

設所求之半徑為 r，則 $\overline{AB} : \overline{AD} = \overline{AD} : \overline{AC}$，

求 $2 : 4 = 4 : (2 + 2r)$ 的解，得 $r = 3$　　　　答〉**3**

※∠BDA = ∠DCA 也可由「弦切角定理」導出。雖然現在日本的公立國中已經不教弦切角定理（p.98）了，但很多私立中學還是有教，而由於入學考有來自各種公私立學校的考生，所以在敘述題中使用弦切角定理來推導並不會被扣分。

175

問題 平面上有一邊長 2cm 的正三角形 ABC。如右圖所示，有一圓的圓周通過三角形的三個頂點 A、B、C，且假設圓心為 P。求線段 $\overline{AP}$ 的長。

（豐島岡女子學園高等學校）

使用瞬解技巧

從 A 通過圓心 P 畫 $\overline{BC}$ 的垂線，設垂線與 $\overline{BC}$ 的交點為 H，則因 $\overline{AB}:\overline{AH}=2:\sqrt{3}$，可知 $\overline{AH}=\sqrt{3}$。因所求之線段 $\overline{AP}$ 與 △ABC 的外接圓半徑一致，故若假設

$\overline{AP}=R$，則根據 瞬解45 (2)，$R=\dfrac{2\times 2}{2\times\sqrt{3}}=\dfrac{2}{\sqrt{3}}=\dfrac{2\sqrt{3}}{3}$（cm）　　　答〉$\dfrac{2\sqrt{3}}{3}$ cm

其他解法 因正三角形的內心、外心、圓心全在同一點，故從 A 通過圓心 P 畫 $\overline{BC}$ 的垂線，設垂線與 $\overline{BC}$ 的交點為 H，則根據 瞬解34 (1)，

可知 $\overline{AP}:\overline{PH}=2:1$

另一方面，由 $\overline{AB}:\overline{AH}=2:\sqrt{3}$ ，可知 $\overline{AH}=\sqrt{3}$ cm，故可求出

$\overline{AP}=\sqrt{3}\times\dfrac{2}{2+1}=\dfrac{2\sqrt{3}}{3}$（cm）　　　答〉$\dfrac{2\sqrt{3}}{3}$ cm

不用瞬解技巧

如右圖所示，從 A 通過圓心 P 畫 $\overline{BC}$ 的垂線，設垂線與 $\overline{BC}$ 的交點為 H，垂線與圓的另一交點為 I。

對於 △ABH 和 △AIC，∠ABH = ∠AIC（$\overset{\frown}{AC}$ 對應的圓周角）…①

因線段 $\overline{AH}$ 是 △ABC 的邊 $\overline{BC}$ 的垂直平分線，故∠AHB = 90° …②

另一方面，∠ACI = 90°（半圓弧對應之圓周角）…③

由②、③可知，∠AHB = ∠ACI …④

由①、④可知，因 2 組角相等，△ABH ∽ △AIC，$\overline{AB}:\overline{AI}=\overline{AH}:\overline{AC}$。此時，由 $\overline{AB}:\overline{AH}=2:\sqrt{3}$，可知 $\overline{AH}=\sqrt{3}$ cm，故假設所求線段之長為 R，則

$\overline{AB}:\overline{AI}=\overline{AH}:\overline{AC}$　　$2:2R=\sqrt{3}:2$　　$2\sqrt{3}R=4$　　$R=\dfrac{2}{\sqrt{3}}=\dfrac{2\sqrt{3}}{3}$（cm）　　　答〉$\dfrac{2\sqrt{3}}{3}$ cm

問題 平面上有一 $\overline{AB} = 6cm$，$\overline{BC} = 7cm$，$\overline{CA} = 5cm$ 的△ABC，且如圖所示，二圓 O_1、O_2 與 3 條直線 $\overleftrightarrow{AB}$、$\overleftrightarrow{BC}$、$\overleftrightarrow{CA}$ 相切。另，圓 O_2 與直線 $\overleftrightarrow{BC}$ 的切點為 P。

[1] 求線段 $\overline{BP}$ 的長。

[2] 求圓 O_2 的半徑。 （大阪教育大學附屬高等學校平野校）

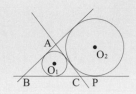

使用瞬解技巧

[1] 根據 **瞬解46** (1) ❶，因 $2\overline{BP} = 6 + 7 + 5$，故 $\overline{BP} = 9\,(cm)$ 答〉 **9 cm**

[2] 根據 **瞬解46** (2)，△ABC 的面積為

$$\sqrt{9(9-6)(9-7)(9-5)} = \sqrt{9 \times 3 \times 2 \times 4} = 3 \times 2\sqrt{3 \times 2} = 6\sqrt{6}\,(cm^2)$$

設圓 O_2 的半徑為 r，則根據 **瞬解46** (1) ❷，

$$\frac{r}{2}(-5 + 6 + 7) = 6\sqrt{6} \qquad 4r = 6\sqrt{6} \qquad r = \frac{3\sqrt{6}}{2}\,(cm)$$

答〉 $\dfrac{3\sqrt{6}}{2}$ **cm**

不用瞬解技巧

[1] 假設圓 O_2 與邊 $\overline{BA}$ 的延長線及邊 $\overline{AC}$ 的切點分別為 Q、R，則 $\overline{CA} = \overline{CR} + \overline{AR} = \overline{CP} + \overline{AQ}$。另一方面，由 $\overline{BP} = \overline{BC} + \overline{CP} = \overline{BA} + \overline{AQ} = \overline{BQ}$，可知 $\overline{BP} + \overline{BQ} = 2\overline{BP} = \overline{BC} + (\overline{CP} + \overline{AQ}) + \overline{BA} = \overline{BC} + \overline{CA} + \overline{BA}$ 因此，$2\overline{BP} = 7 + 5 + 6$，$\overline{BP} = 9\,(cm)$ 答〉 **9 cm**

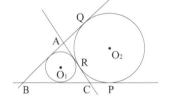

[2] 首先求△ABC 的面積。從 A 畫 $\overline{BC}$ 的垂線，設 $\overline{AH} = h$。

接著，假設 $\overline{BH} = x$，分別對△ABH 和△ACH 使用畢氏定理，並用 h 來表示。

對△ABH 使用畢氏定理，$h^2 = 6^2 - x^2 \cdots$①

對△ACH 使用畢氏定理，$h^2 = 5^2 - (7 - x)^2 \cdots$②

因① = ②，求 $6^2 - x^2 = 5^2 - (7 - x)^2$ 的解，得，$x = \dfrac{30}{7}$

將 x 代入①，得 $h^2 = \dfrac{864}{49}$，因 h > 0，可知 $h = \dfrac{12\sqrt{6}}{7}$

因此，可知△ABC 的面積為

$7 \times \dfrac{12\sqrt{6}}{7} \times \dfrac{1}{2} = 6\sqrt{6}\,(cm^2)$。從 O_2 朝 P、Q、R 畫垂線，設長度為 r，則 r 就是所求之圓 O_2 的半徑。

此時，由△ABC = △ABO_2 + △BCO_2 - △ACO_2，可知

$6\sqrt{6} = 3r + \dfrac{7}{2}r - \dfrac{5}{2}r$，求此方程式的解，$r = \dfrac{3\sqrt{6}}{2}\,(cm)$

答〉 $\dfrac{3\sqrt{6}}{2}$ **cm**

問題1　有一底面圓的半徑 2cm，母線長 $x$cm $(x > 0)$ 的圓錐，其側面展開圖的扇形圓心角為 $y°$。請用 x 表示 y。　　　（熊本縣）

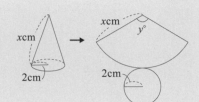

問題2　如右圖所示，有一底面圓心為 O，半徑 $\overline{OA} = 4$cm 的圓錐。固定圓錐的頂點 P，使其在平面上滾動而不滑動，滾了三圈後點 A 回到最初的位置。

　[1] 圓錐的母線長為 ☐ cm。

　[2] 圓錐的側面積為 ☐ cm²。　　　（福岡大學附屬大濠高等學校）

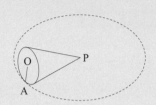

使用瞬解技巧

解答1　根據 瞬解**47** (1) ❶，$y = 360 \times \dfrac{2}{x} = \dfrac{720}{x}$　　　　答〉 $y = \dfrac{720}{x}$

解答2

[1] 根據 瞬解**47** (2)，假設母線長為 l，則 $\dfrac{l}{4} = 3$，$l = 12$（cm）　　　答〉 **12**

[2] 根據 瞬解**47** (1) ❷，側面積 $= \pi \times 12 \times 4 = 48\pi$（cm²）　　　答〉 **$48\pi$ cm²**

不用瞬解技巧

解答1　因展開後的扇形弧長與底面圓的圓周相等，故

$$2x\pi \times \frac{y}{360} \quad \frac{xy}{180} = 4 \quad xy = 720 \quad y = \frac{720}{x}$$

答〉 $y = \dfrac{720}{x}$

解答2

[1] 假設母線長為 l。因圓錐的底面圓圓周 × 滾動圈數 = 圓 P 的圓周：

$$8\pi \times 3 = 2\pi l \quad 24 = 2l \quad l = 12 \text{（cm）}$$

答〉 **12**

[2] 假設圓錐的側面扇形的圓心角為 $a°$，則因側面扇形的弧長和底面圓的圓周相等：

$$24\pi \times \frac{a}{360} = 8\pi \quad \frac{a}{15} = 8 \quad a = 120°$$

因此，側面積 $= \pi \times 12^2 \times \dfrac{120}{360} = 48\pi$（cm²）

答〉 **48π cm²**

問題 如右圖所示，空間中有一邊長 5cm 的正四面體 ABCD。請回答下列問題。

    [1] 從頂點 A 朝底面 BCD 畫垂線 $\overline{AH}$，求 $\overline{AH}$ 的長。

    [2] 求正四面體 ABCD 的體積。

    [3] 求正四面體 ABCD 之內接球的體積。　　　　（日本大學習志野高等學校）

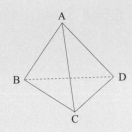

使用瞬解技巧

[1] 根據 **瞬解48** (1)，$\dfrac{\sqrt{6}}{3} \times 5 = \dfrac{5\sqrt{6}}{3}$（cm）　　　　　　答〉$\dfrac{5\sqrt{6}}{3}$ cm

[2] 根據 **瞬解48** (3)，$\dfrac{\sqrt{2}}{12} \times 5^3 = \dfrac{125\sqrt{2}}{12}$（cm³）　　　　　答〉$\dfrac{125\sqrt{2}}{12}$ cm³

[3] 根據 **瞬解48** (4)，可知內接球的半徑為 $\dfrac{\sqrt{6}}{12} \times 5 = \dfrac{5\sqrt{6}}{12}$（cm），故

    體積 $= \dfrac{4}{3}\pi \times \left(\dfrac{5\sqrt{6}}{12}\right)^3 = \dfrac{125\sqrt{6}}{216}\pi$（cm³）　　　答〉$\dfrac{125\sqrt{6}}{216}\pi$ cm³

不用瞬解技巧

[1] H 與△BCD 的重心重合。設 M 為 $\overline{BC}$ 的中點，則因△ABM 是邊長比

1 : 2 : $\sqrt{3}$ 的直角三角形，故 $\overline{AM} = \overline{DM} = \sqrt{3}\,\overline{BM} = \dfrac{5\sqrt{3}}{2}$（cm）

另一方面，因 $\overline{DH} : \overline{HM} = 2 : 1$（重心的性質），可知

$\overline{HM} = \dfrac{1}{2+1}\overline{DM} = \dfrac{5\sqrt{3}}{6}$（cm）。對△AMH 使用畢氏定理：

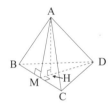

$$\overline{AH} = \sqrt{\left(\dfrac{5\sqrt{3}}{2}\right)^2 - \left(\dfrac{5\sqrt{3}}{6}\right)^2} = \sqrt{\dfrac{50}{3}} = \dfrac{5\sqrt{2}}{\sqrt{3}} = \dfrac{5\sqrt{6}}{3}$$（cm）　　　答〉$\dfrac{5\sqrt{6}}{3}$ cm

[2] 因△BCD $= 5 \times \dfrac{5\sqrt{3}}{2} \times \dfrac{1}{2} = \dfrac{25\sqrt{3}}{4}$（cm²），故體積 $= \dfrac{1}{3} \times \dfrac{25\sqrt{3}}{4} \times \dfrac{5\sqrt{6}}{3} = \dfrac{125\sqrt{2}}{12}$（cm³）

答〉$\dfrac{125\sqrt{2}}{12}$ cm³

[3] 如右圖，將邊長 5cm 的正四面體用內接球的圓心分成 4 個
三角錐，則這 4 個三角錐的高皆等於內接球半徑（設為 r）。
因被分出的 4 個三角錐體積和跟正四面體 ABCD 的體積相
等，故

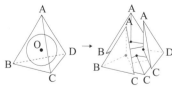

$$\left(\dfrac{1}{3} \times \dfrac{25\sqrt{3}}{4} \times r\right) \times 4 = \dfrac{125\sqrt{2}}{12} \qquad 100\sqrt{3}\,r = 125\sqrt{2} \qquad r = \dfrac{5\sqrt{2}}{4\sqrt{3}} = \dfrac{5\sqrt{6}}{12}$$（cm）

因此，所求之球體體積 $= \dfrac{4}{3}\pi \times \left(\dfrac{5\sqrt{6}}{12}\right)^3 = \dfrac{125\sqrt{6}}{216}\pi$（cm³）　　答〉$\dfrac{125\sqrt{6}}{216}\pi$ cm³

問題1 求下圖之正四角錐的體積。

（專修大學附屬高等學校）

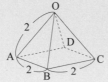

問題2 如下圖所示，對於全邊長皆為 4cm 的正四角錐，當線段 $\overline{OH}$ 垂直於底面 ABCD 時，$\overline{OH}$ 的長是多少？

（山梨縣·改題）

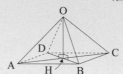

使用瞬解技巧

解答1 根據 瞬解**49** (3)，體積 $= \dfrac{\sqrt{2}}{6} \times 2^3 = \dfrac{4\sqrt{2}}{3}$

答〉$\dfrac{4\sqrt{2}}{3}$

解答2 根據 瞬解**49** (1)，$\overline{OH} = \dfrac{\sqrt{2}}{2} \times 4 = 2\sqrt{2}$（cm）

答〉$2\sqrt{2}$ cm

不用瞬解技巧

解答1 如右圖所示，從 O 畫底面 ABCD 的垂線 $\overline{OH}$，則 H 與底面正方形 ABCD 的對角線交點一致。因△ABC 是邊長比 $1:1:\sqrt{2}$ 的直角三角形，故 $\overline{AB}:\overline{AC} = 1:\sqrt{2}$，可知 $\overline{AC} = 2\sqrt{2}$，$\overline{AH} = \sqrt{2}$。對△OAH 使用畢氏定理，

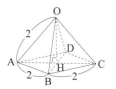

可知 $\overline{OH} = \sqrt{2^2 - \left(\sqrt{2}\right)^2} = \sqrt{2}$，故體積 $= \dfrac{1}{3} \times 2^2 \times \sqrt{2} = \dfrac{4\sqrt{2}}{3}$ 答〉$\dfrac{4\sqrt{2}}{3}$

解答2 因底面是正方形，故△ABD 是邊長比 $1:1:\sqrt{2}$ 的直角三角形。由 $\overline{AB}:\overline{DB} = 1:\sqrt{2}$，可知 $\overline{DB} = 4\sqrt{2}$（cm），$\overline{DH} = 2\sqrt{2}$（cm）。對△ODH 使用畢氏定理，

$$\overline{OH} = \sqrt{4^2 - \left(2\sqrt{2}\right)^2} = 2\sqrt{2} \text{（cm）}$$

答〉$2\sqrt{2}$ cm

參考

右圖中，當正四角錐 O－ABCD 全部的邊長相等時，$\overline{OH} = \overline{AH}$，換言之正四角錐的高等於底面正方形的對角線長的 $\dfrac{1}{2}$。

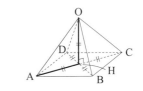

其原因是把 2 個全邊長都相等的全等正四角錐組合在一起，可以組成一個像右圖一樣的正八面體。因圖1的正方形 ABCD 和圖2的正方形 ODEB 全等，故對角線長也相等。所以，$\overline{AC} = \overline{OE}$，$\overline{AH} = \overline{OH}$

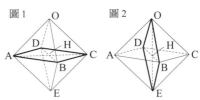

問題　右圖是一邊長 3cm 的正八面體的展開圖。若將此展開圖重組回正八面體，請問：

[1] 此正八面體的體積是多少？

[2] 此正八面體的內接球半徑是多少？　　　　　　（慶應義塾高等學校）

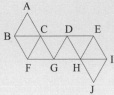

使用瞬解技巧

[1] 根據 瞬解50 (3)，體積 $= \dfrac{\sqrt{2}}{3} \times 3^3 = 9\sqrt{2}$（$cm^3$）　　　　　答〉 **$9\sqrt{2}$ cm³**

[2] 根據 瞬解50 (4)，內接球半徑 $= \dfrac{\sqrt{6}}{6} \times 3 = \dfrac{\sqrt{6}}{2}$（cm）　　　答〉 $\dfrac{\sqrt{6}}{2}$ **cm**

不用瞬解技巧

[1] 透視圖如右。所求之正八面體體積，即等於全邊長皆 3cm 的

正四角錐 A–BCGH 的體積乘以 2。

因正四角錐 A–BCGH 的高即是邊長 3cm 的正方形對角線的 $\dfrac{1}{2}$

（參照 p.180），故可知為 $\dfrac{3\sqrt{2}}{2}$（cm）。

由上可知，所求之體積為：

$$\left(\dfrac{1}{3} \times 3 \times 3 \times \dfrac{3\sqrt{2}}{2} \right) \times 2 = 9\sqrt{2}$$（cm^3）　　　答〉 **$9\sqrt{2}$ cm³**

[2] 將正八面體分成全等的 8 個以邊長 3cm 之正三角形為底面的正三角錐，則正三角錐的高與內接球半徑一致。此時，因邊長 3cm 的正三角形的高為

$3 \times \dfrac{\sqrt{3}}{2} = \dfrac{3\sqrt{3}}{2}$（cm），故假設球的半徑為 r，則正八面體的體積為：

$$\left(\dfrac{1}{3} \times 3 \times \dfrac{3\sqrt{3}}{2} \times \dfrac{1}{2} \times r \right) \times 8 = 9\sqrt{2} \quad 6\sqrt{3}\,r = 9\sqrt{2} \quad r = \dfrac{3\sqrt{2}}{2\sqrt{3}} = \dfrac{\sqrt{6}}{2}$$（cm）　答〉 $\dfrac{\sqrt{6}}{2}$ **cm**

問題1　如右圖所示，連接立方體各面的對角線交點，可以畫出一個正八面體。假設此立方體的體積為 V_1，正八面體的體積為 V_2，請用最簡單整數比寫出 $V_1 : V_2$。

（中央大學杉並高等學校）

問題2　如右圖所示，空間中有一邊長 $2a$ 的立方體，其 6 面的各對角線交點分別是 A、B、C、D、E、F。以此 6 點為頂點可連成一個正八面體 ABCDEF。請回答下列問題。

[1] 請用 a 表示正八面體 ABCDEF 的體積 V。

[2] 請用 a 表示此正八面體的內接球半徑 r。

（專修大學附屬高等學校）

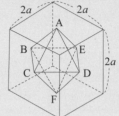

使用瞬解技巧

解答1　根據 瞬解51，$V_1 : V_2 = 1 : \dfrac{1}{6} = 6 : 1$

答〉 **6 : 1**

解答2

[1] 根據 瞬解51，$V = \dfrac{1}{6} \times$（立方體體積），故 $V = \dfrac{1}{6} \times (2a)^3 = \dfrac{4}{3}a^3$

答〉 $V = \dfrac{4}{3}a^3$

[2] △ACF 是 $\overline{AC} = \overline{CF}$ 的等腰直角三角形，故 $\overline{AC} : \overline{AF} = 1 : \sqrt{2}$，由 $\overline{AF} = 2a$ 可知

$\overline{AC} = \dfrac{2a}{\sqrt{2}} = \sqrt{2}a$。因此，根據 瞬解50 (4)，$r = \dfrac{\sqrt{6}}{6} \times \sqrt{2}a = \dfrac{\sqrt{3}}{3}a$

答〉 $r = \dfrac{\sqrt{3}}{3}a$

不用瞬解技巧

解答1　設立方體邊長為 a，則 $V_1 = a^3$。如右圖取出正八面體的各個頂點，則 V_2 即為正四角錐 A – BCDE 和 F – BCDE 的體積和，

可用 $V_2 = \dfrac{1}{3} \times$ 正方形 BCDE $\times \overline{AF}$ 求出。

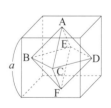

此時，正方形 BCDE 的對角線 $\overline{BD}$ 的長與立方體邊長 a 相等，故△BCD 為 $\overline{BC} : \overline{BD} = 1 : \sqrt{2}$ 的等腰直角三角形，可知

$\overline{BC} = \dfrac{a}{\sqrt{2}} = \dfrac{\sqrt{2}}{2}a$

因此，可知 $V_2 = \dfrac{1}{3} \times \left(\dfrac{\sqrt{2}}{2}a \right)^2 \times a = \dfrac{1}{6}a^3$，$V_1 : V_2 = a^3 : \dfrac{1}{6}a^3 = 6 : 1$

答〉 **6 : 1**

解答2

[1] 正八面體的體積 V 等於全邊長相等的正四角錐 A - BCDE 和

正四角錐 F - BCDE 的體積和，可用 $\frac{1}{3}$ ×正方形 BCDE × $\overline{AF}$ 求出。

因 $\overline{AF} = \overline{BD} = 2a$，$\overline{BC} : \overline{BD} = 1 : \sqrt{2}$（因△BCD 是 $\overline{BC} = \overline{CD}$ 的等腰直角三角形），

可知 $\overline{BC} = \dfrac{2a}{\sqrt{2}} = \sqrt{2}a$，$V = \dfrac{1}{3} \times \left(\sqrt{2}a\right)^2 \times 2a = \dfrac{4}{3}a^3$ 　　　　　　　　答〉 $V = \dfrac{4}{3}a^3$

[2] 由 [1] 可知，正八面體的邊長為 $\sqrt{2}a$，將正八面體分成全等的 8 個以邊長 $\sqrt{2}a$ 之正方形為底面的

正三角錐，則三角錐的高與內接球半徑 r 相等。故邊長 $\sqrt{2}a$ 的正三角形的高為

$\sqrt{2}a \times \dfrac{\sqrt{3}}{2} = \dfrac{\sqrt{6}}{2}a$，可知正八面體的體積是：

$\dfrac{1}{3} \times \left(\sqrt{2}a \times \dfrac{\sqrt{6}}{2}a \times \dfrac{1}{2}\right) \times r \times 8 = \dfrac{4}{3}a^3$，$r = \dfrac{\sqrt{3}}{3}a$ 　　　　　答〉 $r = \dfrac{\sqrt{3}}{3}a$

瞬解52 考古題挑戰！ 解答・解說 　　　　　　　　　　　　　　　　p.127

問題 右圖 I 是邊長為 4 的正八面體，圖 II 則是此正
八面體的展開圖。請從圖 II 的①～⑥中選出組裝後會
跟頂點 B 重合的點。　　　　　　　　　（鳥取縣）

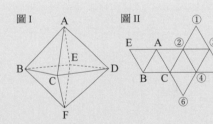

使用瞬解技巧

根據 **瞬解52**，可知展開圖中夾角為 120° 的邊還原後會重合，故可知⑥和頂點 B 會重合，而⑤和⑥
（頂點 B）重合。　　　　　　　　　　　　　　　　　　　　　　　　　　　　　答〉⑤、⑥

實際找出所有立體頂點，結果如右圖。由右圖可知，⑤和⑥重合。
　　　　　　　　　　　　　　　　　　　　答〉⑤、⑥

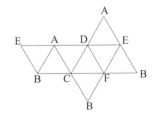

問題 空間中有一邊長為 6 的立方體 ABCD - EFGH，且 K 和 L 分別為 $\overline{AD}$、$\overline{DH}$ 的中點。

　[1] 求四邊形 KBGL 的面積。

　[2] 求四角錐 C - KBGL 的體積。 　　　　　　（城北高等學校）

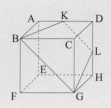

使用瞬解技巧

[1] 根據 瞬解 **53** (1)，$\dfrac{9}{8} \times 6^2 = \dfrac{81}{2}$ 　　　　　　　　　　　　　　答〉$\dfrac{81}{2}$

[2] 根據 瞬解 **53** (2)，$\dfrac{1}{4} \times 6^3 = 54$ 　　　　　　　　　　　　　　答〉**54**

不用瞬解技巧

[1] 對 △ABK 使用畢氏定理，可知線段 $\overline{BK}$ 的長為 $\overline{BK} = \sqrt{6^2 + 3^2} = 3\sqrt{5}$

又，因 △BFG 和 △KLD 皆是邊長比 $1:1:\sqrt{2}$ 的直角三角形，故 $\overline{BG} = 6\sqrt{2}$，

$\overline{KL} = 3\sqrt{2}$。如右圖所示，從 K 及 L 畫 $\overline{KM}$、$\overline{LN}$ 的垂線，則

△KBM ≡ △LGN（直角三角形的斜邊與另 1 組對應邊相等），

故可知 $\overline{BM} = \overline{GN} = \left(6\sqrt{2} - 3\sqrt{2}\right) \div 2 = \dfrac{3\sqrt{2}}{2}$。對 △KBM 使用畢氏定理，

$\overline{KM} = \sqrt{\left(3\sqrt{5}\right)^2 - \left(\dfrac{3\sqrt{2}}{2}\right)^2} = \dfrac{9\sqrt{2}}{2}$，可知四邊形 KBGL $= \left(3\sqrt{2} + 6\sqrt{2}\right) \times \dfrac{9\sqrt{2}}{2} \times \dfrac{1}{2} = \dfrac{81}{2}$

答〉$\dfrac{81}{2}$

[2] 所求之體積即三角錐台 KDL - BCG 的體積減去三角錐 C - KDL 的體積。

如右圖所示，做三角錐 O - BCG，因 △OKD ∽ △OBC（因 ∠O 為共角，

∠ODK = ∠OCB = 90°，2 組角相等），

$\overline{OD} : \overline{OC} = \overline{KD} : \overline{BC} = 1 : 2$，可知 $\overline{OC} = 12$

另一方面，三角錐台 KDL - BCG 的體積即

三角錐 O - BCG 減去三角錐 O - KDL 的體積。

由上可知，四角錐 C - KBGL 的體積即是

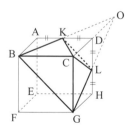

　　[三角錐 O - BCG] - [三角錐 O - KDL] - [三角錐 C - KDL]

$= \dfrac{1}{3} \times 6 \times 6 \times \dfrac{1}{2} \times 12 - \dfrac{1}{3} \times 3 \times 3 \times \dfrac{1}{2} \times 6 - \dfrac{1}{3} \times 3 \times 3 \times \dfrac{1}{2} \times 6 = 54$

答〉**54**

問題　如右圖所示，空間中有一邊長為 12 的正方形 ABCD，且 E 為邊 $\overline{AB}$ 之中點，F 為邊 $\overline{BC}$ 之中點。沿 $\overline{DE}$、$\overline{DF}$、$\overline{EF}$ 對折正方形，使點 A、B、C 重合於 1 點，將正方形折成三角錐。假設此立體圖形上，點 A、B、C 重合的點為 O。

[1] 求三角錐 O–DEF 的體積。

[2] 對於三角錐 O–DEF，從頂點 O 畫三角形 DEF 的垂線，假設此線與三角形 DEF 的交點為 H。求 $\overline{OH}$ 的長。　　　　　　　　（日本大學第二高等學校）

使用瞬解技巧

[1] 根據 **瞬解54** (2)，$\dfrac{1}{24} \times 12^3 = 72$　　　　　　　　　　答〉**72**

[2] 根據 **瞬解54** (3)，$\dfrac{1}{3} \times 12 = 4$　　　　　　　　　　　$\overline{\text{答}}$〉**4**

不用瞬解技巧

[1] 將三角錐 O–DEF 想成一個以 △OEF 為底面，高為 $\overline{OD}$ 的三角錐 D–OEF，即可求出體積為 $\dfrac{1}{3} \times 6 \times 6 \times \dfrac{1}{2} \times 12 = 72$

答〉**72**

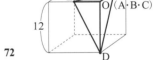

[2] 從頂點 O 畫三角形 DEF 的垂線 $\overline{OH}$，則 $\overline{OH}$ 就相等於底面為 △DEF、頂點為 O 的三角錐 O–DEF 的高，故設 $\overline{OH} = h$，利用 [1] 的方法改變底面和高，即可用兩種方法表達同一三角錐的體積。此時，△DEF 的面積等於邊長 12 的正方形減去多餘部分的三角形：

$$12^2 - 12 \times 6 \times \frac{1}{2} \times 2 - 6 \times 6 \times \frac{1}{2} = 54$$ 故可知所求之垂線 $\overline{OH}$ 的長 h 為：

$$\frac{1}{3} \times 54 \times h = 72 \quad 18h = 72 \quad h = 4$$

答〉**4**

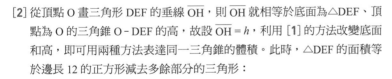
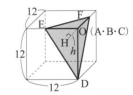

問題 右圖的立方體 ABCD－EFGH 中，點 L、M、N 分別是邊 $\overline{AB}$、$\overline{AD}$、$\overline{FG}$ 的中點。假設此立方體之單面面積為 S，用一通過 L、M、N 三點的平面切開此立方體時，截面的面積為 T，

$$\frac{T}{S} = \boxed{} 。$$

（國學院大學久我山高等學校）

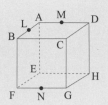

共通解法

假設立方體邊長為 $2a$，則 $S = (2a)^2 = 4a^2$

接著思考沿通過 L、M、N 三點之平面切開立方體的截面形狀。

連接同一平面上的 L、M 兩點（圖 1）。如圖 2 所示，延長邊 $\overline{CB}$、$\overline{CD}$，取同一平面上的兩點 I、J。

連接新畫出的同一平面上的兩點 I 和 N，設邊 $\overline{BF}$ 和邊 $\overline{CG}$ 之延長線的交點為 P、Q，再連接同一平面上的兩點 P 和 L（圖 3）。

連接新畫出的同一平面上的兩點 Q 和 J，取點 R、S，連接 N 和 R、M 和 S，則可發現截面如圖 4 是一個正六邊形。

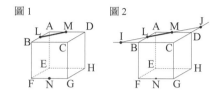

圖 1　圖 2

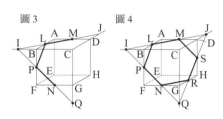

圖 3　圖 4

使用瞬解技巧

根據 瞬解 **55** (1)，因 $T = \dfrac{3\sqrt{3}}{4} \times (2a)^2 = 3\sqrt{3}a^2$，故 $\dfrac{T}{S} = \dfrac{3\sqrt{3}a^2}{4a^2} = \dfrac{3\sqrt{3}}{4}$

答〉 $\dfrac{3\sqrt{3}}{4}$

不用瞬解技巧

此時，因 △ALM 是邊長比 $1:1:\sqrt{2}$ 的直角三角形，故由 $\overline{AL}:\overline{LM} = 1:\sqrt{2}$ 可知，正六邊形的邊長 $\overline{LM} = \sqrt{2}a$。另一方面，此正六邊形可再沿對角線分成 6 個全等的正三角形。

因邊長 $\sqrt{2}a$ 的正三角形的高為 $\sqrt{2}a \times \dfrac{\sqrt{3}}{2} = \dfrac{\sqrt{6}}{2}a$，故可知

$T = \sqrt{2}a \times \dfrac{\sqrt{6}}{2}a \times \dfrac{1}{2} \times 6 = 3\sqrt{3}a^2$。由上，$\dfrac{T}{S} = \dfrac{3\sqrt{3}a^2}{4a^2} = \dfrac{3\sqrt{3}}{4}$

答〉 $\dfrac{3\sqrt{3}}{4}$

問題　右圖是一 $\overline{AB} = \overline{BC} = 7\text{cm}$，$\overline{AE} = 20\text{cm}$ 的長方體 ABCD - EFGH。在邊 $\overline{AE}$、$\overline{BF}$、$\overline{CG}$ 上分別取點 K、L、M，使 $\overline{KE} = 3\text{cm}$，$\overline{LF} = 5\text{cm}$，$\overline{MG} = 9\text{cm}$。沿一通過 K、L、M 三點的平面切開此長方體，假設截面與邊 $\overline{DH}$ 的交點為 N。

此時，四邊形 KLMN 為平行四邊形。

　[1] 求線段 $\overline{NH}$ 的長。

　[2] 求立體 KLMN - EFGH 的體積。　　　　　　　（國立工業・商船・高等專門學校）

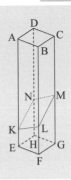

使用瞬解技巧

　[1] 根據 瞬解56 (1) ❶，$\overline{KE} + \overline{MG} = \overline{NH} + \overline{LF}$，故 $\overline{NH} = 7$（cm）　　　答〉**7 cm**

　[2] 根據 瞬解56 (1) ❷，$7 \times 7 \times \dfrac{3+5+9+7}{4} = 294$（cm³）　　　答〉**294 cm³**

參考

思考 瞬解56 (1) ❷，則 瞬解56 (1) ❶ 也可用以下方式表達。

$$體積 = 底面積 \times \frac{a+b+c+d}{4}$$

$$= 底面積 \times \frac{a+c+a+c}{4}$$

$$= 底面積 \times \frac{2(a+c)}{4}$$

$$= 底面積 \times \frac{a+c}{2}$$

（同理，也可表示成體積 $= 底面積 \times \dfrac{b+d}{2}$ ）

不用瞬解技巧

　[1] 將一個與分割後的立體 KLMN - EFGH 全等的立體倒過來疊上去，組成一個
　　　長方體，則該長方體的高等於 $\overline{KE} + \overline{MG} = 3 + 9 = 12$（cm）

　　　因此，$\overline{NH} = 12 - \overline{LF} = 12 - 5 = 7$（cm）　　　答〉**7 cm**

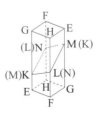

　[2] 承 [1] 的圖可知，所求之立體體積即 (1) 中高 12cm 的長方體體積的 $\dfrac{1}{2}$，故

　　　　體積 $= 7 \times 7 \times 12 \times \dfrac{1}{2} = 294$（cm³）　　　答〉**294 cm³**

問題 如圖所示，邊長 4cm 的正四面體 OABC 的邊 $\overline{OA}$、$\overline{OB}$、$\overline{OC}$ 上分別有點 P、Q、R，且 $\overline{OP}=1cm$，$\overline{OQ}=2cm$，$\overline{OR}=3cm$。求四面體 OPQR 的體積。

（筑波大學附屬駒場高等學校）

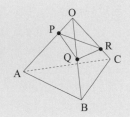

使用瞬解技巧

根據 瞬解 48 (3)，可知正四面體 OABC 的體積為 $\dfrac{\sqrt{2}}{12}\times 4^3=\dfrac{16\sqrt{2}}{3}$（cm³）

因此，根據 瞬解 57 ，四面體 OPQR 的體積 $=\dfrac{16\sqrt{2}}{3}\times\dfrac{1}{4}\times\dfrac{2}{4}\times\dfrac{3}{4}=\dfrac{\sqrt{2}}{2}$（cm³）

答 $\dfrac{\sqrt{2}}{2}$ cm³

不用瞬解技巧

如右圖所示，從 O 畫△ABC 的垂線 $\overline{OH}$，設 M 為邊 $\overline{AB}$ 之中點。

則 $\overline{CM}=\overline{OM}$，$\overline{AM}:\overline{OM}=1:\sqrt{3}$，可知 $\overline{CM}=\overline{OM}=2\sqrt{3}$（cm）

另一方面，因 H 是正三角形 ABC 的重心，

故 $\overline{CH}:\overline{HM}=2:1$，可知 $\overline{HM}=\dfrac{1}{1+2}\times\overline{CM}=\dfrac{2\sqrt{3}}{3}$（cm）

對△OMH 使用畢氏定理，可知

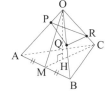

$\overline{OH}=\sqrt{\overline{OM}^2-\overline{HM}^2}=\sqrt{\left(2\sqrt{3}\right)^2-\left(\dfrac{2\sqrt{3}}{3}\right)^2}=\dfrac{4\sqrt{6}}{3}$（cm），故可求出正四面體 OABC 的體積為

$\dfrac{1}{3}\times 4\times 2\sqrt{3}\times\dfrac{1}{2}\times\dfrac{4\sqrt{6}}{3}=\dfrac{16\sqrt{2}}{3}$（cm³）

另一方面，由右圖可知△OPQ：△OAB = 1：8

因此，若分別以△OPQ 和△OAB 為四面體 OPQR 和正四面體 OABC 的底面，則此 2 四面體的底面積比為 1：8。此時，從 R 和 C 畫△OAB 的垂線，則兩垂線的長度比與四面體 OPQR 和正四面體 OABC 的高度比相同，即 $\overline{OR}:\overline{OC}$，故可知為 3：4。

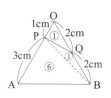

由上可知，四面體 OPQR 和正四面體 OABC 的體積比為 (1 × 3)：(8 × 4) = 3：32，

可求出四面體 OPQR 的體積 $\dfrac{3}{32}\times\dfrac{16\sqrt{2}}{3}=\dfrac{\sqrt{2}}{2}$（cm³）

答 $\dfrac{\sqrt{2}}{2}$ cm³

問題1　空間中有一如右圖的正四面體 ABCD。分別以 M、N 為邊 $\overline{AB}$、$\overline{CD}$ 的中點，請問當 $\overline{MN} = \sqrt{2}$ 時，正四面體的邊長 a 是多少？

（巢鴨高等學校）

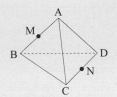

問題2　如右圖有一全邊長皆為 4cm 的正四角錐 O–ABCD。假設 P 為邊 $\overline{OC}$ 的中點，Q 為邊 $\overline{OD}$ 的中點，則四邊形 ABPQ 的面積為 _____ cm²。

（福岡大學附屬大濠高等學校）

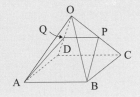

使用瞬解技巧

解答1　根據 瞬解58 (1) ❶，因 $\dfrac{\sqrt{2}}{2}a = \sqrt{2}$，故 $a = 2$　　　　答〉 $a = 2$

解答2　根據 瞬解58 (2)，四邊形 ABPQ 的面積 $= \dfrac{3\sqrt{11}}{16} \times 4^2 = 3\sqrt{11}$（cm²）　答〉 $3\sqrt{11}$ cm²

不用瞬解技巧

解答1　右圖中，△MCD 為 $\overline{MC} = \overline{MD}$ 的等腰三角形，而 N 為邊 $\overline{CD}$ 的中點，故線段 $\overline{MN}$ 是 $\overline{CD}$ 的垂直平分線。此時，

因 $\overline{AM} : \overline{MC} = 1 : \sqrt{3}$，可知 $\overline{MC} = \dfrac{\sqrt{3}}{2}a$

對△MCN 使用畢氏定理，

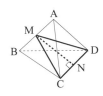

$$\overline{MN}^2 + \overline{CN}^2 = \overline{MC}^2，\left(\sqrt{2}\right)^2 + \left(\dfrac{1}{2}a\right)^2 = \left(\dfrac{\sqrt{3}}{2}a\right)^2$$

$$2 + \dfrac{1}{4}a^2 = \dfrac{3}{4}a^2 \quad \dfrac{1}{2}a^2 = 2 \quad a^2 = 4 \quad 因 a > 0，故 a = 2$$

答〉 $a = 2$

解答2　四邊形 ABPQ 是 $\overline{OA} = \overline{PB}$ 的等腰梯形。

由 $\overline{OQ} : \overline{QA} = 1 : \sqrt{3}$，可知 $\overline{QA} = 2\sqrt{3}$ cm。又，因點 Q、P 分別是邊 $\overline{OD}$、$\overline{OC}$ 的中點，故對△ODC 使用截線定理，可知

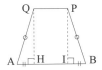

$\overline{QP} = \dfrac{1}{2}\overline{DC} = 2$cm。從點 Q、P 畫邊 $\overline{AB}$ 的垂線，設兩條垂線與 $\overline{AB}$ 的交點分別為 H、I，則 $\overline{AH} = \overline{BI} = (4 - 2) \div 2 = 1$（cm），

對△QAH 使用畢氏定理，可知 $\overline{QH} = \sqrt{\left(2\sqrt{3}\right)^2 - 1^2} = \sqrt{11}$（cm）

由上可知，所求之四邊形 ABPQ 面積為 $(2 + 4) \times \sqrt{11} \times \dfrac{1}{2} = 3\sqrt{11}$（cm²）

答〉 $3\sqrt{11}$ cm²

問題　如右圖所示，將邊長 $2\sqrt{2}$ cm 的正方形減去圖中斜線部分的全等等腰三角形，用剩下的部分做一個底面之正方形邊長為 1cm 的正四角錐，求此正四角錐的表面積和體積。

（青山學院高等部）

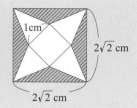

使用瞬解技巧

因底面之正方形邊長 $= \dfrac{\sqrt{2}}{4} \times 2\sqrt{2} = 1$（cm），故可利用 **瞬解59**。

根據 **瞬解59** (3) (4)，可分別求出表面積 $= \dfrac{1}{2} \times \left(2\sqrt{2}\right)^2 = 4$（cm²），體積 $= \dfrac{1}{48} \times \left(2\sqrt{2}\right)^3 = \dfrac{\sqrt{2}}{3}$（cm³）

答〉表面積：4 cm²，體積：$\dfrac{\sqrt{2}}{3}$ cm³

不用瞬解技巧

表面積即等於邊長 $2\sqrt{2}$ cm 的正方形減去 4 個全等的等腰三角形面積。

如右圖所示，以正方形 ABCD 為正四角錐的底面，以 O 為頂點。

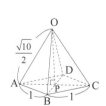

因△ADB 是邊長比 $1:1:\sqrt{2}$ 的直角三角形，故由 $\overline{AD}:\overline{DB}=1:\sqrt{2}$ 可知，$\overline{DB}=\sqrt{2}$（cm）。因此，全等之等腰三角形的高 $\overline{BH}$ 為

$\left(2\sqrt{2}-\sqrt{2}\right)\div 2 = \dfrac{\sqrt{2}}{2}$（cm），則

$$表面積 = \left(2\sqrt{2}\right)^2 - \left(2\sqrt{2}\times\dfrac{\sqrt{2}}{2}\times\dfrac{1}{2}\right)\times 4 = 8-4 = 4 \text{（cm²）}$$

另一方面，對上圖△BOH 使用畢氏定理，

$$\overline{OA}=\overline{OB}=\sqrt{\left(\sqrt{2}\right)^2+\left(\dfrac{\sqrt{2}}{2}\right)^2}=\dfrac{\sqrt{10}}{2} \text{（cm）}$$

從 O 畫底面之正方形 ABCD 的垂線 $\overline{OP}$，則 $\overline{AP}=\dfrac{1}{2}\overline{AC}=\dfrac{\sqrt{2}}{2}$（cm）

故對△OAP 使用畢氏定理，可算出正四角錐的高 $\overline{OP}$：

$$\overline{OP}=\sqrt{\left(\dfrac{\sqrt{10}}{2}\right)^2-\left(\dfrac{\sqrt{2}}{2}\right)^2}=\sqrt{2} \text{（cm）}$$

由上，可求出正四錐的體積為 $\dfrac{1}{3}\times 1\times 1\times\sqrt{2}=\dfrac{\sqrt{2}}{3}$（cm³）

答〉表面積：4 cm²，體積：$\dfrac{\sqrt{2}}{3}$ cm³

問題 如右圖，將一個正四角錐沿著與底面平行的平面切開，做成一個高 15cm 的容器。求此容器的體積。 （早稻田實業高等部）

12cm

6cm

使用瞬解技巧

根據 瞬解60 ，$\dfrac{1}{3} \times 15 \times \left(12^2 + 6^2 + \sqrt{12^2 \times 6^2} \right) = 5 \times (180 + 12 \times 6) = 1260 \, (\text{cm}^3)$ 答〉 **1260 cm³**

不用瞬解技巧

如右圖所示，復原正四角錐，並取出各個頂點，則所求之體積即等於
正四角錐 O－ABCD 減去正四角錐 O－EFGH 的體積。

從 O 畫底面 ABCD 的垂線，設垂線與底面交點為 P；從 O 畫底面 EFGH 的垂線，設垂線與底面交點為 Q。因正四角錐 O－ABCD 與正四角錐 O－EFGH 相似，且相似比為 $6 : 12 = 1 : 2$，故高度比 $\overline{OQ} : \overline{OP}$ 也是 $1 : 2$。設 $\overline{OQ} = h$，則 $h : (h + 15) = 1 : 2$，可知 $h = 15 \, (\text{cm})$。

由上可知，所求之體積為 $\dfrac{1}{3} \times 12^2 \times 30 - \dfrac{1}{3} \times 6^2 \times 15 = 1260 \, (\text{cm}^3)$ 答〉 **1260 cm³**

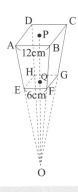

森 圭示 (Mori Keiji)

1969年靜岡縣出生。Z會進學教室的講師。從東京理科大學碩士班畢業後，進入大型升學補習班市進學院任教，多年來指導過無數學生。現於日本首都圈難考高中合格率鶴立雞群的Z會進學教室教數學。以其簡單易懂的授課方式幫助許多學生考上學校，並獨力經營「高校入試數學研究所」網站，分享可助學生掌握真正數學能力的知識。

●塾講師が公開！わかる中学数学
URL www.nyushi-sugaku.com/

SHINGAKUJYUKU PURO KOSHI GA OSHIERU KOKO NYUSHI SUGAKU SHUNKAI 60
© 2018 KEIJI MORI
Originally published in Japan in 2018 by SB Creative Corp., TOKYO.
Traditional Chinese translation rights arranged with SB Creative Corp., TOKYO,
through TOHAN CORPORATION, TOKYO.

日本補教界名師解題祕笈全公開

數學 瞬解60

2022年8月15日初版第一刷發行

作 者	森圭示
譯 者	陳識中
編 輯	吳元晴
設 計	黃瀞瑢
發 行 人	南部裕
發 行 所	台灣東販股份有限公司
	＜地址＞台北市南京東路4段130號2F-1
	＜電話＞(02) 2577-8878
	＜傳真＞(02) 2577-8896
	＜網址＞http://www.tohan.com.tw
郵撥帳號	1405049-4
法律顧問	蕭雄淋律師
總 經 銷	聯合發行股份有限公司
	＜電話＞(02) 2917-8022

國家圖書館出版品預行編目（CIP）資料

數學瞬解60：日本補教界名師解題祕笈全公開/
森圭示作；陳識中譯. -- 初版. -- 臺北市：臺灣
東販股份有限公司, 2022.08
192 面；18.2 × 23.2公分
ISBN 978-626-329-346-5（平裝）

1.CST: 數學科 2.CST: 中等教育

524.32   111009951